大学生生涯发展教育的德育审视

DAXUESHENGSHENGYAFAZHANJIAOYU
DEDEYUSHENSHI

张革华　惠海旭等 ◎ 著

暨南大學出版社
JINAN UNIVERSITY PRESS

中国·广州

图书在版编目（CIP）数据

大学生生涯发展教育的德育审视/张革华，惠海旭等著. —广州：暨南大学出版社，2013.6
ISBN 978-7-5668-0511-9

Ⅰ.①大… Ⅱ.①张…②惠… Ⅲ.①大学生—德育—研究—中国 Ⅳ.①G641

中国版本图书馆CIP数据核字(2013)第044687号

出版发行：暨南大学出版社

地 址：中国广州暨南大学
电 话：总编室（8620）85221601
营销部（8620）85225284 85228291 85228292（邮购）
传 真：（8620）85221583（办公室） 85223774（营销部）
邮 编：510630
网 址：http://www.jnupress.com http://press.jnu.edu.cn

排 版：广州市天河星辰文化发展部照排中心
印 刷：佛山市浩文彩色印刷有限公司

开 本：787mm×960mm 1/16
印 张：12.75
字 数：235千
版 次：2013年6月第1版
印 次：2013年6月第1次

定 价：28.00元

前　言

大学生就业已成为全社会关注的问题。党的十八大报告明确指出要“推动实现更高质量的就业。就业是民生之本……引导劳动者转变就业观念，鼓励多渠道多形式就业，促进创业带动就业，做好以高校毕业生为重点的青年就业工作和农村转移劳动力、城镇困难人员、退役军人就业工作”①。当前，国内经济趋稳的基础还不够稳固，全社会宏观就业压力增大。2013 年，全国普通高校毕业生规模达到699 万人，比2012 年增加19 万人，高校毕业生就业形势更加复杂严峻，工作任务更加艰巨繁重。②

努力实现就业更充分，推动实现更高质量的就业，做好以高校毕业生为重点的青年就业工作是我们当前的重要任务。大学生要实现高质量的就业，不应是指要找到收入高待遇好的“好工作”，更应该是指：对大学生个体而言，能较大程度按照自己的职业个性、职业兴趣和职业能力，通过就业实现自我价值和职业理想，同时推动社会进步；对社会而言，尽量做到人尽其才，爱岗敬业，做到全社会的人力资源的合理配置。影响大学毕业生就业的因素是多方面的，既有经济发展状况、就业环境、就业体制、人事制度等客观因素，也有大学生个体的择业观念、职业规划、就业准备等主观因素。大学生生涯发展教育，是为了帮助大学生正确认识自我、全面了解社会、选择职业角色、确立人生目标和寻求最佳发展途径而开展的教育与指导。它是帮助大学生增强主体意识、适应社会竞争、开拓美好未来的有效形式，是大学生思想政治教育的载体和有机组成部分。人的生涯发展一般指以职业生涯为主线的生涯发展，因此，大学生生涯发展教育一般指大学生职业生涯发展教育。

① 胡锦涛：《坚定不移沿着中国特色社会主义道路前进　为全面建成小康社会而奋斗——在中国共产党第十八次全国代表大会上的报告》，北京：人民出版社 2012 年版，第 35 页。

② 中华人民共和国教育部文件：《教育部关于做好 2013 年全国普通高等学校毕业生就业工作的通知》（教学〔2012〕11 号），2012 年 11 月 22 日发布。

做好大学生职业生涯发展教育工作，有利于解决大学生就业问题，有利于推动大学生实现高质量的就业。

职业生涯发展教育起源于西方，其概念最早由职业指导发展而来。我国的职业指导活动在经历了20世纪20年代的起步后，由于受内外交困、社会动荡局面影响，长期处于停滞状态。自20世纪80年代以来，适逢改革开放，人事制度、高等教育就业机制深化改革，高校就业指导工作才重新复苏。在近30年的发展过程中，就业指导逐步向职业生涯发展教育转化，大学生职业生涯发展教育在我国高校蓬勃发展。全程化、系统化的职业生涯发展教育，立足于发掘学生的自主规划与自我管理意识，有效激发学生个体内在动力，重视培育学生主体地位，强调促进学生个人自由全面发展。这是对传统就业指导思想的扬弃和超越。然而，由于职业生涯发展教育起源于西方，舶来时间短，也由于东西方社会制度、历史文化背景与现实国情的迥异及本土化研究的不足，使得我国的职业生涯发展教育的理论和实践仍存在一些不足，尤其是在帮助学生树立正确的世界观、人生观和价值观，在帮助学生形成科学全面的职业观、择业观和就业观等方面还不尽如人意，存在弱化思想政治教育的倾向，主要表现在：

首先，在目标导向上，能够从以政治教育政策宣传等为主，转向结合大学生的实际，引导他们主动规划自己的职业生涯。但有矫枉过正之嫌，在对大学生的职业生涯辅导过程中过分强调个体职业规划，过分依赖各种测量工具，过分突显工具理性，以纯粹个人价值实现导向代替生涯发展教育，忽视了社会主义核心价值观的导向，缺乏思想政治教育目标的主导性作用，即以个人本位为导向，对社会价值引导着力不够。

其次，在教育内容上，从过去仅仅为毕业生提供就业信息、传授就业技巧、指导完成相关就业派遣手续，发展为包含职业规划与管理教育、素质能力拓展教育、就业指导及创业教育等在内的内涵丰富、贯穿大一到大四全程的系统化内容体系；从重视“成品包装”和“短期促销”，采用“就业安置”模式，转向重视“产品设计”，采用“职业生涯规划辅导”模式。但缺少“发展性生涯辅导”教育，即以职业生涯规划方案设计的具体指导代替生涯发展教育，过于侧重实用主义技能传授，在帮助学生树立正确世界观、人生观和价值观方面作用体现不足，在学生职业观、择业观和就业观方面着力不够。

再次，在教育途径上，除传统的搭建就业信息平台、建立就业指导网站、开设就业指导讲座外，逐步形成系统性的学科课程、多样化的活动课程、针对性的实践课程、隐性的环境课程四位一体的教育途径；从只针对毕业生的就业指导，逐步转向面对所有学生，开展贯穿整个大学过程的全程职业辅导。

但没有将职业生涯发展教育融入大学生思想政治教育的全过程，思想政治教育的导向作用、协调作用、激励作用得不到充分发挥。

最后，就理论研究而言，职业辅导理论本土化研究薄弱，对于西方相关理论大多采取“拿来主义”的做法，富含西方理想主义色彩，在一定程度上脱离我国现实国情。而这方面的教育引导不但没有及时跟进跟上，还冲击了正常的大学生思想政治教育。

为此，我们尝试对大学生职业生涯发展教育进行德育（思想政治教育）审视。

本书从研究背景、理论创新、责任认领、人文归宿、他山之石、思维拓展、价值诉求等角度对大学生职业生涯发展教育进行德育（思想政治教育）审视，着力寻求德育（思想政治教育）与职业生涯发展教育相结合的最佳途径，以提高大学生职业生涯发展教育的实效性。本书第一章、第二章从思想政治教育视域，研究大学生职业生涯发展教育，探究西方职业生涯发展教育理论，分析我国高校职业生涯发展教育以及深圳特区“90后”大学生职业观现状，创新提出职业生涯发展教育与思想政治教育目标、内容、方法和途径的融合；第三章探讨生涯发展教育对社会价值的融入，尝试提出社会主义核心价值体系融入大学生职业生涯发展教育的路径选择；第四章以人的全面发展理论为视角，从教育理念、教育内容、教育途径、教师素质四个方面，提出加强和改进职业生涯发展教育的有效策略；第五章从最早开展职业生涯发展教育的美国入手，以哈佛大学为例对美国高校职业生涯发展教育进行分析研究，为我国大学生职业生涯发展教育的发展提供借鉴；第六章以“思想道德修养与法律基础”课、创业教育、商科教育及志愿服务为思路拓展，探寻与生涯发展教育的有机融合；第七章探究大学生职业生涯发展教育的“真善美”意蕴，提出非功利价值取向及其实现，寻求生涯发展教育的和谐之道。本书对以上问题进行了调查研究与详细论述，以期有助于大学生职业生涯发展教育理论和实践的进一步深化、完善。

张革华

二〇一三年元旦于荔园

目　录

第一章

研究背景：生涯发展教育的理论脉络和实践现状

人的生涯发展，一般指以职业生涯为主线的生涯发展，因此，大学生生涯发展教育一般指大学生职业生涯发展教育。为了显得简明扼要，本书书名和各章标题省去“职业”二字，统称“大学生生涯发展教育”。我国大学生职业生涯发展教育实施的理论基础主要是西方的职业生涯发展理论。回溯西方职业生涯发展理论，有助于全面考察我国大学生职业生涯发展教育。系统连接大学生职业生涯发展教育的理论发展脉搏，找出大学生职业生涯发展教育与思想政治教育之间的理论交集，对于深化理解这两种理论的借鉴效用无疑是有积极意义的。

第一节　职业生涯发展教育概念

概念是构成范式的基础，对职业生涯发展教育理论的探源，离不开对其基本概念的厘定。

一、职业、职业生涯与职业生涯发展教育

正确认识职业和职业的概念与特点，是界定职业生涯发展教育的基点。

（一）职业

“职业”一词由来已久。随着近代以来社会生产力的不断发展，社会分工

不断细化，专门从事某种职能活动的各种职业大量涌现，职业研究兴起。不同学者分别从不同视角对职业作了不同的阐释。日本劳动问题专家保谷六郎认为，职业是有劳动能力的人为了生活而连续从事的活动。经济学家重点阐释了职业对于从业人员的经济价值：人们赖以为生并构成生活的主要经济来源，因此人们愿意较为稳定地长期从事。社会学家舒尔茨（Schultz）认为，职业是一个人为了不断取得个人收入而连续从事的、具有市场价值的特殊活动，这种活动决定着从业者的社会地位。社会学家泰勒（Tylor）则在《职业社会学》一书中指出："职业的社会学概念，可以解释为一套成为模式的、与特殊工作经验有关的人群关系。这套成为模式的工作关系的结合促进了职业结构的发展和职业意识形态的显现。"[①] 社会学家主要强调了职业的社会属性：职业不是单个的个体，而是个体所结成的人群关系，而且这种人群关系构成了从业者的主要社会关系，决定了从业者的社会地位。

在我国，《现代汉语词典》对职业的解释包括两个方面：第一，职业是"个人在社会中所从事的作为主要生活来源的工作"[②]；第二，"专业的、以某种专业为职业"[③]。据《中国大百科全书·社会学》的释义，职业是"随着社会分工而出现的，并随着社会分工的稳定发展而构成人们赖以生存的不同的工作方式"[④]。我国学者潘锦堂则认为职业是劳动者足够稳定地从事某种工作而获得劳动报酬。

综合种种观点，职业具有如下特点：首先，职业具有社会价值性。职业的产生源于社会的需要，在社会化大生产的过程中，专业化分工越来越明显并不断细化，基于某一特定技术基础的职业由此产生。也正是源于职业的社会需求，才致使从事该职业的人能源源不断获得经济报酬从而赖以为生。然而，职业对于从业者的价值绝非仅限经济价值，在现代社会条件下，其进一步为从业者提供自我价值实现的平台，满足从业者的精神需求，指向个人生命的意义。其次，职业具有一定的专业性。基于现代社会分工而产生的职业都有自己独特的工作领域、工作对象和工作方式，形成了独特的知识体系、语言文化和道德规范，从而形成职业共同体，也即社会学家所提及的人群关系。职业的专业性使得相同职业类别之间具有内部的同一性，不同职业类别

---

① 周文霞：《职业生涯管理》，上海：复旦大学出版社 2005 年版，第 4 页。

② 中国社会科学院语言研究所词典编辑室：《现代汉语词典》，北京：商务印书馆 2002 年版，第 1616 页。

③ 中国社会科学院语言研究所词典编辑室：《现代汉语词典》，北京：商务印书馆 2002 年版，第 1616 页。

④ 胡乔木等：《中国大百科全书·社会学》，北京：中国大百科全书出版社 2004 年版，第 475 页。

之间表现出较大的差异性。再次，职业具有时代性。职业因时代的社会需求而产生，也随时代的变迁、需求的迁移而消亡；在不同时代，不同职业的冷热度有别，职业的稳定性也不一。在现代，随着社会流动性的增强，职业的稳定性减弱。

因而职业因社会分工需要而产生，是个人参与社会专业化分工，通过提供专业化劳动与技术获得经济报酬进而满足物质及精神需求，并形成特定人群关系的社会角色。

（二）职业生涯

“生涯”，英语为“Career”，原指古代的战车，后引申为道路，即人生的发展道路，又可指一个人一生的发展路径。学者们从社会角度与个人角度出发，对职业生涯作出了不同解释：从社会角度来看，有的人认为职业生涯是一种职业或一个组织的有结构、有层次的属性，包括从业者在就业前的专业化准备，从业过程中的晋升通道、升迁路径等；从个人角度来看，有的人认为职业生涯是个人而非某一职业或组织的属性，这种观点在后来的发展中占据上风。[①] 美国学者罗杰威尔（Rogerwell）和斯莱特（Slater）认为，职业生涯就是人的一生中与工作相关的活动、行为、态度、价值观、愿望的有机整体。美国心理学博士格林豪斯（J. H. Greenhaus）予以补充，认为职业生涯是“贯穿于个人整个生命周期的、与工作相关的经历的组合”[②]，他强调职业生涯既包含客观部分，即工作职位、工作职责、工作活动及与工作相关的决策，同时也包括对工作相关事件的主观知觉，例如个人的态度、需要、价值观和期望等。美国职业专家舒伯（Super）在1976年对职业生涯的外延作了进一步拓展：“职业生涯是生活中各种事件的演进方向与历程，统合了个人一生中各种职业与生活的角色，由此表现出个人独特的自我发展组型。”[③] 他认为除职业角色与职业活动以外，人的一生所经历的非职业活动、一生所承担的非职业角色都应列入职业生涯的考察范畴。

综上所述，职业生涯具有显著的个体性、终身性及全面性的特点。首先，职业生涯侧重于从个人层面界说，是个体因其一生的历程而产生的独特轨迹，不同的个体其职业生涯的路线截然不同。其次，职业生涯具有终身性特点。

---

① 周文霞：《职业生涯管理》，上海：复旦大学出版社2005年版，第11页。

② 周文霞：《职业生涯管理》，上海：复旦大学出版社2005年版，第12页。

③ 吴芝怡：《生涯辅导与咨询——理论与实务》，嘉义：涛石文化事业有限公司2001年版，第308页。

从入职前的职业准备开始，贯穿人一生的职业历程，是个人终其一生的事业发展与生活形态的总和，而非阶段性产物。再次，职业生涯具有全面性。由于职业与家庭、社会的紧密联系，职业生涯不可避免地包含个体在各个层面的社会角色，其中以职业为中心，同时涵盖家庭、休闲及健康等方面。

因此，职业生涯是个人在一生中从事职业的经历及其与职业有关的学习、生活历程，包括个人的活动、行为、态度、价值观等。它既涵盖个人在职业发展过程中外在的职业、职位、职务、职称、工资待遇等的变化过程，也包括个人内在的知识、观念、经验、能力、心理素质、内在感受等方面的发展过程；既包括个人自入职到退休这段时间的职业经历，也包括入职前的教育培训过程；既包括工作、职业经历，也包括与此相关的学习、生活经历。

（三）职业生涯发展教育

职业生涯发展教育由最初的职业指导活动发展而来。职业指导理论研究经过几次重大发展，引发职业指导活动突破就业指导的局限向职业辅导过渡，进而向职业生涯发展教育发展。美国原联邦教育署署长悉德尼·马兰（Sidney P. Marland）正式提出：所有的教育都是生涯教育。他指出：职业教育是生涯教育的核心，教育应为个体拓展生涯选择的机会。[①] 马兰洞察到了生涯教育的核心内容是职业教育，点明了教育的一个重要功能就是为个体拓展生涯选择的机会。1971 年 5 月美国教育总署（USOE）这样界定生涯教育：它是一种综合性的教育计划，其重点放在人的全部生涯，按照生涯认知（career awareness）、生涯探索（career exploration）、生涯定向（career orientation）、生涯准备（career preparation）、生涯熟练（career proficiency）等步骤，逐一实施，使学生获得谋生技能，并建立个人的生活形态。[②] 我国有人提出，“大学生职业生涯发展教育，是指围绕大学生职业生涯发展所进行的旨在帮助学生培植职业发展意识，树立科学职业理想，明确职业发展方向，掌握职业生涯发展理论与方法，强化职业发展目的性、计划性、自主性，并付诸实际行动所进行的教育、引导、指导活动”[③]。

职业生涯发展教育既包括帮助受教育者树立职业规划意识、正确认识自我、全面了解社会、选择合适职业角色、确立人生目标并寻求最佳发展途径

---

① Barry M., Wilgosh L., Career Education for the Trainable Mentally Retarded: Issues and Concern, *International Journal for the Advancement of Counseling*, 1984, p. 198.

② 沈之菲：《生涯心理辅导》，上海：上海教育出版社 2000 年版，第 25—26 页。

③ 马援：《大学生职业生涯发展教育之我见》，《扬州大学学报（高教研究版）》2007 年第 11 期。

而开展的职业规划教育，也包括帮助受教育者成功择业并取得职业上的发展而开展的专业知识与技能培训及其综合素质训练，还涵盖引导受教育者实现择业、安业、乐业的价值观教育。它是贯穿个人职业生涯发展的始终，致力于让受教育者更好地渡过职业生涯而开展涉及意识、知识、技能、态度、价值观等内容的有计划、有组织的教育实践活动。职业生涯发展教育的实施者是多样的，可以是学校、企业、培训机构或社会，其中高校在大学生职业生涯发展教育中承担着重要角色。高校职业生涯发展教育让学生一入校就接受以职业为主线的生涯发展教育，引导学生根据个人的特点、兴趣和能力，结合社会发展需要，自主规划自己的大学生活及职业生涯；帮助学生树立正确的价值观念、培养良好职业道德；启发学生了解职业所需要的各种能力和素质，完善自身知识结构，提高实践能力和综合素质，为今后的生涯发展打下基础。高校大学生职业生涯发展教育关注学生的终身发展，立足于开发学生的自主规划与管理意识、培育学生主体地位，是对传统就业指导思想的超越，丰富了大学生成长辅导的内涵，是大学生思想政治教育的优良载体。

二、就业指导、职业生涯规划、职业生涯发展教育概念辨析

职业生涯发展教育由职业指导概念发展而来。最初的职业指导以提供就业指导的形式呈现，致力于帮助年轻人及失业员工谋求新工作。具体表现为：沟通求职者与用人单位，为人们收集并提供职业信息，引导人们接受教育与培训，帮助人们获得职业岗位。指导手段主要依赖信息搜集、简单逻辑与常识推理及观察技能，缺乏系统的理论作为基础。

随着近代心理学的发展，心理测量被越来越多地应用于职业指导当中，为职业指导理论提供了心理学支撑。这时的职业指导不再仅限于提供就业指导，而是更关注于个人的职业选择与职业生涯发展。因此，职业指导发展到后期，职业生涯规划成为职业指导的主要内容，即指导个人结合自身各方面情况及眼前的制约因素，确定一生的职业发展方向并制订具体行动方案，实施相应的教育与培训计划。指导方式主要依赖相关职业选择理论及心理学基础。

罗杰斯（Carl Ranson Rogers）人本主义的兴起，对职业指导活动也产生了深远影响，促使其向职业辅导转变。职业辅导较之职业指导，主要区别在于受教育者的地位与指导方式不同。在职业指导中，受教育者在接受指导的过程中处于被动的客体地位，指导者处于积极主动的主体地位，以直接指导的方式、权威主义的态度及家长式的作风直接干预受教育者的职业生涯规划

与管理。罗杰斯的人本主义则主张尊重受教育者在接受指导过程中及个人职业生涯规划与管理过程中的主体地位，发挥受教育者的主体作用，职业指导由此向职业辅导转变。可见，职业指导在内容及指导方式上与后期的职业辅导尚无较大差异，而在指导态度与方法上有了人本主义理念的介入。

职业辅导进一步向职业生涯发展教育转变，得益于舒伯职业生涯发展阶段理论的推动。舒伯从人的生命周期的角度来考察职业的发展，提出了终身的职业生涯发展理论，职业辅导的内容与时间跨度由此进一步得到拓展。

较之就业指导与职业生涯规划，职业生涯发展教育内容更丰富，立意更深远。生涯规划意识与生涯管理能力的培育、自我潜能的开发、正确价值观念的树立、职业道德的养成、基础知识与专业技能的传授、综合素质的锻造等都包含于职业生涯发展教育范畴之内。与就业指导立足于当下，更关注对个体已有发展成果的“盘点”与“包装”相比，职业生涯规划立足于未来，关注个体在自我与环境分析基础上对未来进行目标设计的不同。职业生涯发展教育立足于当下与未来的有效整合，以促进个体的全面发展为目标，既着眼于未来，制订长远生涯发展目标与计划，又立足于当下，重点完成阶段性发展任务，解决阶段性发展难题，实现现实与理想之间的有效沟通与统筹整合。较之就业指导的阶段性与职业生涯规划的长远性，职业生涯发展教育贯穿个人职业生涯发展的始终，强调终身学习理念，针对不同阶段的不同职业发展问题提出相应辅导内容与对策，是一项系统、全面的育人活动。

由此可见，职业生涯发展教育与就业指导、职业生涯规划是一脉相承的关系，通过历史的发展与沉淀，职业生涯发展教育实现了对就业指导、职业生涯规划的扬弃，成为以人为本、以激发个人内在动力、发挥个人主体作用、促进个人自由全面发展、提高生命质量为目标的一项综合性教育实践活动。

第二节　西方职业生涯发展教育理论

职业生涯发展教育起源于美国，由职业指导活动发展而来。19 世纪末 20 世纪初，西方国家正处于自由资本主义向垄断资本主义过渡时期，此间经济高速发展、职业剧烈分化、技术飞速进步，而高等教育未能及时适应社会发展需求实施改革，导致高校毕业生技能匮乏、职业选择能力薄弱、社会适应能力低下、就业率下降，由此引发一系列社会矛盾。为促进毕业生顺利进入劳动力市场并实现就业，职业指导活动应运而生。1909 年，美国波士顿大学教授弗兰克·帕森斯（Frank Parsons）根据工作实践经验提炼出理论成果，写成《选择职业》（*Choosing a Vocation*）一书，成为职业生涯发展教育理论的开山之作。此后，西方职业生涯发展教育的理论研究和实践活动开始兴盛。目前其理论成果主要集中在职业选择理论与职业生涯发展阶段理论两大体系之中，此外，还涌现出一些从不同学科视角着手的研究成果。

一、职业选择理论

职业选择理论的奠基者是帕森斯。他在《选择职业》一书中，阐述了作出明智的职业选择需具备三个条件：一是认识自我，包括自身的天赋、能力、兴趣、志向、资源、限制条件等；二是对不同行业工作的要求、成功要素、优缺点、薪酬水平、发展前景以及机会有较为明确的认识；三是在这两组要素之间进行最佳搭配。这种三部曲简称"三步范式法"，又称"人职匹配理论"。这一理论为职业辅导理论的进一步深化研究奠定了基础，至今仍然影响着职业生涯发展教育的理论研究与实践活动以及人们的职业选择行为。

随着心理学的发展，心理测量技术开始应用于职业选择与职业指导。职业指导的重点从认识职场转向了自我认知，帕森斯的"人职匹配理论"由此得到了心理学的理论与技术支持，并获得一个新的名称——"特质因素理论"。美国的职业指导专家威廉姆森（E. G. Williamson）又进一步发展了这种理论。特质因素理论在此后的 20 世纪 20—30 年代里一直占据着绝对统治地位。

1959 年美国职业心理学家约翰·亨利·霍兰德（John Henry Holland）提出关于职业选择的"职业性向理论"，又称"人格类型理论"，进一步丰富发展了帕森斯的"人职匹配理论"。霍兰德强调个人与环境之间的匹配，他将大多数人的人格类型归为现实型、研究型、艺术型、企业型、传统型、社会型六种，并认为现实中正存在与六种人格类型相应的六种环境类型。每一种特定人格类型的人，会对相应职业类型中的工作或学习感兴趣，并能在匹配的职业环境中发挥自己最大所能。因此，职业选择与职业指导的原则就是寻找与个人的人格类型相对应或相邻近的职业环境，这一理论是我国目前职业生涯发展教育活动中最常使用的理论工具。

20 世纪 70 年代，美国麻省理工学院斯隆管理学院教授埃德加·H. 施恩（Edgar H. Schein）又进一步提出"职业锚理论"。所谓职业锚是指个人经过长期探索所确定的职业定位，是一个人不管面临何种职业选择都不会放弃的至关重要的东西。施恩认为职业锚的核心内容是职业自我观，它包括自身的才干和能力、自我动机和需要以及自我的态度与价值观。经过长期研究，施恩将个人的职业锚划分为八种类型。职业锚是个人进行职业探索和职业选择的依据，也为组织对员工实施激励提供了参考。这一理论目前被普遍应用于我国职业生涯发展教育当中的自我认知——价值观探索环节。

二、职业发展阶段理论

20世纪50年代，舒伯在综合许多流派的基础上，提出了职业选择与职业发展阶段论，打破了“特质因素理论”一统天下的局面。舒伯看到了“特质因素理论”当中的严重缺陷——以静态的观点来看待人的特质与职业选择，认为人的职业选择是一次完成的，忽略了个人和职业都是处于不断变化之中的这一基本事实。于是，舒伯从人的生命周期的角度来考察职业的发展，提出了终身的职业生涯发展理论。另外，舒伯对生涯的定义进行了重新界定，认为它是一个人终生经历的所有职位的总和，不仅包括工作者，还包含了副业、家庭和公民的角色。舒伯采用了一种生命全程和生活整体的观点来研究个体的职业生涯，将其分为五个阶段，并对每一阶段的生涯发展特点及发展任务进行了论述。

金兹伯格（E. Ginzberg）也是职业生涯发展理论的先行者。他研究的重点是从童年到青少年阶段的职业心理发展，他将人的职业选择心理的发展分为三个阶段：11岁以前处于幻想期，11岁至18岁之间处于尝试期，18岁成年以后处于实现期。金兹伯格的职业生涯发展阶段论进一步详细划分了职业生涯发展前期的不同阶段。

职业生涯发展理论的典型代表人物还有格林豪斯。他将人一生的职业发展分为五个阶段：职业准备（0~18岁）、进入组织（18~25岁）、职业生涯初期（25~40岁）、职业生涯中期（40~55岁）、职业生涯后期（55岁至退休），同时重点研究了人在不同阶段的职业发展任务。

施恩教授根据人的生命周期和职业周期的特点，对个人生涯发展阶段进行了重新划分，并指出每个阶段所面临的主要任务。

在各种职业生涯发展阶段理论中，关于大学阶段（18~25岁）处于职业探索期的结论是普遍一致的，这为我们在高校开展大学生职业生涯发展教育奠定了学理性基础。

三、其他理论研究

除了以上职业选择与职业生涯发展阶段论外，西方的职业生涯发展理论还涌现出一些从其他不同视角着手的研究成果。

1. 社会支持系统理论

该理论指出个人的职业发展不仅仅是个人选择、探索的过程，同时还具有很强的社会性，是一项社会系统工程，需要社会力量支持与积极参与。这一理论对我国大学生职业生涯发展教育的环境支持体系的建立具有指导意义。

2. 择业动机理论

美国心理学家佛隆（Victor H. Vroom）用其在组织行为学当中提出的期望理论来解释个人的职业选择行为，具体化为“择业动机理论”。他认为，个人选择何种职业取决于择业动机，而择业动机与个人对某种职业价值的评价（即职业效价）以及个人获得这种职业的可能性大小相关。这一理论为我国高校明确大学生职业生涯发展教育的内容与方向任务提供了指导——要引导学生正确判断职业效价，并帮助学生正确估量个人的职业概率。

3. 需要理论

罗欧（Roe A）的需要理论从社会心理学角度分析了家庭氛围和早期环境对个人职业选择的影响，将个人成长环境纳入职业选择的理论框架，这为我们构建职业生涯发展教育的社会支持系统，引进并注重家庭因素提供了理论支撑。

4. 工作—家庭平衡理论

社会发展需要促使职业生涯理论横向伸展，工作和家庭的平衡问题成为影响个人职业发展、生活幸福的重要因素，也成为一个普遍存在的社会学和心理学现象，工作—家庭平衡理论正是针对这一现象而展开的理论研究。

四、西方职业生涯发展理论评析

西方职业生涯发展教育从20世纪初开始兴起，至今已走过一个世纪的历程，其理论体系已发展得较为成熟。在发展过程中，职业生涯发展教育从概念到思想都发生了很大变化，以20世纪40—50年代为界，从最初的职业指导阶段发展到职业生涯辅导阶段，这一转变突破了以往静态地看待职业选择的局限，同时受罗杰斯人本主义思想的影响，在职业指导活动中，提高了被指导者的主体地位，促使职业指导观念向职业辅导观念转变。20世纪70年代开始，职业生涯发展辅导阶段进一步向生涯发展教育阶段转变，这时职业发展理论不只包含职业生涯，还进一步扩大到家庭生活，而教育主体则从以民间、社会为主过渡到学校、政府、企业、家庭的全面参与。

虽然经历了一个世纪的发展，职业生涯发展教育理论仍存在某些不足之处。

首先，任何一块研究领域，只有经过多学科、不同研究视角的交叉及广泛深入的研究，才能向学科化和科学化的方向迈进。西方职业生涯发展教育理论经过多年的发展，与组织行为学、管理学、社会学、心理学有着紧密的联系，后又有经济学研究的介入，但迄今为止，还未有思想政治教育（或称德育）视角和研究方法的介入；而个人的职业选择与职业发展状况，在一定程度上与个人的价值观取向、道德视野有着紧密的联系。这就造成思想政治教育在职业生涯发展教育理论与实践活动中长期缺位的现象，在某种程度上制约了职业生涯发展教育理论的科学化进程与实践活动的成效。

其次，西方职业生涯发展教育的理论研究设定了较为严苛的前提背景，从而影响了理论的普适性与时效性。具体而言，包括两个方面：

一方面是从宏观环境来看。长期以来，西方学者的研究兴趣多数集中在影响职业生涯发展的个人兴趣、人格特性等心理因素以及职业微观环境方面，对社会、经济等外部宏观因素的研究则不多见。其理论研究均以西方社会环境为背景，预设了劳动力市场供需大致平衡以及职业信息对称的前提条件。实质上，中西方的社会、经济等外部宏观环境存在较大差异。以我国为例，首先西方职业指导产生于西方生产力发展、科技进步、社会分工细化的社会背景下，大量新兴职业与就业岗位产生；而我国目前正处于体制转轨时期，经济的快速发展仍无法提供数量几近峰值的大学毕业生所需的就业岗位。大学生面临较大的就业压力，就业市场的激烈竞争进入白热化，2008 年世界金融危机的爆发更是加剧了这种状况。其次，与中国经济发展基础薄弱、产业结构低下、人口数量庞大不同的是，多数西方国家经济发达，社会经济在高速运转过程中提供的就业岗位较多，而人口数量较少。再次，西方国家在长达几百年的发展过程中，已形成较为完善的社会保障体系，失业人员及未就业人员都能得到社会保障救济，个人根据自我意愿自主选择职业、规划职业生涯发展路径的自由度较大。而新中国虽然在短短 60 多年的发展过程中取得诸多成绩，但由于人口数量庞大，惠及全体人民的健全社会保障体系尚未建立，个人职业选择机会相对较小。总之，由于社会宏观环境的迥异，西方职业生涯发展教育理论的普适性与时效性在引进过程中受到影响，势必面临本土化困境。

另一方面是从微观环境来看。西方生涯发展理论实质上为个人预设了一个理论前提，即个人的完全理性——能积极主动寻求满足个人利益最大化的职业并为之做好一切准备。然而个人的理性是有限的，其职业选择往往受到个人的思想问题、道德问题、心理问题以及情感、直觉等非理性因素的干扰。

而且个人在理性状态下确定好职业发展路径，却往往由于思想问题、心理问题的干扰不能很好地为之努力，造成学生眼高手低、行动能力低下、职业生涯发展教育收效甚微的结果。西方理论对此缺乏关注，未曾提出条件缺失情况下的应对策略。实质上，解决思想问题、心理问题、价值观问题，与职业规划意识的培育、职业发展能力的锻造是相辅相成、密不可分的，职业生涯发展教育理论研究需要思想政治教育研究视角的介入。

因此，在经济高速发展、社会繁荣的时代背景下产生的西方职业生涯教育理论经历了上百年的发展，不断趋于成熟完善，但由于其产生的社会背景与我国迥异，所预设的理论前提条件较为严苛，致使其理论的普适性受到影响，我国在引进西方理论过程中遭遇困境。再者，西方职业生涯发展教育立足于西方资本主义历史文化背景，坚持个人主义价值取向，本质上体现了资本主义意识形态、核心价值观的导向和强化作用，这对我国而言是不相适应的。我国职业生涯发展教育理论与实践的发展需要结合本国的人文传统及现实国情，实现本土化。在这个过程中，引入思想政治教育的研究视角，强化社会主义意识形态、核心价值的导向作用，构建中国特色的职业生涯发展教育体系已是迫切之需。

第三节　思想政治教育主导性视域下的职业生涯发展教育

大学生职业生涯发展教育，是为了更好地帮助大学生科学认识自我、全面了解社会、有效选择职业角色、提高自身能力素质和增强社会竞争力而开展的教育实践。它是培育大学生主体地位、帮助大学生树立规划意识、适应社会竞争的有效形式，近些年已成为大学生思想政治教育的载体与重要组成部分。

一、大学生职业生涯发展教育现状及存在问题

职业生涯发展教育的概念最早由职业指导发展而来，我国的职业指导活动在经历了20世纪20年代的起步后，由于受内外交困、社会动荡局面影响，长期处于停滞状态。自20世纪80年代以来，适逢改革开放，人事制度、高等教育就业机制深化改革，高校就业指导才重新复苏。在近30年的发展过程

中，就业指导逐步向职业生涯发展教育转化，在教育内容上实现系统化，从过去仅仅为毕业生提供就业信息、传授就业技巧、指导完成相关就业派遣手续，发展为包含职业规划与管理教育、素质能力拓展教育、就业指导及创业教育等在内的，内涵丰富、贯穿大一到大四全程的内容体系；在教育途径上实现多样化，除传统的搭建就业信息平台、建立就业指导网站、开设就业指导讲座外，系统性的学科课程、多样化的活动课程、针对性的实践课程、隐性的环境课程四位一体的教育途径逐步建立；在教育模式上走向全程化，从仅仅针对毕业生，侧重于“成品包装”与“短期促销”的“就业安置模式”转为贯穿大学教育始终，转而重视“产品设计”与成长辅导的全程化教育培养模式。

全程化、系统化的职业生涯发展教育，立足于发掘学生的自主规划与自我管理意识，有效激发学生个体内在动力，重视培育学生主体地位，促进学生个人自由全面发展。这是对传统就业指导思想的扬弃和超越。然而，由于职业生涯发展教育起源于西方，舶来时间短，东西方社会制度、历史文化背景与现实国情迥异及本土化研究不足，使得我国的职业生涯发展教育的理论和实践仍存在一些不足，产生本土适应不良的困境。

（一）过于突出个人本位导向，对社会价值引导着力不够

目前，我国高校的职业生涯发展教育过程中，虽然能够注重结合大学生的实际，引导他们主动规划自己的职业生涯，但是也存在着过于突出个人本位导向，对社会价值引导着力不够的问题。具体表现为：在对大学生进行职业生涯辅导时比较强调个体职业规划，而涉及价值观教育较少；在相关课程的教学过程中，注重强调人职匹配理论，以认识自我为出发点，鼓励学生根据自己的个性特征、爱好兴趣和能力特长，来探寻职业世界中能与之相匹配的职业发展环境，整体授课思路主要集中在追寻个体的自我价值的实现，隐含着突出个人本位导向；在职业辅导的工具和方法上，重视介绍国外引进的自我认知的职业心理测评工具、职业决策的方法流程，崇尚工具理性，而对学生所处的具体生活环境、社会因素少有涉及，更缺乏职业价值观引导。这样的教育价值导向，可以说是对过去的就业指导过于注重就业政策宣讲、政治教化的纠偏，却显得有些矫枉过正；实现了对学生主观能动性的有效激发，却忽视了对学生的社会价值的有效引导。

（二）富含西方理想主义色彩，脱离我国现实国情

我国高校大学生职业生涯发展教育的理论源于西方职业指导理论，以美国

的特质因素理论、人格类型理论等职业辅导理论作为指导。特质因素理论是最早的职业辅导理论，1909年由美国职业指导之父、波士顿大学弗兰克·帕森斯教授首创。他在著作《选择职业》中强调人与职业相匹配是职业选择的焦点，每个人有其独特的人格特质，每种人格特质的个人都有与其相适应的职业类型，他认为职业选择可以通过认识自我、认识环境来实现人职匹配。特质因素理论又称人职匹配理论，该理论在长达二三十年的职业辅导实践中起着重要影响作用，后来被美国职业心理学家霍兰德创立的人格类型理论所取代。霍兰德以自己的职业咨询经验为基础，提出了一种关于职业选择的人格类型理论。该理论在人格和职业的关系方面，将人格与职业分为现实型、研究型、艺术型、社会型、企业型与传统型，并通过一个正六边形直观描述了六种职业类型的关系，由此来指导人们通过分析自己的人格特质，探寻相对应的职业类型。

帕森斯、霍兰德等职业指导专家的研究主要集中在个人职业生涯的个体因素和微观环境上，而较少关注社会宏观因素。这些职业理论的前提是个人职业选择的自由，而且为此对美国职业世界的宏观环境作了两大预设，即供需相对平衡的劳动力市场和较为完善的社会保障体系。而我国现阶段在毕业生就业市场和社会保障体系两方面都达不到其预设前提，大学毕业生就业时远远达不到个人职业选择的自由。所以，如果我国大学生职业生涯发展教育过于强调学生本位之思路，显然富含理想主义色彩，不符合我国具体国情和人们的就业观念。在激烈的市场竞争中，大学毕业生超现实的职业理想会备受打击，大学生职业生涯发展教育的实效性也会受人质疑。

（三）侧重实用主义技能传授，弱化价值观及职业道德教育

西方职业生涯发展教育理论在发展过程中，心理学、管理学、社会学、组织行为学等学科纷纷介入进行交叉研究，使理论不断走向成熟。其中，心理学的介入尤为显著，一系列心理测量工具的应用和技术手段的介入，使职业生涯发展教育的实用性与工具性价值显增。我国引入职业生涯发展教育之时，适逢改革开放后个人主体意识觉醒、权利意识膨胀时期，一系列自我认知的心理测量工具与帮助决策的技术模型受到大学生的关注与追捧，职业生涯发展教育的实用性价值被放大。在具体的职业辅导过程中，教师和学生较多依赖自我认知的方法和测评工具，而较少对自我进行全面的主观客观分析；探究认识职业世界的途径、程序有余，而关注怎样正确判断职业效价不足；重视职业选择的工具理性，而轻视职业选择的社会、学校和家庭等具体实情的深入分析；着重对学生职业规划方案制订的辅导，而忽视对方案的践行落

实及反馈调整；强调简历制作、求职面试技巧等实用技术的传授，而忽略大学生世界观、人生观、价值观教育和职业观、择业观、就业观教育，缺少职业精神、敬业精神和职业道德教育，不能充分发挥大学生职业生涯发展教育的激励功能、协调功能和导向功能。

二、我国大学生职业生涯发展教育所遇困境原因探析

我国大学生职业生涯发展教育遭遇困境与瓶颈有多方面的原因，包括社会环境的影响、教育因素的干扰、社会传统文化的束缚。

（一）社会环境的影响

联合国教科文组织曾强调，生涯辅导应考虑到本国的社会和经济的发展现实，以及当前和未来的发展需要；同时保证个人的选择自由。这意味着生涯辅导既要对个人负责，也要对社会负责。我国社会竞争加剧是职业选择空间缩减、职业生涯发展教育实效性得到制约的社会根源。与西方职业指导理论与实践诞生背景有所不同的是，当前我国处于市场经济转型时期，经济体制改革、高校扩招等给当今大学生及社会造成较大的就业压力，加上人口多、底子薄的国情，现代社会的激烈竞争进入白热化阶段。应该说，大学生就业难本质上根源于社会经济发展对毕业生的吸纳能力与大学毕业生的供应能力之间形成的尖锐矛盾，以及我国产业结构低下、劳动密集型产业聚集致使市场对劳动力的需求层次与高校毕业生的供应层次之间形成的结构性矛盾。受制于宏观社会经济环境，加上我国社会保障体系尚不健全，高校毕业生在竞争激烈的就业形势下，职业选择的余地大大缩减，职业规划难以有效实施。面对残酷的社会竞争现实，个人过于理想的职业规划就显得苍白而无力。而高校职业生涯发展教育极少有针对这一社会现实进行理论的本土化研究及教育实践的对策疏导，譬如价值观引导，导致人们对职业生涯发展教育的实效性产生怀疑。

（二）教育因素的干扰

在教育环境方面，专业设置与课程改革的周期性使得职业生涯发展教育具有滞后性；对高校传统思想政治教育社会本位导向的纠偏又造成价值取向上的矫枉过正，这都在一定程度上制约了高校大学生职业生涯发展教育的实效性。主要体现在：

第一，高校专业设置与课程改革的周期较长。20 世纪 80 年代，市场经济

体制的逐步推行给高校原有就业模式与教育制度带来较大冲击，高校开始实行双向选择、自主择业的就业机制。坚持以市场为导向，根据社会发展需要调整人才培养方案，修改专业设置与课程结构成为各高校的应对之策。然而，社会经济的迅速发展与信息化时代的到来，使得市场对人才的需求结构处于不断快速变化中，而教育改革的周期性特点决定了高校的专业及课程改革滞后于社会对人才的需求变化。在此背景下，大学生职业生涯发展教育一方面需以社会需求为导向，引导大学生确定职业发展方向，另一方面又受制于高校现有专业设置与人才培养结构，教育实效性受到影响。

第二，对高校思想政治教育泛政治化的社会本位主义价值取向过度纠偏。目前职业生涯发展教育出现的以个体为中心的一元化价值导向与我国高校对过去思想政治教育泛政治化的社会本位主义价值取向过度纠偏不无关系。我国自古以来一直有“以德治国”的传统，教育往往成为统治阶级进行社会动员的工具和手段。回顾我国高校思想政治教育发展历史，不难发现思想道德教育一直偏重于其社会性价值，突出表现为泛政治化，以社会本位主义价值取向彰显政治教导功能。这种价值导向反映在早期的就业指导工作中，直接表现为：教育内容以宣传国家政策为主，帮助毕业生了解国家就业方针政策并完成就业派遣工作；教育取向以社会为本位，呼吁毕业生自觉服从国家需要，到基层及最艰苦的地方去。这种导向虽然有利于教育发挥社会、政治功能，但客观上却造成了对个人主体价值的遮蔽。

随着市场经济体制的深化改革和西方理论的持续引进，高校的就业指导工作逐渐摒弃社会本位价值取向，吸收了西方职业辅导理论中的以个人为中心的价值观，尊重学生主体需要，引导学生从自我出发寻找职业发展方向。这一改变，虽然实现了对过去社会本位价值取向的纠偏，却有矫枉过正之嫌。一味鼓励学生从自我出发，在某种程度上造成与社会需要脱节，使得大学生职业生涯发展教育实效性受限。

（三）社会传统文化的束缚

受根深蒂固的“学而优则仕”传统思想影响，我国社会文化与教育评价标准出现一元化导向，官本位气息浓厚。我国传统文化评价体系将职业分为三六九等，出现高低贵贱之分，人才培养体系与职业的分级系统相联系，遂只有学而优之人，才能进入“士”官阶层。现代文化虽然除弊革新，但官本位的一元化导向仍然根深蒂固，影响家庭教育与学校教育。这就使得青少年个体甚少考虑自身发展需求与社会发展需要，在职业生涯发展等问题上容易盲目从众跟风，片面追求外职业生涯的发展。在职业价值观上，求稳求大，追求收入好、社会地位高的职业；在择业期望值上，好高骛远，缺乏奋斗精神；在追求价值实现的过程中，急功近利。社会一元文化对个体的成长所产生的影响可谓长久而深远，大学阶段的职业生涯发展教育对青少年价值观的引导则短暂而势微，从而也制约了大学生职业生涯发展教育实效性的发挥。

第四节　深圳特区“90 后”大学生职业观现状①

职业观是人们对职业价值、职业本质、职业意义、职业理想、职业道德等职业范畴的根本看法，是个人世界观、人生观、价值观以及道德观在职业领域的反映与体现，对个人的职业行为起支配作用。大学生职业观是大学生根据自身兴趣需要和社会发展需要而形成的对职业范畴等方面的根本看法，是大学生思想观念、价值观念、道德观念在职业领域的反映与体现。随着2008、2009、2010 级学生的入学，“90 后”大学生悄然成为高校生力军与校园主流。考察“90 后”大学生职业观的现状与发展，对于引导大学生树立正确的职业观，提高大学生职业生涯发展教育和思想政治教育的针对性和有效性具有积极作用。

一、调查研究方法说明

我们采用问卷调查的方式，对深圳大学和深圳职业技术学院的“90 后”本专科学生进行了抽样调查。考量到不同性别、年级、家庭所在地、学科背景等因素，按比例进行了分配。实际调查样本的基本构成情况见表 1。本次调查共发放调查问卷 550 份，回收有效问卷 510 份，有效率为 92.7%。此外，我们还对深圳大学和深圳职业技术学院的部分“90 后”大学生进行了个别访谈，希望进一步了解深圳地区“90 后”大学生的职业观。问卷回收并核查后进行编码，逐条录入计算机，并采用 SPSS v17.0 数据处理软件进行数据分析。

---

① 本节依据“深圳特区‘90 后’大学生职业观现状分析”调查问卷写成，此调查问卷见本书附录一。

表1 调查样本基本构成情况

	样本特征	频数	百分比（%）
性别 $N=510$	男 女	325 185	63.7 36.3
学校 $N=510$	深圳大学 深圳职业技术学院	343 167	67.3 32.7
年级 $N=504$	大一 大二 大三 大四	370 128 8 4	72.5 25.1 1.6 0.8
家庭所在地 $N=507$	深圳市内 广东省内除深圳以外的其他地区 广东省外	166 277 64	32.8 54.6 12.6

注：数据中存在缺省值，因而有些变量总人数未达到510人。采用有效百分比。

二、调查结果及分析

“深圳特区‘90后’大学生职业观现状分析”调查问卷包含了四个方面的内容，分别是职业准备方面、职业期望方面、职业道德方面以及对职业观的理解方面。

（一）在职业准备方面

1. 理性的专业选择和明确的生涯发展目标

在“对自己的专业感兴趣吗”这一问题中，有46.7%的同学对自己所学专业感兴趣，还有12.4%的同学选择了对自己所学的专业非常感兴趣，而对自己所学的专业不感兴趣的同学有5.1%。在被问到“是否愿意从事与所学专业相关的工作”时，选择愿意从事的同学占到了57.0%，有32.3%的同学选择视情况而定，而选择不愿意的同学有7.7%。这说明深圳特区“90后”大学生在专业选择方面趋向理性和稳定，这将有利于他们专业学习的热情。

在被问到毕业之后的打算时，63.2%的同学毕业之后打算直接就业或自主创业，有31.9%的同学毕业之后打算继续深造，还有6.2%的同学暂时没有规划。这说明深圳特区“90后”大学生在生涯规划方面具有相对明确的生涯发展目标。同时，在改革开放浪潮的推动下，深圳特区30年的发展也表明了知识和科学技术的重要性，并且为数不少的同学也意识到了这一发展，从而选择继续深造来充实自己的知识、培养自己的能力。

2. 客观的自我认识和准确的就业判断

在“您认为在选择职业时您的优势是”这一问题上，对各选项的选择情况由高到低依次是个人能力强、专业水平过硬、知识面广、人品出众、实践经验丰富。在“您认为您的哪些方面有待提高”这一问题上，对各选项的选择情况由高到低依次是外语水平、计算机水平、专业水平、人际交往能力、社会实践能力、文化修养。这说明，深圳特区“90后”大学生对自身的认识是基本全面的和客观的，既能认识到自身的优势，也能认识到自身的不足。

在被问到“就业单位最看重的能力”时，对各选项的选择情况由高到低依次是合作意识和奉献精神、人际交往能力、竞争和挑战意识、社会实践和工作经验、创新意识。在被问到“在校期间您会做哪方面的准备”时，对各选项的选择情况由高到低依次是利用课余时间做兼职获取社会经验、尽量多考些相关证书、主攻专业知识、博览群书、积极参加学生会和社团组织锻炼能力。这说明，深圳特区“90后”大学生对就业形势的判断是准确的，不仅能认识到就业单位的需要，而且能根据这种需要和自身的实际情况，在校期间做出相应的准备。

（二）在职业期望方面

1. 职业竞争意识、择业自主意识和创业意识较强

在职业竞争意识方面，79.2%的同学都具有较强的进取心和职业竞争意识，愿意从事收入高但工作紧张、具有挑战性的工作，21.1%的同学选择收入不高但轻松没有挑战性的工作。深圳特区的现实状况是生活节奏快、工作压力大，而绝大多数深圳特区“90后”大学生都意识到了这一客观现实，因而具有较强的职业竞争意识。在择业自主意识方面，37.1%的被调查者具有较强的择业自主意识，在选择职业时最倾向于倾听自己的意见，其次是倾听父母、朋友、老师的意见，分别占28.8%、20.5%和10.5%，此外，选择倾听社会舆论意见的同学有3.2%。这说明深圳特区“90后”大学生讲求自主，在选择职业时也希望实现自主，具有较强的择业自主意识。在创业意识方面，越来越多的大学生选择以自主创业的方式进行就业，国家政策也大力支持大学生自主创业来缓解就业压力。在深圳特区经济高速发展、文化环境自由开放、政策相对宽松的氛围中，有18.6%的同学毕业之后有自主创业的打算。

2. 就业地区具有明显的倾向性，就业单位类型呈现多元化

在被问到“理想的就业地区”时，70.2%的同学都将理想的就业地区锁定在东南沿海大城市，其次是中部大城市和国外，分别占9.4%和7.4%，而愿意去农村、贫困地区和偏远地区的同学总计仅有1.3%。近年来，国家虽然大力倡导大学毕业生“到西部去、到基层去、到祖国最需要的地方去”，但深圳特区“90后”大学生对这一政策的反应较为平淡，这是因为大学生看到深圳特区广阔的就业前景和发展机会。而在理想的就业单位类型上，同学们的答案则呈现出多元化的分布趋势，选择外企的同学有19.0%，选择事业单位的同学有19.5%，选择国家机关的同学有19.8%，选择国企的同学有14.8%，选择自主创业的同学有15.5%，选择私企的同学有8.4%，选择部队的同学有1.4%。这说明，在深圳特区多元的文化和开放的环境的影响下，“90后”大学生在选择职业时并没有形成传统的官本位思想，而是愿意根据自己的意愿选择最能实现自身价值的岗位。

3. 对工资待遇的期望值过高，但仍能理性调整

在“选择职业时更看重”一题上工资待遇被60.4%的同学选择，超过了职业发展前景、工作地点和工作环境、个人价值的实现等其他因素高居榜首，成为深圳特区“90后”大学生在选择职业时最看重的因素。而在理想中的月薪方面，60.7%的同学的理想月薪都在5 000元以上，这部分同学中有40.4%的同学的理想月薪达到8 000元以上。这表明，深圳特区“90后”大学生对工资待遇的期望值很高。但在被问到“如果月薪达不到您的要求，您是否愿意降低标准”时，有39.0%的同学明确表示愿意降低标准，也有51.1%的同学表示视情况而定，另有9.9%的同学选择不愿意降低标准。这说明大部分深圳特区“90后”大学生都能理性调整对工资待遇的期望值与现实之间的矛盾。

（三）在职业道德方面

1. 对传统的职业道德规范持赞同态度

“爱岗敬业、诚实守信、办事公道、奉献社会”的传统职业道德要求得到了“90后”大学生的认可，有76.8%的同学对这一职业道德要求表示赞同甚至是非常赞同，表示中立的同学有22.1%，有1.1%的同学表示不赞同这一职业道德要求。调查结果显示，深圳特区“90后”大学生在爱岗敬业等职业道德问题上坚持积极职业道德观。这为我们深入做好大学生职业道德教育打下了很好的基础。

2. 对部分职业道德现象持宽容态度

2008年汶川地震期间，都江堰小学教师范美忠不顾学生安危先行逃跑的事件引起人们的广泛关注和激烈争论，职业道德成为大家关注的焦点和思考的对象。在调查中，62.0%的同学对这一事件持中立态度，认为范美忠的行为可以理解但不赞同；此外还有5.1%的同学赞同“范跑跑”这一行为，认为个人的生命安全远比职业道德更重要；有31.3%的同学强烈谴责这一做法，认为这一行为违背了教师的职业道德。这一结果一方面表明深圳特区“90后”大学生对待他人的职业道德问题能采取宽容的态度，另一方面表明深圳特区“90后”大学生对待他人的道德问题态度冷漠、社会责任意识淡薄。

（四）在对职业观的理解方面

1. 对职业的理解有待提升

在“职业的目的”这一问题上，大部分接受调查的深圳特区“90后”大学生都有较为清楚的认识，认为职业不仅应当满足人们衣、食、住、行等基本的物质需要，还应满足人们通过购买书籍、音像制品等精神文化产品达到对精神生活的追求，只有13.1%的同学看到了职业是人们身心发展都必不可少的要素，看到了职业的深层意义。这说明对深圳特区“90后”大学生关于职业观内涵的教育还有待加强和提升。

2. 对择业与就业的关系能理性看待

对于“先就业，后择业”这一观点，68.1%的同学持肯定态度，认为毕业时的选择不一定是自己的终身选择；有16.0%的同学对这一观点持否定态度，认为只有找到自己满意的工作才会就业，不会委曲求全。这说明大部分深圳特区“90后”大学生能持理性的态度去看待择业与就业的关系。

3. 对某些职业现象的认识具有现代理念

几年前，北京大学毕业生陈生卖猪肉这一事件曾引起热议。在此次调查中，有34.7%的同学对这一现象表示理解和赞同，认为“三百六十行，行行出状元”，并且表示自己也有可能从事类似的工作；另有52.7%的同学对这一现象表示理解但不赞同，认为每个人都有自己的选择，但自己不会从事类似的工作；还有12.7%的同学对这一现象表示反对，认为这是一种职业错位和人才浪费。对“大学生扫大街”这一职业现象也能有较为明确的认识，61%的同学认为“大学生扫大街”不是职业错位，而39%的同学认为这是一种职业错位。深圳特区“90后”大学生认为职业没有高低贵贱之分，无论是“大学生卖猪肉”还是“大学生扫大街”都是依靠自己的力量去谋求生存和发展，都应当被人们理解和尊重。这与深圳特区“90后”大学生讲求民主、平等的意识是分不开的，也与我们的职业观教育和引导是分不开的。

三、调研结论与教育启示

（一）深圳特区“90 后”大学生职业观总体特征

1. 对国家利益的考量与对个人利益的关注并重

在对如何处理国家利益与个人利益的关系的调查中，深圳特区“90 后”大学生表现出对国家利益的考量与对个人利益的关注并重的价值取向。他们都非常关注个人利益，否定了那种为了国家利益而放弃个人正当权益的做法，能兼顾国家需要和个人利益，强调个人利益与国家利益的统一，他们对国家利益与个人利益的关系的考量更趋于理性。

2. 远大的职业理想与严峻的就业现实矛盾冲突

深圳特区“90 后”大学生都有自己的职业规划和职业理想，也希望通过努力实现自己的规划和理想，同时希望国家和社会能创造出良好的就业环境。但是，对就业条件和个人利益的考虑和看重，又妨碍着“90 后”大学生职业理想的实现。在调查中，98.7% 的同学都不愿意响应国家号召“到西部去、到基层去、到祖国最需要的地方去”。正是由于深圳特区“90 后”大学生对就业条件和物质回报的过分看重，加剧了形成就业形势严峻的现象。

3. 多元、开放的文化环境与自主平等的职业意识相互影响

深圳处于改革开放的前沿阵地，传统与现代观念在这里碰撞，中西多元文化在这里交汇，形成了多元、开放的现代文化环境。深圳特区“90 后”大学生深受这种文化环境的影响和熏陶，具有较强的自主意识和平等意识，在职业观的养成和职业的选择上也注重和强调这种自主、平等意识的发挥。多元开放的文化氛围与自主平等的职业意识相互影响，使深圳特区“90 后”大学生对职业的理解逐步透彻和深入。

（二）教育启示

1. 明确教育目标

“90 后”大学生职业观教育首先应有明确的教育目标，即促进学生的自由全面发展。从近期来看，在现今这样严峻的就业形势之下，“90 后”大学生更应该严格要求自己、不断完善自己、努力提升自己，争取各方面自由全面的发展，使自己在就业市场上更具有竞争力。因此，在就业之前，“90 后”大学生首先要认清自身的优势和不足，同时也要认清用人单位的需要和要求，

正所谓“知己知彼”，才能“百战不殆”。从长远来看，我国的人才培养目标就是培养、德、智、体美全面发展的社会主义合格建设者和可靠接班人，马克思主义的终极目标也是实现人的自由全面发展。职业观这一概念具有广泛而深刻的含义，不仅包括职业规划和就业指导方面的内容，更包括人的生涯发展方面的内容，人的全面发展正是人生的最高理想和毕生追求。

2. 注重教育内容

一是注重职业观教育的全程性和全面性相结合。全程性与全面性相结合，就是针对不同年级学生的特点进行不同层次的职业观教育。职业观养成是一个长期的过程，因此对职业观的教育也不是一蹴而就的。大学生职业观的教育并不是仅仅依靠一门职业规划的选修课和几场就业指导讲座就能完成的，而是要把职业观的教育作为一个长期的、系统的工作来展开，要面向所有的大学生而不仅仅是面临就业的毕业班学生，并要针对各年级学生的特点和需要进行不同侧重点的职业观教育。对于低年级的学生主要侧重于帮助其适应大学生活，系统地介绍专业与职业的关系，在进行其他教育的同时渗透职业观教育各方面的内容；帮助其正确认识自己，了解自身的优势与不足，更好地塑造与完善自己，努力建立扎实的基础知识和合理的知识结构；对于高年级的学生主要侧重于提高自身的能力和就业竞争力，根据用人单位的要求明确目标和规划，增强就业的自主性和决策能力；并注重个别的就业指导和心理辅导，解决大学生择业时面临的困难和疑惑，帮助其更好就业。

二是注重个体职业期望与社会需求相结合。“90后”大学生个性鲜明、自主性强，明确知道自己该做什么、想要什么，但同时也存在眼高手低、好高骛远、过分追求物质的现象。这就要求“90后”大学生端正态度、放平心态、正确认识自己，同时也客观了解社会需求。一味地将就业地区锁定在东南沿海大城市，一味地追求较高的工资待遇、良好的工作地点和舒适的工作环境显然是不切合实际的。近年来，国家出台了一系列就业政策，例如“从医从教计划”、“西部振兴计划”等，鼓励大学生“到西部去、到基层去、到祖国最需要的地方去”。“90后”大学生可以结合自身实际重新考虑自己的职业观，规划自己的职业生涯。适当降低自己的就业期望，结合社会需求，形成更科学、更全面的职业观，进而更好地实现就业，更有利于自身的发展，也更有利于国家的建设。

三是注重大学生进行专业素质教育与职业道德教育相结合。大学是为我们国家培养和储备人才的摇篮，根据各行各业对人才需求的不同，对各专业的学生进行相应的专业素质教育以适应不同行业、不同岗位的需要。因此，需要加强大学生的专业素质教育。深圳特区“90后”大学生也意识到了专业知识学习的重要性和自身专业知识的不足，进而加强对专业知识的学习。但近年来社会上出现的职业诚信问题、职业道德失范问题给人们敲响了警钟，这一系列的问题都说明在重视专业素质教育的过程中同样不能忽视职业道德教育，加强大学生的职业道德教育应当作为大学生职业观教育的重要内容。

3. 创新教育途径

一是重视课堂教学。通过课程形式进行职业观教育，有助于大学生对职业观形成更加系统的认识和了解，从而有助于大学生良好职业观的养成。课堂教学具有教育对象集中、教学内容丰富等一系列的优点，因此，把课堂教学作为职业观教育的形式是十分必要的。在课程内容的设置和课时的安排上，要充分考虑到教育的针对性、内容的系统性与课时的连续性，为学生建立系统的职业观课程体系，对学生进行全面的、系统的、连续的职业观教育。

二是加强社会实践和教育实习。“实践是检验真理的唯一标准。”经过实践检验的职业观才是全面的、正确的和可靠的。因此，学校应更注重对“90后”大学生在实践中进行职业观教育，帮助学生形成良好的职业观。社会实践活动的种类繁多，包括校内的各种文化活动、社团活动、勤工俭学活动、青年志愿者活动，校外的各种兼职活动以及暑期的“三下乡”活动等。这些活动通过调查研究和服务社会来帮助大学生塑造正确的职业观。教育实习是大学生顺利毕业的前提，也是大学教育至关重要的一个环节，在实习过程中可以学习到丰富的实践经验，锻炼实际操作的能力和解决问题的能力，这些都有助于职业观更好地形成。

三是引进心理咨询和思想疏导。在进行职业观教育时，心理咨询也是必不可少的环节之一。当今大学生面临严峻的就业形势和强大的就业压力，难免出现一些极端的行为和心理上的困惑，这就需要心理咨询服务来对大学生进行思想疏导，使大学生不仅能更好地就业，也能怀抱一颗平常心更好地工作和生活。

第二章

理论创新：生涯发展教育与思想政治教育的融合

加强思想政治教育视域下的大学生职业生涯发展教育研究，构建中国特色的大学生职业生涯发展教育体系，不仅是培育大学生主体地位，激发学生内在动力，促使思想政治教育回归生活，提高思想政治教育实效性的必然要求；同时也是解决职业生涯发展理论的本土化困境，促进职业生涯发展教育可持续发展的必要手段。由于思想政治教育与职业生涯发展教育在教育对象、教育价值、教育内容及教育作用上具有高度契合性，二者的结合不仅必要，而且可行。构建思想政治教育视域下的大学生职业生涯发展教育体系，应在教育目标、教育内容、教育方法及教育途径上全面借鉴、吸收、参考并创新思想政治教育既有成果。

第一节　职业生涯发展教育对思想政治教育目标的借鉴

目标，作为人们行为期望达到的境界与标准，是在一定条件与环境的制约下，在规律的指导下，人们对行为所能达到的未来结果的一种预期。恩格斯在讲到人与动物的本质区别时曾指出："人离开动物越远，他们对自然界的影响就越带有经过事先思考的、有计划的、以事先知道的一定目标为取向的行为特征。"① 按照既定目标行动，是人的本质特征之一。教育目标是教育活

① 中共中央马克思恩格斯列宁斯大林著作编译局：《马克思恩格斯选集》（第4卷），北京：人民出版社1995年版，第382页。

动的出发点与归宿，贯穿整个教育过程的始终。大学生职业生涯发展教育是思想政治教育的新载体，二者作为教育实践活动，均是按照既定教育目标进行的。

一、思想政治教育目标及其特性

思想政治教育目标是指“教育者根据社会的要求和人的发展要求，通过思想政治教育活动使受教育者的思想政治品德在一定时期内达到预期结果”[①]。思想政治教育目标具有鲜明的阶级性、人本性与层次性等特征。

（一）阶级性：以社会目标为主导

按对象的不同，思想政治教育目标可划分为社会目标与个体目标。从思想政治教育的起源来看，它并非自人类社会诞生伊始就存在，而是伴随着阶级、国家的产生而产生。阶级与国家出现后，统治阶级为维护其统治需要，促进个人的政治社会化，通过思想政治教育活动来宣扬灌输本阶级的政治观点、思想文化及价值理念，以达到巩固其政治统治的目的。马克思、恩格斯曾揭示：“统治阶级的思想在每一时代都是占统治地位的思想。”[②] 作为上层建筑的意识形态，思想政治教育是统治阶级实现其统治的有力工具与重要手段，具有鲜明的阶级性。我国现阶段的思想政治教育就是要用马克思主义及中国特色社会主义理论来引领社会思想文化主流，帮助人们树立社会主义和共产主义理想信念，提高人们的思想政治素质和道德品质，为社会主义现代化建设提供精神动力与智力支持。为无产阶级及人民大众服务、为社会主义现代化建设服务是我国高校思想政治教育的社会主导目标，在思想政治教育目标体系中带有全局性、普遍性及根本性意义。

（二）人本性：以人的全面发展为根本

“思想政治教育是属人的，为了促进人的发展，思想政治教育应当也必须服务、服从于人的全面发展需要。”[③] 人的自由全面发展，是马克思和恩格斯追求的人类解放和社会发展的最高目标。在社会主义社会发展阶段，思想政

---

① 邱伟光、张耀灿：《思想政治教育学原理》，北京：高等教育出版社 1999 年版，第 182 页。

② 中共中央马克思恩格斯列宁斯大林著作编译局：《马克思恩格斯选集》（第 1 卷），北京：人民出版社 1995 年版，第 98 页。

③ 张轩：《论思想政治教育目标的层次性》，《思想政治教育研究》2009 年第 2 期。

治教育在坚持社会目标为主导的同时，也应坚持“以人为本”，致力于促进个人的自由全面发展——引导个体政治方向，激发个体精神动力，塑造个体健康人格，促进个体思想、政治、道德、心理素质的全面提高。诚如江泽民在建党八十周年的讲话中所谈到的：“推进人的全面发展，同推进经济、文化的发展和改善人民物质文化生活，是互为前提和基础的。人越全面发展，社会的物质文化财富就会创造得越多，人民的生活就越能得到改善，而物质文化条件越充分，又越能推进人的全面发展。社会生产力和经济文化的发展水平是逐步提高、永无止境的历史过程，人的全面发展程度也是逐步提高、永无止境的历史过程。”① 社会发展的最终目的和现实结果仍然是为了实现现实的人的发展，满足现实的人的需要。因此，由思想政治教育的性质和根本任务所决定，促进人的自由而全面发展是思想政治教育的根本目标，在社会主义历史条件下，这一人本性目标与阶级性目标互为表里、互相促进。

（三）层次性：尊重不同发展需要与多元发展趋势

一方面，思想政治教育所面对的教育对象是立体的人，不同个体在年龄、个性特质、思想道德现有水平、心理素质等方面均存在差异，有着不同的发展需求；另一方面社会发展的多元化趋势愈发明显，这些决定了思想政治教育需充分认识环境的多样性与复杂性，充分了解受教育者的差异性，根据不同发展阶段和需要，在坚持一元导向的基础上，构建分阶段、分层次的目标体系，做到因材施教、有的放矢。在长期的发展过程中，思想政治教育业已形成一元主导与多元发展相结合的、由诸多不同层次目标构成的目标系统。例如，在价值观教育过程中，思想政治教育在坚持集体主义价值目标的基础上，依据我国经济生活的现实情况和人们思想道德的实际状况，将集体主义道德要求从低到高划分为三个层次：公私兼顾、不损公肥私；先公后私、先人后己；无私奉献、一心为公，以此起到既鼓励先进又照顾多数的作用。

二、大学生职业生涯发展教育目标的历史与现状

职业生涯发展教育启蒙于西方的职业指导概念。1908 年，美国波士顿大学教授帕森斯率先创设了职业局，并将理论研究成果写作成《选择职业》一书出版，职业指导活动和理论研究应运而生。之后，理论研究几经发展，职

① 江泽民：《江泽民文选》（第 3 卷），北京：人民出版社 2006 年版，第 264—299 页。

业指导的概念向职业辅导转变，以当事人为中心的辅导模式确立；20 世纪 60 年代，舒伯提出生涯概念，职业辅导的内涵与时间跨度得以扩展，向生涯辅导发展。一般认为，生涯教育概念的提出始于 1971 年，当时美国失业率逐年攀升，失业问题成为公众最为关心的问题。在关于失业率高企的原因争论中，经济增长缓慢使得工作机会不足，以及在机会充足的工作面前，技能的过高要求致使现有劳动力无法胜任的两种分析获得多数人认同。于此，时任美国联邦教育署马兰署长提出生涯教育概念和改革方案，他认为所有的教育都是生涯教育，教育应为个体拓展生涯选择的机会。此后，生涯教育在美国获得较快发展，并在其他国家迅速传播开来，生涯辅导走向国际化。

（一）起步与发展阶段目标追溯

我国职业指导出现于 20 世纪一二十年代。1916 年，清华大学率先将心理测量手段引进并应用于学生职业选择过程中，在本校实施职业指导，在我国开创了职业指导活动的先河。早期以黄炎培先生为首的一批教育家从介绍西方国家职业指导理论入手，结合中国的现实经济社会发展状况，开展了一系列的职业指导理论研究与实践活动。这一时期可谓职业指导活动的起步阶段。当时的职业指导以改变我国当时落后的社会发展状况、帮助解决青年学生就业问题、为工商业的发展输送人才为目的；内容以为毕业生提供升学就业指导、介绍国外指导理论与心理测量工具、进行职业培训为主。

20 世纪三四十年代，我国内忧外患局面加剧，职业指导基本处于停滞状态。新中国成立后，计划经济体制与统包统分人事制度的实施使得职业指导缺乏应有土壤而依旧沉寂。直到改革开放后，经济体制的改革与劳动人事制度的调整使得我国高校毕业生就业机制发生根本变化，就业指导工作在全国重新复苏。此时就业指导工作的目标以价值引导为主，重点是对学生进行就业政策的宣传及人生观、价值观、择业观与职业道德的教育。“毕业生有执行国家就业方针、政策和根据需要为国家服务的义务”，“要鼓励和引导毕业生到边远地区、艰苦行业和其他国家急需人才的地方去工作”。[①] 在新的就业制度下，开设就业指导课旨在帮助大学生以正确的人生观、价值观、道德观和行为规范参与求职活动，增强适应社会的能力。这一阶段的就业指导以社会目标为主导，坚持集体主义价值取向，倡导以国家利益为先，兼顾个人发展，具有鲜明的政治教化意味。

① 《普通高等学校毕业生就业工作暂行规定》，中华人民共和国教育部网，http：//www. moe. edu. cn/edoas/website18/35/info5935. htm，1997 年 3 月 24 日。

随着教育实践的推行，人们愈发觉察，仅仅针对毕业生开展的就业指导，对促进大学生顺利成才就业成效短暂而甚微。囊括职业规划教育、价值观教育、职业素质与拓展训练、就业指导与创业培训等内容在内的系统化、全程化的大学生职业生涯发展教育应势得以发展。它立足于开发学生的自主规划与管理意识，激发内在动力，培育学生主体地位，促进个人自由全面发展，是对传统就业指导思想的扬弃与超越，成为大学生思想政治教育的新载体。

（二）现阶段目标现存问题分析

现今在我国高校实施的大学生职业生涯发展教育过程中，强调从个体出发、以分析自我的人格特质为基点，视寻找适合自己人格类型的职业环境为目标，鼓励学生根据自己的兴趣、爱好、能力特长、个性特质寻求职业世界中能与之匹配的发展环境，追求自我价值实现的教育思路隐匿着以个体为中心的价值取向。这种价值取向在有效激发学生自主能动性的同时，对学生的社会价值引导则显不足。其价值导向虽能从过去以政治教化、政策宣传为主，转向结合大学生的实际，引导他们主动规划自己的职业生涯，但有矫枉过正之嫌。

目前我国大学生职业生涯发展教育在理论根源上沿袭了美国的职业指导理念，以特质因素、人格类型等理论为指导。研究集中于影响个人职业生涯发展的个体因素与微观环境方面，对社会宏观因素的研究则不多见。我国大学生职业生涯发展教育所沿袭的美国以学生为本位的思路，于我国而言具有理想主义色彩，脱离我国现实国情。

三、大学生职业生涯发展教育对思想政治教育目标的有益借鉴

（一）以社会目标为主导

大学生职业生涯发展教育与思想政治教育一样，作为社会主义大学的教育实践活动，必须服务于社会主义现代化建设的需要，为社会主义现代化建设培养思想、政治、道德素质过硬的合格建设者与接班人。在职业生涯发展教育的目标体系的构建中，必须突出充分体现社会主义性质与发展方向，为社会主义建设服务的社会目标的主导地位。这一社会目标应贯穿于大学生职业生涯发展教育的全过程，自始至终对职业生涯发展教育起着导向与纠偏的作用。

在社会目标与个体目标的关系中，社会目标的实现需依托个体内在需要

的挖掘与个体价值的发展来推动，个体目标也需顺应社会发展需要及历史发展趋势才能得以实现。在大学生职业生涯发展教育过程中，化解由个人本位与理想主义带来的现实困境的路径即在于加强社会价值引导，通过国情教育分析社会对职业与人才的需要与要求，引导学生正确处理国家需要与个人价值实现之间的关系，把个人理想、抱负与国家富强、民族兴旺、时代发展联系起来；通过价值观教育，引导学生树立正确的职业理想、科学对待择业，增强适应力；通过职业道德教育，培育学生良好的职业道德品质，提高学生整体素质。

（二）致力于促进个人的全面发展

大学生职业生涯发展教育直接面对的同样是社会主义市场经济条件下，权利意识、主体意识、价值意识得以觉醒，在思想活动与成长实践中表现出较大独特性、差异性与选择性的当代大学生，这使得大学生职业生涯发展教育与思想政治教育一样，既应坚持社会目标的主导地位，也须致力于促进个人自由而全面的发展。

促进个人自由而全面的发展，最基本理念就在于最大限度地弘扬人的主体性，最大限度地开发人的潜能，最大限度地发挥人的主观能动性。[①] 要实现这一个体目标，大学生职业生涯发展教育需以突出受教育者的主体地位为前提，以激发大学生自我教育的积极性为动力，以促进个人主体意识的觉醒为关键。在个体目标体系的构建中，将培育大学生自主规划、自主学习、自主管理的能力作为主导价值目标，使学生摒弃在基础教育阶段所形成的依赖性与盲目性，增强自觉意识与适应能力，推进个人的自由发展与社会的全面进步。

（三）构建社会与个体目标的层次体系

与思想政治教育一样，学生在年龄、个体特质、思想、道德、心理素质等方面存在的差异及社会发展的多元化趋势使得职业生涯发展教育的社会及个体目标也必须分解为有层次的阶段性目标，才具有实现的可能性。

社会目标方面，大学生职业生涯发展教育必须在坚持一元导向的基础上，依据教育规律及学生身心特点，注重目标的阶段性与层次性。首先，最高层次应是培育具有坚定共产主义政治信念、集体主义思想观念、共产主义高尚

① 张耀灿等：《思想政治教育学前沿》，北京：人民出版社2006年版，第95页。

道德、良好心理素质的未来社会主义建设的中坚力量。这部分人能够为国家利益舍弃小我，能够为国家建设需要自愿去基层、去艰苦的地方，能够为共产主义理想信念奋斗终身。其次，中间层次应是培育有中国特色社会主义共同理想、拥护中国共产党的领导；能坚持先公后私、先人后己，正确处理个人与集体的关系，能根据社会发展需要调整个人理想目标；具有良好社会主义道德品质的社会主义建设者。这部分人能将国家、社会发展需要与自我利益较好地结合起来，规划自己的职业发展路径，并为职业理想的实现积蓄力量，为社会主义现代化建设添砖加瓦。再次，最低层次应培育拥护社会主义、维护祖国统一；具有较强的民主法制观念，能顾全大局、自觉遵守社会主义法纪；在价值取向上能坚持利己但不损人，具有良好社会公德与职业道德品质的社会主义建设的稳定力量。三个目标层次遵循着循序递进的逻辑关系。在职业生涯发展教育过程中依次推行，既能获得学生的有效认同，又能提高社会主导目标的导向性与可操作性。

个体目标方面，大学生职业生涯发展教育应帮助大学生了解社会环境，正视社会现实，科学认知自我，在基于现有条件的正确判断基础上，帮助学生构建有层次性的个人职业发展目标。美国心理学家佛隆曾将其在组织行为学当中提出的期望理论用于解释个人职业选择行为，指出个人择业动机的大小取决于职业效价与职业概率的正比关系，即择业动机 = 职业效价 × 职业概率。其中职业效价取决于择业者的职业价值观与择业者对具体职业要素（包括个人兴趣、工资水平、劳动条件、职业声望等）的评估；职业概率则取决于某职业的社会需求量、择业者的竞争能力、竞争系数及其他随机因素。这一理论为我国大学生职业生涯发展教育个体职业发展层级目标的构建提供了较为科学的方法论基础。

大学生职业生涯发展教育应引导学生树立正确的职业价值观；通过对国情与就业环境的客观介绍，让学生了解社会需求量、竞争系数等外在环境，帮助学生进行科学的个人定位分析；同时帮助学生增强个人竞争力，引导学生构筑起个人发展的层级目标体系，包括理想的最优职业选择与生涯发展目标、基于实力的次优职业选择与生涯发展目标和次次优保守职业选择与生涯发展目标，合理调整个人职业期望。构建职业生涯发展教育的个体层级目标体系，引导个人进行目标层级管理，能较好解决个人在职业发展过程中目标单一、心理压力过大、调试周期过长等问题，从而更好地为社会与个体目标服务。

第二节　职业生涯发展教育对思想政治教育内容的吸收

作为教育学科体系的核心，教育内容是教育目标的具体化。清晰的教育内容是实施教育教学活动的前提条件，也是实现教育目标与教育任务的重要保证。思想政治教育内容是实现思想政治教育促进人与社会全面发展目标的载体。思想政治教育目标的丰富性与层次性决定了思想政治教育内容的全面性。大学生思想政治教育与职业生涯发展教育教育对象的共同性与教育目标的契合性，使得大学生职业生涯发展教育在内容体系的建构中，有必要在现有教育内容的基础上，加强对思想政治教育内容的合理吸收。

联合国教科文组织曾强调："生涯辅导应考虑到本国的社会和经济的发展，以及当前和未来的需要，同时保证个人的选择自由。这意味着生涯辅导既要对个人负责，也要对社会负责。"[①] 大学生职业生涯发展教育遭遇困境，很重要的一个原因是西方职业生涯理论体系在我国的应用中，产生了适应性问题。若要化解这一问题，实现教育实效最大化，则需结合我国社会制度、文化传统、现实国情，坚持思想政治教育主导性，对引自西方的生涯发展教育价值理念及内容体系进行重构。在现有人本理念的基础上，以社会主义核心价值体系为主题，以社会主义、集体主义、爱国主义教育为主旋律，在生涯发展教育中坚持社会主义意识形态方向和社会主导价值取向；在现有教育内容的基础上，加强世界观、人生观、价值观引导和职业道德教育，开展国情分析，增强个体社会适应与发展能力。

一、坚持以社会目标为主导的价值引导

思想政治教育作为阶级社会产生后的产物，具有鲜明的阶级性特点，在我国社会主义特色制度环境中，其阶级性主要表现为社会性特点。坚持思想政治教育主导性，就是"坚持引导、选择的主要方向、方面和重点，并在个体发展和社会发展中发挥主导作用"[②]，就是坚持一定的意识形态方向和社会主导价值取向。起源于西方的职业生涯发展教育，在教育方法上坚持价值不干预原则，实际上渗透的则是个人导向的价值取向。在思想政治教育视域下，

① 刘建新、费毓芳：《大学生生涯辅导》，上海：上海交通大学出版社 2005 年版，第 119 页。
② 石书臣：《现代思想政治教育主导性研究》，上海：学林出版社 2004 年版，第 149 页。

对职业生涯发展教育进行价值改造，首先需要坚持以社会目标为主导的价值原则。

大学生职业生涯发展教育与思想政治教育一样，作为社会主义高校的教育实践活动，必然要为社会主义的现代化建设服务，为社会主义现代化建设培养思想素质、道德素质和政治素质过硬的合格建设者与可靠接班人。在职业生涯发展教育目标体系的构建中，必须充分突出体现社会主义性质与发展方向、为社会主义建设服务的社会目标的主导地位。这一社会目标应贯穿于大学生职业生涯发展教育的全过程，自始至终对职业生涯发展教育起着激励作用、协调作用和导向作用。在个体目标和社会目标的关系处理中，社会目标需依托个体内在需要的挖掘与个体价值的发挥推动来实现，个体目标也需顺应社会发展需要与历史发展趋势才能得以实现。要解决好大学生职业生涯发展教育中存在的个人本位和理想主义问题，就需要加强国情教育，重视社会价值引导，使大学生把个人的职业理想与国家战略、社会发展趋势联系起来，正确处理好国家需要、社会需要和个人价值实现之间的关系；通过价值观教育、职业观教育、职业道德教育，引导大学生树立合理的职业理想，正确对待职业、择业和就业问题，增强社会适应力，实现人生价值。

二、加强爱岗敬业、诚实守信为主体的职业道德教育

职业不单是人们获取一定经济报酬从而得以谋生的手段，还是自我价值实现的平台与载体。职业道德教育是思想政治教育的重要内容。作为从业人员必备的重要职业素质之一，职业道德对于大学生的成功就业以及职业生涯的顺利发展起重要作用，理应得到大学生的重视及生涯发展教育的关注。然而受实用主义思潮影响，无论教育者或受教育者，都极易将关注的重点聚焦于心理测量工作与决策模型的应用上，而忽视了较为深层且长期的职业道德的培养。高校作为大学生接受职前系统教育、全面提升素质的最后一站，应强化职业道德教育内容，提高生涯发展教育的长效性与道德教育的针对性，为大学生的成长成才提供良好的道德素质保证。

（一）爱岗敬业的职业态度

爱岗敬业作为职业道德中重要的基本要求之一，体现的是从业者对职业的尊重与热爱以及兢兢业业、尽职尽责的职业态度，是思想政治教育的重要内容。“干一行爱一行，爱一行钻一行”则是爱岗敬业的具体体现，它要求从业者在职业活动中应有基本的敬业及乐业精神。生涯发展教育则以尊重受教

育者的主体地位为前提，致力于开发个体自主能动性，鼓励其在追求自身兴趣、爱好的基础上实现人职和谐。受其影响，“爱一行干一行”成为受教育者的择业宣言，这在一定程度上加剧了毕业生在企业组织中的频繁流动。事实上，“干一行爱一行”与“爱一行干一行”之间的本质区别在于，个人在职业选择过程中对自身爱好与社会需要之间的取舍不同。“干一行爱一行”体现的是将个人价值的实现寓于社会需要及组织集体利益的增进当中，渗透着集体主义价值观的导向作用；“爱一行干一行”体现的则是个人对自身兴趣爱好的追求，将个人价值的实现建立在自身需要的满足基础之上，彰显的是人本主义价值理念。然而由于社会现实条件所限，个人在职业的选择过程中，有时无法寻求到个人兴趣与社会需要之间的最佳结合点，致使个人在职业发展中出现态度消极、心理调适期过长、跳槽频繁等现象。加强爱岗敬业职业道德教育的作用即在于对这一现象作出合理的价值疏导，引导大学生将个人价值的实现寓于社会需要之中，增强个人的社会适应性，实现“人职和谐”匹配度的提高。

（二）诚实守信的诚信精神

诚实守信的诚信精神，是任何职业对从业者的基本道德要求，是立人之本。然而在激烈的市场竞争下，诸如大学生就业推荐资料掺水造假、随意毁约等道德失范行为频发，不仅影响到大学生的个人声誉，对高等教育的健康发展、良好就业环境的维护、社会的和谐稳定均造成不良影响。加强诚实守信的职业道德教育，培育大学生的诚信精神，引导大学生正确看待职业的分工问题，教育大学生无论在择业过程中还是职业生涯的长远发展中，都应将诚信视为立人之本，并以此作为指引来规范自身的择业及从业行为，这不仅对就业环境的维护起关键作用，并将对社会精神风气起到净化作用。

三、实施以职业宏观环境为导向的国情教育

形势与政策教育是大学生思想政治教育的重要内容与基本途径，通过形势与政策教育可使大学生正确认识我国的具体国情、认识国家的前途命运、认识社会的发展规律、增强社会责任感与历史使命感，是思想政治教育的重要着力点。对生涯发展教育而言，职业探索是作出职业决策、实现“人职和谐”的必要前提。在中国经济体制转轨、经济结构调整、社会深化变革、传统思想观念发生转变的社会背景下，对大学生进行基本国情与形势政策教育，使其能够适应社会的迅速变迁，并深谙社会结构与人才市场变化的发展趋向、

及时转变就业观念、合理定位自我、准确评估生涯发展机会、适时规划与调整个人职业生涯发展目标与路径，不仅必要而且必需。然而，目前我国大学生生涯发展教育出现过于关注自我而忽视外在世界，过于拘泥职业小环境的探索而忽略社会大背景的教育倾向，致使受教育者不能及时把握职业环境发展趋势，适时作出调整，这样不仅造成人力资源配置的低效，且对个人的心理调试、生涯发展及经济发展和社会稳定造成较大影响，使生涯发展教育实效性受限。因此，吸收思想政治教育中的形势政策教育内容，加强以职业宏观环境为导向的国情教育，提高职业探索的现实性，引导学生关注社会发展趋势，同时加强对人文历史背景的认知，是大学生生涯发展教育走向本土化、提高实效性的现实需要。

（一）体制转轨、结构调整的经济形势

在经济转型过程中，政府部门精简机构、事业单位下岗分流、国有企业减员增效，同时非公有制企业得到认可，中小型企业像雨后春笋般发展，为劳动力的吸收提供了广阔空间，由此带来人们求职过程中思想观念的转变。在改革开放初期，我国制造业凭借其廉价的劳动力资源优势首先获得发展，高科技行业发展步伐则相对缓慢，造成我国产业结构低下，由此给劳动力市场带来较大的技能型、劳务型人才需求。经济结构的不合理、社会对大学生的需求不足成为制约大学生职业选择的社会根源。不过，我国未来发展前景却是乐观的，随着改革的深化发展、产业结构的调整转型，社会对大学生层次的劳动力需求将获得较大释放，从而为大学生的就业与发展创造广阔空间。在这一过程中，引导大学生转变求稳（青睐政府、事业单位及国有企业）、求大（钟情于大城市、大企业）的就业观念，顺应社会发展趋势，培养长远发展眼光成为生涯发展教育的当务之急。

（二）大众化的高等教育发展背景

2005 年，我国高等教育毛入学率上升至 21%，高等教育由精英教育阶段发展到大众化阶段。这一事实带来教育观念与功能等各方面的变化。高等教育不再是少数人的特权，越来越多的人对其拥有选择权；同时高等教育也不再仅仅是培养社会精英阶层的摇篮，而成为人们为谋求职业、获得生存与发展的必要途径。这一变化警醒着大学生，天之骄子的时代光环已经褪去，当代大学生只是众多求职者中的普通一员。对大学生而言，应适应社会形势的发展，转变精英观念，调整心理预期，放低择业标准，做好艰苦奋斗的思想准备；在职业发展目标的确立及路径的选择上不仅考虑自身的职业兴趣与理

想，更需符合社会发展趋势。对生涯发展教育而言，实行国情与就业形势教育，加强应对措施成为现实之需。

（三）就业体制改革的政策环境

时至今日，就业机制历经一二十年的发展，虽在用人机制、人才流动机制、信息沟通机制方面仍存在不足，但双向选择的就业方式已全面普及，成为不可逆转之势。双向选择的就业机制充分发挥了市场在人力资源配置上的基础性作用，改变了大学生在就业中的被动地位，将其推向选择前沿，增加了大学生择业的自主权。生涯发展教育应在基本国情与形势政策教育中，对大学生的主体意识进行激发，改变其被动“等”、“要”、“靠”观念，树立自我规划、自我发展的积极进取精神。另外，人力资源的市场化配置在增强大学生择业自主性的同时，也造成毕业生在某一行业、某一领域、某一地区激烈竞争，而另一些行业、领域、地区人才匮乏的社会现象，使得大学生容易心理受挫、社会压力增大。生涯发展教育应引导学生基于基本国情与形势政策，结合社会发展需要确定职业发展路径。

四、拓展以学习、生活、做人能力为重点的素质能力训练

香港高校的生涯发展教育通过开设多种讲座、举办各种生涯“工作坊”及进行个别辅导等方式，致力于让学生掌握四个方面的职业生涯发展教育内容：学会谋生；学会学习，包括如何利用学校教育发展潜能，增进知识、加强能力；学会生活，从社会活动中体验工作；学会建立良好的人际关系。[①] 引导学生学会学习、生活与做人成为香港高校生涯发展教育的主要价值目标与内容体系。其实无论地域的差异、文化的差别，学习、生活与做人的态度与能力都是现代社会对人全面发展所提出的要求。对我国而言，它更是在转型过程中为构建社会主义和谐社会储备身心和谐发展的人才资源的基础。较之于一系列测量工具、方法模型及计划决策能力，其更具有深层性、内隐性与后发性特点，是个人成功适应社会并获得发展所必备的素质条件与能力基础。在职业生涯发展教育的本土化过程中，应在现有的团队协作、人际交往、组织领导、判断决策等素质能力训练中着力拓展学习、生活及做人能力的培养。

其一，学会学习。随着知识经济时代的到来，知识更新与信息老化的速

① 程良越、王建农：《职业生涯辅导》，香港：点道国际 DICC2007 年版，第 34 页。

度明显加快，学习型社会确立；同时社会节奏加快，流动性增强。这使得个人在一生中必然面临多次就业、多次发展，而高等教育无法传授个人一生所需的知识与信息，无力培养个人享用一生的素质与技能，因此，终身学习理念的灌输异常重要。此外，除高校提供最后系统化的专门教育以外，个人在未来职业发展中所面临的学习主要是自我学习。个人作为终身学习理念的践行者与学习实践的主导者，掌握科学的学习方法尤为重要。只有树立终身学习理念、掌握科学学习方法、具备终身学习能力才能适应知识经济时代的发展，才能在未来的职业发展中获得更大发展空间、捕获更多发展机遇。因此，生涯发展教育应潜移默化地传输终身学习理念及科学学习方法，激发学生自我管理的主体意识，培养其自我学习的主体能力，促进其潜能的全面开发。

其二，学会生活。20 世纪中期，美国心理学家舒伯在其生涯发展理论中指出：生涯不仅包含个人一生中的各种工作角色，同时综合了其他生活角色，包括学生、伴侣、公民角色等，个人的职业生涯发展模式是由工作角色与生活角色共同作用决定的。世纪之交，美国学者克拉克提出“工作—家庭平衡理论”，指出职业生涯的发展演进与家庭生活有着异常密切的联系，家庭生活对个人职业发展影响深远。事实确证如此，生活与工作密不可分，对个人职业生涯发展有着重要影响。学会生活则顺应了时代发展对个人提出的新要求。包含生涯发展教育在内的高等教育，应以提高每一个社会成员的生命质量为目的，有机整合社会与个人目标，彰显人文关怀。学会生活首先要树立积极乐观、健康向上的生活观，正确看待物质欲望与精神需求之间的关系，选择正确的生活方式；同时还需培养统筹协调能力，在职业选择与发展过程中，妥善处理家庭、情感与工作之间的关系，促进二者的协调发展。

其三，学会做人。联合国教科文组织早在 1972 年发表的 *Learning to Be: The World of Education Today and Tomorrow*（中译本《学会生存》）中指出，“发展的目标是人的完整实现”，教会学生如何做人应是教育的主要目标与主旨思想。当下我国经济飞速发展，社会节奏加快，社会竞争加剧，每个生活在其中的人既面临生存的压力，又享有发展的机遇。学会做人，成为立人之本，是每个人求得生存与发展的必备技能。培养大学生做人的基本能力，完善其人格品质，奠定其在职业生涯中求得生存与发展的基础，应成为大学生生涯发展教育义不容辞的职责。学会做人，除必须形成正确的世界观、人生观、价值观，具备良好的道德素质以外，还需着力培养两方面的技能——与人沟通及团队合作。团队合作精神的培养，需要从观念入手，引导学生正确看待个人与社会、个人与集体、局部与整体之间的关系，形成整体意识、全局观念，学会与人相处，养成良好心态。这些观念、素质与技能的养成绝非一日之功，而是需在大学生职业生涯发展教育中开展相应的素质与能力拓展训练，在思想政治教育中全面渗透，在日常生活中践行。

第三节　职业生涯发展教育对思想政治教育方法的参考

所谓教育方法，是教育过程中教育者为达成教育目标、实施教育内容所采取的方式与手段。教育方法是联系教育主客体的桥梁，构成了教育目标、任务、内容、环境、载体等教育因素发挥作用的中介，对教育目的的达成、教育效果的显现有重要作用。思想政治教育在发展过程中逐渐探索出多种教育方法，诸如理论教育法与实践教育法、教育与自我教育、显性教育法与隐性教育法、情感疏通法与激励教育法等，对高校职业生涯发展教育方法体系的形成具有参考意义。

一、灌输式与渗透式相结合的理论教育法

理论教育法是指“有目的、有计划地向受教育者进行马克思主义理论宣传或由受教育者系统学习马克思主义理论的方法”[①]。理论教育法成为思想政治教育最基本及运用最普遍的方法，是由德性形成的知、情、意、行规律所决定的，其为个体思想道德认知的形成构建合理知识体系，并奠定思想道德情感、意志、行为形成的基础。因此，理论教育法构成思想政治教育方法体系的基础，只有帮助学生掌握了系统理论才可能将其践行于生活实践之中。

灌输法是理论教育的主要实施方法。灌输，原意是指把水输送到需要的地方，在思想政治教育中被引申为“有组织、有领导、有计划地对教育对象进行系统的思想理论教育的活动”[②]。灌输式教育在思想政治教育方法中的主导地位主要是由马克思主义灌输理论所奠定的。列宁针对马克思主义不能从工人运动中自发地产生，“工人本身也不可能有社会主义意识”[③] 的现实，提出了马克思主义只能从外面进行灌输的原则。这一原则被中国共产党吸收引

① 郑永廷、江传月等：《主导德育论——大学生思想政治教育一元主导与多样发展研究》，北京：人民出版社 2008 年版，第 273 页。

② 谢国祥、杨茂昌、荣长海：《思想政治工作大辞典》，天津：天津人民出版社 1992 年版，第 22 页。

③ 中共中央马克思恩格斯列宁斯大林著作编译局：《列宁选集》（第 1 卷），北京：人民出版社 1960 年版，第 247 页。

进，成为我国思想政治教育的基本方法。

我国高校的职业生涯发展教育引自西方，主张从大学生个体的内在需要出发，顺应大学生个体的成才发展目标进行相应的教育指导。在涉及价值观教育内容时较多运用西方的价值澄清法，认为在多元化的社会背景下，不存在公认一致的价值体系与道德原则，因此，教师在教育过程中应始终保持价值中立，帮助学生在混乱的、多元化的价值体系中澄清自己秉持的价值观，而无需进行引导与灌输。价值澄清法与灌输教育法在本质上是相异的。诚如列宁所言，如果不从外在灌输、不以一定量的灌输作为基础，大学生个体很难自发产生对共产主义信仰、社会主义道德的内在需要，进而无从树立远大的职业理想与目标，也无法将国家需要、集体利益作为个人职业发展选择的出发点。尤其是在社会主义经济体制转轨、社会主义法制尚不健全的情况下，社会物欲横流、个人利益膨胀，如不对大学生进行思想政治教育内容的灌输，科学世界观、乐于奉献的人生观、集体主义价值观的树立和良好职业道德的养成将无从谈起。因此，我国职业生涯发展教育在引进西方理论方法的同时，必须结合中国国情及人文传统进行本土化创新，借鉴吸收思想政治教育的灌输教育法，引导大学生将个人命运与祖国前途联系起来，在职业发展过程中始终将个人需要与社会需要结合起来考虑，从而获得个人的全面发展。

在现代社会环境下，随着互联网时代的到来、全球化步伐的加快，人们的主体意识觉醒，思想活跃开放并朝多元化方向发展。在多元文化与价值取向背景下进行灌输式理论教育，虽然解决了个人内部无法自发产生社会需求的问题，坚持了一元价值的主导，但不尽完美。灌输所具有的直接性、单向性、强制性特点，使其无法满足教育对象的主体需求，在教育效果上备受非议。

渗透式的理论教育法则较好地解决了这一问题，其间接式、潜在性、民主化的特点让教育对象易于接受。所谓渗透，原指液体从物体的细小空隙中透过，用以比喻一种思想或实力以不易察觉的方式向其他方面扩展。[①] 思想政治教育的渗透式教育法，是指将思想政治教育内容与人们的学习、工作、生活相结合，借助于一定的载体，传达思想政治教育意识、观念、情感，实现对其产生教育影响的目的。它是传统灌输教育方法在现代社会里的嬗变，是对以往灌输式教育方法的改革与创新，在实践探索当中逐渐成为思想政治教育的主要方法之一。高校职业生涯发展教育应大力借鉴渗透式思想政治教育

① 罗竹风：《汉语大辞典》（第6卷），上海：汉语大词典出版社 1990 年版，第 114 页。

法，运用现代科学技术，采用喜闻乐见的方式，将所需传授的教育内容渗透入学生的日常学习、工作、生活，在潜移默化中实现观念及价值引导、知识传授、技能训练的目的。

深圳大学职业生涯发展教育在渗透式教学的摸索过程中，逐步探索出小组教学法，努力尝试通过团体行为的引导与规约渗透职业生涯发展教育内容。小组教学即在课堂授课当中，将班级分为几个小组，在课堂教学、课程考核当中均以小组为单位，进行整体考核。例如，在授课过程中，以小组为单位进行讨论与经验分享，借此实现经验交流、观念共享；小组里再推选一名同学与全班同学分享，推选过程实则成为小组同学进行价值、观念选择的过程；在课后教师要求以小组为单位进行诸如自我探索、360 度评估、职业探索、人物访谈等活动，并在下堂课分享。这一过程实际上训练了学生的团队合作精神与人际沟通能力；在课程考核当中，平时考核以小组加个人为单位进行综合核算，借此实现强化对集体的认知、增强集体荣誉感、加强团队协作意识的目的。

因此，灌输式与渗透式在理论教育中各有所长，二者的相互结合则能实现教育效果的最大化。高校职业生涯发展教育应一方面旗帜鲜明地进行世界观、人生观、价值观引导及爱国主义、集体主义、社会主义教育，引导学生结合社会需要进行职业规划与管理，培养学生良好的思想道德素质；另一方面潜移默化地进行职业生涯发展教育内容的渗透，将其态度、观念、技能方面的训练融于日常学习、工作、生活之中，提高教育效果。

二、实践教育法

实践教育法与理论教育法相对应，是思想政治教育最常用的基本方法之一，它是指以组织学生参加社会实践活动的方式进行思想政治教育，引导学生将理论知识运用于社会实践，从而达到深化认识、提高觉悟、养成行为的目的。我国历来重视实践教育法的运用，自古以来人们甚为推崇知行统一的品质，而道德认知的深化、道德行为的养成、知行一致品质的习得均需在社会实践中完成。因此，社会实践教育法成为思想政治教育的重要方法一直践行至今，并成为检验教育效果的试金石。

职业生涯发展教育的实践性、实务性特点也决定了实践教育法的重要地位与作用。然而，在现有教育资源及思维的束缚下，职业生涯发展教育的实务性特点不甚明显，实践教育法的运用受缚。在以深圳大学为例的职业生涯发展教育课程调研中，57.1% 的被调查者认为课程教学中过多地采取了理论教育法而缺少足够的社会实践，42.9%的被调查对象认为理论与实践搭配适度，无人认为实践教育过多而缺少理论教育，学生对于实践教育的需求与现有实践教育的有限形成鲜明对比。因此，实践教育法应成为我国高校职业生涯发展教育在未来发展中予以重点加强的教育实施方法。可以通过加强校企合作、开发校外课程、开展假期及双休日社会实践、进行社会考察的方式，为学生提供更多参与社会实践的机会，让学生将理论教育中所学所感运用于工作、生活实践之中，积累经验、深化认识，同时实现思想塑造、价值引导、品德培养与行为养成的目的。

香港高校在职业生涯发展教育实施方面的实践性特点可为我国职业生涯发展教育提供参考与借鉴。例如，香港城市大学认为职业生涯发展教育内容需在社会实践中才能得以贯彻实施，教育效果也需在社会实践中得以检验，因此其职业生涯发展教育不开设统一课程，不作必选课要求统一修读，而通过加强校际合作、发展与工商界的紧密关系，以各种各样的活动，如工作坊训练营、假期社会实践的形式对学生进行系统的专题职业生涯辅导。学校于每学期结束后的假期开设实习项目训练营，由专业化的职业辅导员带领学生进行模拟训练并深入公司实战演练，使学生在实践过程中接受教育内容、获得真实体验并内化为观念认知及行为模式。

三、集体教育与个别辅导相结合

矛盾的普遍性与特殊性规律是马克思主义辩证法的基本内容。它指导人们在认识事物时不仅要看到矛盾所存在的普遍性、共性特征，同时要认识矛盾所具有的特殊性，从而真正了解事物的本质特性并把握事物发展的特殊性规律。思想政治教育解决的是人们的各种思想问题，由于所处环境的共时代性，人们出现的各种思想问题往往具有普遍性特点；同时随着社会的多样化发展趋势及个体在家庭环境、教育背景、个性特征、兴趣偏好、生理及心理等各方面所存在的差异，人们的思想问题又往往带有各自的特殊性。这就决定了思想政治教育既要针对人们思想出现的普遍性问题开展集体教育，又要针对不同教育对象、不同教育情境选择不同教育内容及时机，开展有针对性的个体辅导，做到具体问题具体分析，因材施教。

教育对象的一致性及教育环境的共时空性，决定了高校职业生涯发展教育也需借鉴思想政治教育的集体教育与个体辅导相结合的方法，既需针对大学生出现的职业规划意识淡薄、价值取向偏颇、自我意识不清、职业理想模糊、职业素质及技能薄弱、对外在社会疏离等共性问题开展集体教育，也需尊重学生个体之间所存在的差异，针对大学生在职业生涯发展过程中所出现的个性问题，进行有针对性的个别辅导，帮助学生解决个体困扰。

实施集体教育法，应以培养学生主体地位、启发学生职业规划意识、帮助学生了解社会、引导学生树立正确职业价值观、传授学生职业生涯发展知识、带领学生进行相应素质与能力拓展训练为内容，以在全校开设职业生涯发展系列课程、举办职业生涯发展专题讲座、开展相应主题的社会实践活动等方式来呈现。

个别辅导作为集体教育的有力补充，可通过设立职业生涯发展咨询中心进行个体咨询的方式来实现，也可在校级职业生涯发展教育系列课程基础之上，以院系为单位，有针对性地对相同专业学生开展院系级职业生涯辅导。职业生涯发展咨询是弥补目前我国高校个性教育不足的重要途径。它运用心理学的咨询法来解决个体在职业生涯发展过程中遇到的问题，使个体在接受咨询的过程中与咨询师建立起具有双向互动、民主平等、保密特点的沟通关系；通过咨询师深入发掘个体所面临的深层问题并进行针对性辅导，协助个体有效解决问题。职业生涯发展咨询的开展可在较大程度上提高职业生涯发展教育的实效性。

四、教育与自我教育相结合

所谓教育，就是教育者对受教育者进行有目的、有计划的教育活动，教育者与受教育者不同一。在思想政治教育活动中，由于教育者一定阶段内在知识掌握度、信息占有量、社会经验的丰富性、对基础理论的领悟力、对事物的分析判断、综合概括及逻辑推理能力等方面较之受教育者具有优势，在教育过程中处于主体地位，具有引导作用。在教育活动中，教育者的主体作用无处不在，对具有可变与可创特性的教育环境进行选择、加工和改造；对教育内容进行选择、设计和建构；对教育途径与载体自觉设计、主动规划以及对受教育者的心理特点及发展规律进行预测与调控。因此，发挥教育者的特长优势、挖掘教育活动中教育者的主体作用，始终是思想政治教育的主要原则与方法。高校职业生涯发展教育应与思想政治教育一样，充分利用教育者在教育资源、信息占有上的优势地位，全力发挥教育者在教育实施过程中的主体作用，引导受教育者在观念态度、价值取向、知识技能等方面实现预期目标，达到教育目的。

在思想政治教育中，自我教育是指受教育者根据思想政治教育目标及要求反察内省、自我督促、自我改正、自我学习，主动提高自身的思想素质、政治觉悟、道德水平及心理素质，实现教育目的。简而言之，即自省、自察、自纠、自促。在教育活动中，教育目标的达成、教育效果的实现在较大程度上取决于受教育者主体地位的实现、主体意识的激发。因此我们在思想政治教育过程中，要充分重视受教育者的主体地位以及自主能动性的开发。

自我教育是最大限度发挥受教育者的主体作用、激发受教育者主体意识、增强其主体自觉性的教育方法与途径。我国自古以来就非常重视自我教育方法的运用。传统儒家思想曾提出，人应当“见贤思齐焉，见不贤而内省也”、“吾日三省吾身”、“反求诸己”，强调自己在修身养性、道德完善中的主体能动作用，重视自我省察、自我教育的方法。我国著名教育家叶圣陶先生说过，教育的目的即是为了达到不教育。所谓不教育就是受教育者具备自我教育的意识与能力，无需借助他人的力量就能实施自我教育。自我教育法对受教育者主体地位的重视与强调正契合了高校职业生涯发展教育激发受教育者主体意识的教育目标。教育部在2007年发布的《大学生职业发展与就业指导课程教学要求》中明确提出，通过课程教学，在态度层面应达到使大学生树立起职业生涯发展的自主意识的目的。在职业生涯发展教育中，教育者所传授的知识技能、所宣扬的态度价值，最终都需要经过受教育者内在同化与顺应机制的作用才能被接受。自我教育法作为尊重受教育者的主体地位、遵循客观教育教学规律、最大限度调动受教育者主动性的教育方法，应在职业生涯发展教育中大力实施。

高校职业生涯发展教育与思想政治教育一样，作为一个双向互动的教育过程，教育效果的实现既离不开教育者主导作用的发挥，又离不开受教育者主体性的激发、自主能动作用的实现。因此，在职业生涯发展教育过程中，我们既要保障教育者在教育过程中的主体主导地位，又要充分尊重受教育者的自主能动性与创造性；在教育实施方法中既要重视由外而内进行教育，又要强调内省、自我实现的自我教育，内外兼施、内外兼修，从两方面共同推进职业生涯发展教育目的的实现。

第四节 职业生涯发展教育对思想政治教育途径的汲取

教育途径是指为实现既定教育目标、实施教育内容，有计划、有组织地采取的教育路径、方式与渠道的总和。它是教育内容实施的载体、教育方法实现的渠道、教育目标达成的路径，在教育过程中具有重要意义。思想政治教育在发展中，已形成以课程教育为主，同时深入开展社会实践、大力建设校园文化、主动占领网络思想政治教育阵地的教育途径系统，可供在我国尚处起步阶段的大学生职业生涯发展教育学习借鉴。

一、充分发挥课堂教学的主导教育途径作用

受苏联教育模式的影响，我国思想政治教育一贯以来非常重视思想政治理论知识体系的建构与课程内容的相对独立性。与此相适应，在教育途径中主要采取较为系统的课程教育方式，以教师为中心、以教材为中心、以课堂为中心；在教育方法上主要采取机械灌输、空洞说教的方法，教育途径单一、教育方法陈旧。新的时代新技术手段层出不穷，同时社会改革背景下新旧体制更替，对外开放的过程中新旧观念碰撞，中外思想交汇，这些无不对传统的单一模式化的思想政治教育途径提出挑战。尽管如此，我们仍应坚持课堂教育在思想政治教育途径中的主导作用。有所不同的是，课堂教育的途径与范围将不仅仅局限于思想政治理论课堂，而是扩散至高校各门课程、各类课堂，采取以思想政治理论课为主渠道、其他课堂全面渗透的方式。2004 年，中共中央、国务院在《关于进一步加强和改进大学生思想政治教育的意见》（以下简称《意见》）中明确提出，要充分发挥课堂教学在大学生思想政治教育中的主导作用，其中高等学校思想政治理论课是大学生思想政治教育的主渠道，形势政策教育是思想政治教育的重要内容和途径，高等学校哲学社会科学课程也同样负有思想政治教育的重要职责，而高等学校其他各门课程都具有育人功能、肩负育人职责。思想政治理论课与形势政策课、哲学社会科学课、专业课等其他课程一同构成思想政治教育课堂教育的有机体系。

我国高校职业生涯发展教育包含的内容涉及甚广，不仅仅涉及观念态度层面的教育、价值取向的引导，同时包含知识体系的传授、素质能力的培养、应试技能的训练等。这决定了大学生职业生涯发展教育应坚持以课堂教育方式为主导，以职业生涯发展课程体系教育为主渠道，同时在思想政治理论课、专业课、哲学社会科学课程中全面渗透。

（一）四位一体课程体系是大学生职业生涯发展教育的主渠道

目前国内高校在职业生涯发展教育的课程开发上，已逐渐积累了一定的经验，形成了“大学生职业规划与管理”、“职业素质与能力拓展”、“创业教育”、“就业指导”四位一体课程体系。这些课程是帮助大学生树立正确世界观、人生观、价值观的重要形式，也是系统传授职业规划管理知识与技巧、整体塑造大学生职业素质、全面提升职业技能的基本途径。发挥职业生涯发

展课堂教育的主渠道作用，一方面要顺应时代发展要求不断开发新的课程体系、建立起更完备的多位一体课程；另一方面应在现有课程基础上，丰富教育内容，将以世界观、人生观、价值观教育为重点的思想教育，以职业道德为重点的道德教育，以就业形势教育为重点的国情教育，以学会学习、学会生活、学会做人为目标的社会适应及发展能力训练纳入职业生涯发展教育课程体系当中；改进教育方法，在坚持灌输式与渗透式相结合的理论教育法同时，探索实践教育、集体教育与个别辅导相交织，教育与自我教育相渗透等教育方法的具体实施策略；更新教学手段，在现有教学手段基础上融入多媒体、互联网等现代化教学手段，改善课堂形式，提高教学质量，促进职业生涯发展课堂教学效果的进一步提升。

（二）思想政治理论课是大学生职业生涯发展教育的重要途径

如前所述，思想政治教育与职业生涯发展教育在教育对象、教育价值、教育内容、教育作用方面具有高度契合性，二者应进一步加强教育内容的相互渗透、教育资源的共享，达到相互促进、共同提升的目的。思想政治理论课作为思想政治教育的主渠道，理应成为大学生职业生涯发展教育的重要途径。此外，职业生涯发展教育对思想政治教育的渗透不仅仅局限于课堂教学、课程体系方面，在日常思想政治教育工作中也可渗透职业生涯发展教育内容及价值理念，促进二者教育目标的共同实现。

（三）专业课堂是大学生职业生涯发展教育的主要途径

专业课堂是高校教学体系中比重最大的课程，也是大学生在校学习期间最重视的课程。专业课堂中蕴含着丰富的职业生涯发展教育资源。专业课教师可通过对学科历史及发展脉络的介绍培养学生的专业学习兴趣、激发相关职业爱好；通过对专业发展前景的介绍帮助学生探索职业世界并进行价值观、择业观的引导；还可在专业知识的系统传授、专业技能的全面培育过程中，结合职场实践进行相应职业道德教育。职业生涯发展教育应大力发挥专业课堂作用，提高专业课教师的育人意识，深入发掘专业教育当中的职业生涯发展教育资源，实现职业生涯发展教育内容的全面渗透，于潜移默化中达成大学生职业生涯发展教育目的。

二、努力拓展职业生涯发展教育新途径

在坚持传统课堂教学途径的同时，大学生职业生涯发展教育还应积极拓

展新的教育途径，通过深入开展社会实践，大力建设校园文化，创新拓展网络教育，实现职业生涯发展教育理念与内容的全面渗透。

（一）深入开展社会实践

按照马克思主义观点，实践是主客观世界统一的重要途径。人们的认识来源于实践，产生于实践，其正确与否也需通过实践来检验。因此，实践教育法是大学生思想政治教育的重要方法，社会实践是思想政治教育的重要途径与环节，“对于促进大学生了解社会、了解国情，增长才干、奉献社会，锻炼毅力、培养品格，增强社会责任感具有不可替代的作用”①。

高校职业生涯发展教育的实务性特征，决定了其教育途径一旦脱离了社会实践，任何教育目标的达成，包括职业生涯发展自主意识的树立，正确世界观、人生观价值观的形成，良好职业素质与职业能力的塑造都将成为空谈。只有引导大学生深入社会实践，才能将理论与实践联系起来，更加了解国情、了解社会现实与社会需要，从而更好地调整职业价值观，更切实地确定未来职业生涯发展目标；也只有深入社会实践，才能在实战演练中获得对职场世界的切身体验，形成对职业素质、职业能力更深入的认识。

职业生涯发展教育在深入开展社会实践、拓展教育途径的过程中，首先应始终坚持主体性与导向性相结合的原则。引导学生深入社会实践的过程同时也是学生主体性得以充分发挥的过程。在社会实践中，学生需要脱离教师而独自面对社会的考验，对自我认识结构与价值观念进行全方位的调整，对自身素质与职业能力实行全方位的塑造与培养，因此这一过程是全面培养学生主体意识、主人翁精神与自立能力的过程。在这一过程中，学生不可避免地会遇到困境与迷惑。这时职业生涯发展教育需发挥教育的导向性作用，对学生所面临的现实问题提供针对性的辅导，在辅导中进行价值观的引导，实现教育的导向性与学生主体性的有机统一，在帮助学生解决切实问题的同时实现职业生涯发展教育的目的。

其次，应始终坚持学校、社会、家庭全面参与的原则。职业生涯发展教育是一项系统工程，开放性、系统性的特点使其很难单靠高校的一己之力来实现。社会实践则是学校教育、社会教育与家庭教育相结合的最佳途径。高校在职业生涯发展教育当中，一方面应加强校企合作，建立校企联合机制。

① 《中共中央　国务院：关于进一步改进和加强大学生思想政治教育的意见》，中华人民共和国教育部网，http：//www. moe. edu. cn/edoas/website18/level3. jsp? tablename = 1723&infoid = 25463，2004 年 8 月 6 日。

高校与企业在人才培养方面存在共同语言，高校为社会培育优秀人才的同时，也在为企业解决人力资源问题。因此，加强二者之间的合作，建立长期沟通合作机制符合二者的共同利益。校企之间的合作可通过师资交流共享、学生定期参观、建立实习基地等方式来实现。通过多样化的社会实践方式，使学生更深入了解企业、了解社会，更明确今后学习发展方向，从而缩短成才周期与社会适应期，促进社会与个体共同发展。另一方面加强学校与家庭之间的联合。通过加强与家长之间的沟通，让家长了解学校的教育目标与人才培养计划，明确职业生涯发展教育对学生成长的重要意义，同时知晓孩子的职业发展意向并参与引导、提供帮助，建立起在学生职业生涯辅导上的合力机制。

再次，应坚持社会实践与专业实习相结合的原则。在深入开展社会实践的同时，应注意与专业实习相结合，在社会实践中加强专业性、针对性的指导，提高社会实践的实效性。

（二）大力建设校园文化

高校校园文化是指由高校师生共创、经多年发展、世代相承、积淀起来并继续传承下去的校园精神文化，是“学校师生在教育教学活动中所创造和形成的精神财富、文化氛围以及承载这些精神财富的活动形式和物质形态”①。校园文化所蕴含的潜在教育特性使学生在潜移默化中受到熏陶，因而成为新世纪里高校思想政治教育大力拓展隐性课程的重要载体和途径。《意见》明确指出：“校园文化具有重要的育人功能，要建设体现社会主义特点、时代特征和学校特色的校园文化，形成优良的校风、教风和学风。”

高校职业生涯发展教育也应吸收借鉴思想政治教育的校园文化途径，深入挖掘校园文化中所蕴含的职业生涯发展教育资源，充分发挥其“润物细无声”的隐性教育特性，促进教育目的的实现。大力建设校园文化，首先应深入挖掘现有校园文化当中的育人功能，如校园物质环境、校风学风教风、校训等。校训诚如中国科学技术大学前党委书记郭传杰所言，是“学校历史和文化的沉淀，是学校精神和灵魂的象征”②，是学校精神与校园文化的提炼与结晶。校训通常蕴含着丰富的职业生涯发展教育资源，如北京师范大学校训“学为人师，行为示范”体现了教育行业的价值追求及教师的基本职业道德要求；国务院前总理朱镕基曾给上海国家会计学院题词“不做假账”，后被学校

① 勒玉乐：《潜在课程论》，南昌：江西教育出版社 1994 年版，第 127 页。

② 胡胜友：《于无声处润华芳》，《中国教育报》2005 年 3 月 18 日。

视为校训，其代表的也是国家与社会对会计从业人员的诚信品质与职业操守的要求；深圳大学的校训“脚踏实地、自强不息”彰显的则是做人做事的基本态度与拼搏进取的精神，以及从小事做起、从基层做起的职业价值观。大力建设校园文化还应充分发挥学生组织在校园文化建设中的主体作用与学生活动在职业生涯发展教育中的载体作用。

（三）创新拓展网络教育

随着信息化时代的到来，互联网不仅成为人们获得信息的重要方式与渠道，而且成为现代人生活的有机组成部分。它一方面极大地开阔了人们的视野，丰富了人们的生活，从而对过去封闭环境下的教育提出了挑战，对传统思想政治教育模式形成了冲击；另一方面，它的科技化、信息化特点，又为改善传统思想政治教育模式、创新思想政治教育途径提供了技术支撑。网络德育是在现代信息社会中，传统思想政治教育内容与现代科技手段相结合的最新尝试，是随着人类迈入互联网时代逐渐发展起来的思想政治教育新途径。它运用现代传媒手段传播思想政治教育内容，在网络隐蔽性特点下，有目的、有计划地对网民开展教育、进行交流。《意见》对网络德育提出了明确要求：要“主动占领网络思想政治教育新阵地，要全面加强校园网的建设，使网络成为弘扬主旋律、开展思想政治教育的重要手段”，“要建设好融思想性、知识性、趣味性、服务性于一体的主题教育网站和网页，积极开展生动活泼的网络思想政治教育活动”。

与思想政治教育的共时空性，使得大学生职业生涯发展教育途径的全面建构离不开网络教育途径。目前高校所提供的大学生职业生涯发展教育资源较难满足大学生日益增长的受教育需求，而网络教育的开放性特点恰好能缓解这一矛盾，其教育资源的共享性能有效满足学生的受教育需求。此外，大学生职业生涯发展教育个性化特征显著，其关涉到个体自我世界的深入探索、个体需求的有效开发、个体资源的全面挖掘以及个性化成才道路的设计实施，具有公开性特征的日常教育较难满足学生的个性化需求。网络的隐蔽性、交互性及便捷性特点，使得网络教育可有效弥补这一缺憾。因此，网络教育应成为大学生职业生涯发展课程教育的有力补充，构成日常教育的重要组成部分。

实施大学生网络职业生涯发展教育，一是要建设信息丰富、服务精致，集价值引导、思想激励、个性化、趣味性于一体的职业生涯发展教育网站。为学生提供及时的信息资讯，搭建供需见面平台；提供自我与职场探索的有效方法与途径，满足自我规划需求；针对普遍性的思想、方法问题，提供有效指导。二是要建立网络职业生涯发展咨询室。发挥网络教育的隐蔽性、便捷性优势，满足学生个性化需求；并通过与学生的交互式沟通与情感交流，及时了解学生思想状况，掌握学生思想动态，加强引导。三是应建立类似于职业生涯发展教育群、职业规划聊天室、求职面试BBS的网络群组，搭建起学生之间沟通交流的平台，充分发挥学生自我教育与相互教育的主体作用，营造职业生涯发展教育的良好氛围。四是应加强网络监管。对网络群组的建设进行监管，保证问题的及时有效解决与导向的正确性。

第三章

责任认领：生涯发展教育对社会价值的融入

在我国社会转型期，各种社会思想对大学生群体的就业观、择业观、职业观产生了不同程度的影响，大学生职业生涯发展教育承载着特殊的历史使命和现实责任。

第一节　社会主义核心价值体系融入职业生涯发展教育的认知前提

社会主义核心价值体系高度包含了我国核心的社会价值，对大学生的职业价值有着基本的导向作用，意义重大。大学生职业生涯发展教育必须要吸收社会主义核心价值，以此提升大学生职业观的价值层次。大学生职业生涯发展教育作为高等教育的一个重要内容，需要主流的意识形态和理论观念的指导和规范，弥补我国职业生涯发展教育本土化研究不足的劣势，使其符合我国国情，成为具有中国特色的职业生涯发展教育理论，充分发挥职业生涯发展教育的作用。

在对社会主义核心价值体系融入大学生职业生涯发展教育进行深入研究之前，首先要深入理解和准确把握社会主义核心价值体系与大学生职业生涯发展教育的丰富内涵。在此基础上进一步追问将社会主义核心价值体系融入大学生职业生涯发展教育的原因，即准确把握二者之间的关系。

一、社会主义核心价值体系的内涵

要明确社会主义核心价值体系的内涵，必须从“价值”一词入手。从哲学的角度来看，价值就是客体满足主体某种需要的属性。如果将人作为主体，将与人相对的物或他人作为客体，价值就是与人相对的物或他人满足人的需要和欲望的属性。价值体系是指“一个社会中的价值目标、价值追求、价值评价和价值取向等与价值有关的综合体，是由一定社会崇尚和倡导的思想理论、理想信念、道德准则、精神风尚等因素构成的社会价值认同体系”[①]。核心价值体系就是指一个社会中或一定区域内居于核心地位并且起主导作用的价值体系，是一个价值体系中最重要、最核心的组成部分。它涵盖了政治、经济、文化、思想等社会生活的方方面面，影响着人们的思想意识、行为规范、言谈举止、思维活动等人类活动的方方面面。社会主义核心价值体系就是在社会主义社会中居于核心地位并起主导作用的价值体系，它涵盖了社会主义政治、经济、文化、思想等各个方面，“引导着社会主义的发展模式、制度体制和目标任务”[②]，“集中体现了社会主义国家的理想信念、价值标准和道德规范”[③]，彰显着社会主义制度的精神和灵魂。

党的十六届六中全会通过的《中共中央关于构建社会主义和谐社会若干重大问题的决定》明确指出了社会主义核心价值体系的丰富内涵：“马克思主义指导思想，中国特色社会主义共同理想，以爱国主义为核心的民族精神和以改革创新为核心的时代精神、社会主义荣辱观，构成社会主义核心价值体系的基本内容。”[④]

（一）灵魂——马克思主义指导思想

俄国十月革命的胜利让全世界的人们认识了马克思主义，我国在经历了内忧外患的纷扰后，坚定地选择了马克思主义。马克思主义具有丰富的内涵，在一个又一个历史关头指导着我们党的实践和行动，是我们立党立国的根本指导思想，同时也是社会主义核心价值体系的灵魂。

---

① 田海舰、邹卫：《社会主义核心价值观论纲》，北京：人民出版社 2010 年版，第 44 页。

② 田海舰、邹卫：《社会主义核心价值观论纲》，北京：人民出版社 2010 年版，第 44 页。

③ 韩震：《社会主义核心价值体系研究》，北京：人民出版社 2007 年版，第 15 页。

④《中共中央关于构建社会主义和谐社会若干重大问题的决定》，新华网，http://news.xinhuanet.com/politics/2006-10/18/content_5218639.htm，2006 年 10 月 18 日。

1. 马克思主义指导思想是中国人民的选择

1840 年鸦片战争敲开了古老中国的大门，在列强的炮火声中，中国逐渐沦为半殖民地半封建社会，饱受列强的侵略和压迫。中国的爱国人士和仁人志士纷纷寻找救国救民的道路。从林则徐的“师夷长技以制夷”到孙中山的“三民主义”，从洋务运动到戊戌变法，无不倾注着中国人民摆脱落后挨打局面的决心。但由于对中国具体国情缺乏深入细致的了解，加之西方列强的干预和阻碍，导致这些运动纷纷以失败告终。就在此时，十月革命一声炮响，给我们送来了马克思列宁主义，俄国率先建立起的社会主义国家使身处水深火热之中的中国人民看到了希望和曙光。中国人民纷纷意识到：只有社会主义才能救中国，只有社会主义才能发展中国。十月革命带给我们的不仅有全新的社会制度，同时还有全新的指导思想，那就是马克思主义指导思想。在随后的革命和战争中，中国共产党人将马克思主义作为党的理论基础，领导中国人民从失败走向胜利，最终建立了中华人民共和国。

2. 马克思主义指导思想的优越性

中国共产党和中国人民选择了马克思主义，实践证明我们的选择是正确的。一方面马克思主义是适合我国基本国情的，更重要的是马克思主义具有无可比拟的优越性，它不仅是一个内容丰富的理论体系，更是一个不断发展的理论体系。

（1）马克思主义指导思想是一个内容丰富的体系。

马克思主义是其创始人马克思和恩格斯在吸收、借鉴前人优秀理论成果的基础上不断丰富、完善和发展起来的，是一个完整的理论体系，包含着丰富的内容，即马克思主义哲学、马克思主义政治经济学和科学社会主义。马克思主义哲学主要吸收借鉴了德国古典哲学的先进理论成果，形成了辩证唯物主义和历史唯物主义的理论观点。马克思主义政治经济学主要批判性地继承了英国古典政治经济学的劳动价值论，形成了马克思主义的劳动价值论和剩余价值学说。科学社会主义主要扬弃了法国空想社会主义者圣西门、傅立叶和英国空想社会主义者欧文的观点，使社会主义从空想变为现实。此后，列宁继承、丰富和发展了马克思主义指导思想，创立了历史上第一个社会主义国家。

（2）马克思主义指导思想是一个不断发展的体系。

马克思主义作为我们的指导思想，其最大的特点和优点不在于它丰富的理论，而在于它处于不断发展中。马克思主义传到中国以后并没有作为一个一成不变的理论体系固定下来，而是在中国共产党的领导下不断地丰富和发展。中国共产党人将马克思主义基本原理同中国的具体实际相结合，创立了中国化的马克思主义，形成了马克思主义中国化的丰富理论成果。马克思主义中国化的第一大理论成果是毛泽东思想，是以毛泽东为核心的第一代中央领导集体结合当时具体国情所形成的，主要内容包括新民主主义革命的理论、社会主义革命和建设的理论、党的建设的理论等。马克思主义中国化的第二大理论成果是邓小平理论，是以邓小平为核心的第二代中央领导集体所创立的。主要内容包括社会主义的发展道路、发展阶段、根本任务、发展动力，社会主义建设的外部条件、政治保证、战略步骤，社会主义的领导力量和依靠力量，祖国统一问题等。马克思主义中国化的第三大理论成果是“三个代表”重要思想，是以江泽民为核心的第三代中央领导集体所创立的，主要内容是：中国共产党始终代表中国先进生产力的发展要求、代表中国先进文化的前进方向、代表中国最广大人民的根本利益。最后就是党的十六大以来马克思主义中国化的最新理论成果，包括科学发展观、社会主义和谐社会理论以及社会主义荣辱观等。

3. 马克思主义指导思想的重要性

对我们国家来讲，马克思主义作为一个指导思想具有无与伦比的重要性，这种重要性主要体现在它是我们立党立国的根本和社会主义核心价值体系的灵魂这两个方面。

（1）马克思主义指导思想是中国共产党立党立国的根本。

马克思主义是一面旗帜，用来指引各国共产党的实际行动。中国选择了共产党作为执政党，同时也就不可避免地选择了马克思主义作为其指导思想和理论基础。马克思主义是中国共产党的理论精髓，这就决定了马克思主义同时也是社会主义意识形态的灵魂，是社会主义核心价值体系的灵魂。江泽民在“七一”重要讲话中指出：“马克思主义是我们立党立国的根本指导思想，是全国各族人民团结奋斗的共同思想基础。马克思主义的基本原理任何时候都要坚持，否则我们的事业就会因为没有正确的理论基础和思想灵魂而迷失方向，就会归于失败。”①

（2）马克思主义指导思想是社会主义核心价值体系的灵魂。

马克思主义指导思想作为我国社会主义核心价值体系的灵魂，它并不是孤立存在的，而是作为一条主线贯穿于中国特色社会主义共同理想、民族精神和时代精神以及社会主义荣辱观之中，使各部分之间紧密联系、相互贯通。具体来说，“中国特色社会主义共同理想是中国共产党和中国人民的价值目

① 《社会主义核心价值体系学习读本》编写组：《社会主义核心价值体系学习读本》，北京：中共中央党校出版社2010年版，第56页。

标，是以马克思主义的社会发展规律为依据做出的价值选择，是当代中国化马克思主义的重要内容；以爱国主义为核心的民族精神和以改革创新为核心的时代精神，是当代中国价值精神的凝结和精华，渗透并饱含着马克思主义的民族国家理论、社会动力理论和社会心理理论；社会主义荣辱观，是社会主义道德规范的集中体现，是马克思主义伦理思想和道德学说与中国特色社会主义道德建设实践相结合的最近成果”①。

（二）主题——中国特色社会主义共同理想

任何一个国家和社会都需要共同理想来凝聚人心、激发活力。在我国，这种共同理想就是通常所说的中国特色社会主义共同理想。既然我们坚定地选择了社会主义道路，就应该坚定不移地坚持社会主义共同理想，就应该深入地学习中国特色社会主义共同理想的丰富内涵，就应当把握中国特色社会主义共同理想的重要性。

1. 中国特色社会主义是中国人民的现实选择

在革命战争时期，中国毅然决然地选择了共产党的领导，选择了马克思主义。新中国成立以后，我们在党的领导下实现了从新民主主义向社会主义的过渡。但是在社会主义大家庭中，我们的理论和经验还很薄弱，可以吸收借鉴的经验很少，只有苏联的理论和模式可以学习。但是实践证明：僵化教条地学习苏联模式是行不通的，只有将马克思主义基本原理和中国具体实际相结合、将科学社会主义运动的基本原理和中国具体国情相结合，形成中国特色社会主义并用于指导实践，才能从真正意义上实现中国的发展壮大。在这个积极探索的过程中，我们也遇到过许多困难和阻碍，也曾面临过失败的教训，但总能一步一个脚印地平稳前进。

理想是人们对未来社会和自身发展的不懈追求，它建立在人们对现状永不满足的基础上。因此，理想不是一成不变的，而是随着社会的发展进步和人们需要的不断满足而不断变化的。中国特色社会主义共同理想也是根据不同时期国情的变化而变化的。我国第一次提出各族人民的共同理想是在 1989 年 9 月党的十二届六中全会上，会议决议指出：“建设有中国特色的社会主义，把我国建设成为高度文明、高度民主的社会主义现代化国家，这就是现

① 《社会主义核心价值体系学习读本》编写组：《社会主义核心价值体系学习读本》，北京：中共中央党校出版社 2010 年版，第 58 页。

阶段我国各族人民的共同理想。”① 在十年之后党的第十四届六中全会上，把建设中国特色社会主义共同理想作为今后十五年精神文明建设的重要目标之一正式提出。在党的十六届六中全会上，中国特色社会主义共同理想才被作为社会主义核心价值体系的主题和重要组成部分正式提出。

2. 中国特色社会主义共同理想的内涵

中国特色社会主义共同理想，就是“中国共产党人努力把马克思主义普遍真理同中国实践相结合，是以马克思主义社会发展规律理论为依据做出的价值选择，它具有强大的感召力、凝聚力和亲和力，是保证全体人民在思想上团结一致，克服一切困难，它符合人类社会发展的历史趋势和时代要求的阶段性目标，是社会主义核心价值体系的时代主题”②。现阶段，中国特色社会主义的共同理想就是要在中国共产党的领导下，坚持走中国特色社会主义道路，努力实现中华民族的伟大复兴。具体表现在以下三个方面：

第一，坚持党的领导。中国共产党是中国人民自由的、历史的选择，是在长期的革命和斗争中逐步确立下来的。它是中国工人阶级的先锋队，同时又是中国人民和中华民族的先锋队。“坚持党的领导，就是要坚持党对国家大政方针和全局工作的政治领导，坚持党对军队和其他人民民主专政的国家机器的绝对领导，坚持党管干部的原则，坚持党对意识形态领域的领导，坚持共产党领导的多党合作”③，认真贯彻并落实这“五个坚持”是坚持党的领导的关键所在。

第二，坚定不移地走中国特色社会主义道路。中国共产党带领全国各族人民在长期的艰苦奋斗和艰难探索的过程中积累了经验、吸取了教训、创立了中国特色社会主义道路，并通过实践证明，只有在这条道路上走下去，才能实现我国的繁荣富强和发展壮大。胡锦涛在十七大报告中也指出：“要加倍珍惜、长期坚持和不断发展党历经艰辛开创的中国特色社会主义道路和中国特色社会主义理论体系，努力使中国特色社会主义道路越走越宽广。”④

第三，努力实现中华民族的伟大复兴。中华民族是一个历史悠久的民族、

---

① 中共中央文献研究室：《十二大以来重要文献选编（下）》，北京：人民出版社1988年版，第178—179页。

② 陈志军、浦解明、左益：《社会主义核心价值体系融入大学生思想政治教育全过程研究》，北京：光明日报出版社2009年版，第9页。

③ 邹宏秋：《社会主义核心价值体系教育论纲》，杭州：浙江大学出版社2008年版，第77页。

④ 《高举中国特色社会主义伟大旗帜　为夺取全面建设小康社会新胜利而奋斗——在中国共产党第十七次全国代表大会上的报告》，人民网，http：//politics. people. com. cn/GB/1024/6429094. html，2007年10月24日。

一个强大的民族，在历史上创造了一个又一个辉煌，取得了一个又一个成功。但鸦片战争以来，中华民族沦为列强压迫和掠夺的对象，人民生活贫困不堪，国家发展受到阻碍。在这种情况下，爱国的仁人志士努力寻求救国救民的道路，实现中华民族的伟大复兴。作为中华儿女，我们有责任肩负起祖国繁荣和发展的任务，在中国特色社会主义道路上帮助中华民族走得更远。

3. 中国特色社会主义共同理想的重要性

理想是一个人生存和发展的精神支柱，中国特色社会主义共同理想就是中国人民和中华民族共同努力、共同奋斗的思想基础；是中国人民建设中国特色社会主义、实现中华民族伟大复兴的精神指针；是凝聚精神、团结力量的思想武器；是将党的领导、国家的发展、民族的振兴和人民的幸福结合起来的精神理念。

（三）精髓——民族精神和时代精神

民族精神就是一个国家、一个民族在历史长河中积淀下来的优秀品质和民族传统；时代精神则是一个国家和民族在发展壮大的过程中积累的优秀品质。二者在我们国家的建设和民族的发展中都是十分必要的，应当作为我们社会主义核心价值体系的精髓。

1. 民族精神和时代精神的内涵

所谓民族精神，就是一个国家、一个民族在长期的共同生活和社会实践的基础上形成和发展起来的、为该民族大多数成员所认同和接受的思想品格、价值取向和道德规范的总和，集中体现了一个民族在一定的自然环境和社会历史条件下生存和发展的独特方式，是一个民族文化传统、心理特征、思想情感和精神风貌等的综合反映，是一个民族赖以生存和发展的精神动力，是一个民族凝聚力、生命力和创造力的源泉。在历史发展的过程中，中华民族形成了以爱国主义为核心的团结统一、爱好和平、勤劳勇敢、自强不息的伟大民族精神。

所谓时代精神，就是一个时代所特有的、为人们普遍接受的集体意识，是引领时代潮流、体现民族特点、反映社会进步的思想观念、价值取向、道德和行为规范的总和，是一个时代精神风貌和社会风尚的综合体现。在社会主义中国发展进步的新时期，我国逐渐形成了以改革创新为核心，以解放思想、实事求是，紧跟时代、勇于创新，知难而进、一往无前，艰苦奋斗、务求实效，淡泊名利、无私奉献为主要内容的时代精神。

民族精神和时代精神并不是独立存在的，而是相辅相成、相生相融的。民族精神是时代精神的基础、依托和源泉，时代精神是民族精神的延续、创新和发展，二者统一起来，构成了社会主义核心价值体系的精髓。

2. 民族精神和时代精神是社会主义核心价值体系的精髓

民族精神是民族文化孕育出来的，是一个民族存在发展的精神动力；时代精神是时代发展孕育出来的，是民族精神的时代体现和继承发展。中华民族的民族精神和时代精神则是中华民族薪火相传、生生不息的动力支持和力量源泉。这样的民族精神和时代精神是社会主义核心价值体系的价值目标、内在动力和本质内容，同时也是建设和谐文化与和谐社会、提升民族素质、增强国家凝聚力和战斗力的需要。

（四）基础——社会主义荣辱观

社会主义荣辱观与之前三部分的不同之处在于：之前三部分内容是从宏观的角度、从精神层面来分析阐述的，而社会主义荣辱观是从微观的角度、从实践层面来分析的，明确规定了人们应当做什么、不应当做什么。

我们国家一直非常重视人民荣辱观的树立。邓小平指出："中国人民有自己的民族自尊心和自豪感，以热爱祖国、贡献全部力量建设社会主义祖国为最大光荣，以损害社会主义祖国利益、尊严和荣誉为最大耻辱。"① 江泽民指出："领导干部必须讲学习、讲政治、讲正气，还必须讲修养、讲道德、讲廉耻"、"要在全党全社会大力提倡高尚的社会主义思想道德和中华民族的优良传统，以艰苦奋斗、勤俭朴素为荣，以铺张浪费、奢侈挥霍为耻。"②

1. 社会主义荣辱观的内涵

胡锦涛曾经指出："在我们的社会主义社会里，是非、善恶、美丑、荣辱的概念绝不能混淆，坚持什么、反对什么，提倡什么、抵制什么，都必须旗帜鲜明。"③ 在2006年3月4日，他明确提出了以"八荣八耻"为主要内容的社会主义荣辱观。

社会主义荣辱观的内涵主要包括以下八个方面："以热爱祖国为荣，以危害祖国为耻"是我国传统爱国主义精神的概括和延续；"以服务人民为荣，以背离人民为耻"是对我们党"为人民服务"宗旨的继承和弘扬；"以崇尚科学为荣，以愚昧无知为耻"是对教育和科学的重视和坚持；"以辛勤劳动为荣，以好逸恶劳为耻"是对劳动的鼓励和推崇；"以团结互助为荣，以损人利

① 邓小平：《邓小平文选》（第3卷），北京：人民出版社1993年版，第3页。

② 江泽民：《论党的建设》，北京：中共中央文献出版社2001年版，第245、534页。

③ 《社会主义核心价值体系学习读本》编写组：《社会主义核心价值体系学习读本》，北京：中共中央党校出版社2010年版，第86页。

己为耻”是对团结互助、乐于奉献精神的揭示和彰显；“以诚实守信为荣，以见利忘义为耻”是对我国古代诚信观和利益观的巩固和发展；“以遵纪守法为荣，以违法乱纪为耻”是对公民法制观念的强调与要求；“以艰苦奋斗为荣，以骄奢淫逸为耻”是对我国传统美德的继承与发扬。这八个方面相互影响、相辅相成、缺一不可，共同构成社会主义荣辱观的主要内容。

2. 社会主义荣辱观是社会主义核心价值体系的基础

社会主义荣辱观之所以能作为社会主义核心价值体系的基础，首先是因为它自身的优势。社会主义荣辱观是社会主义市场经济体制的根本要求，是抵御西方意识形态渗透的思想要求，是社会主义道德规范的内在要求，是构建社会主义和谐社会的现实要求。其次，还因为它在社会主义核心价值体系的整个组成部分当中起到了基础性的作用。社会主义荣辱观是马克思主义的世界观、人生观、价值观的具体体现，是实现中华民族伟大复兴这一社会主义共同理想的具体践行，是中华民族精神和时代精神的延续和发展。

二、职业观教育和就业指导教育

本节对大学生职业生涯发展教育内容的分析主要从观念和实践两个层面入手。观念层面就是职业观教育，包括职业理想教育、职业价值观教育、职业道德教育等。实践层面就是就业指导，包括就业形势教育、求职技巧教育、职业法律意识教育等。

（一）观念层面：职业观教育

职业观是人们对职业价值、职业本质、职业意义、职业理想、职业道德等职业范畴的根本看法，是个人世界观、人生观、价值观以及道德观在职业领域的反映与体现，对个人的职业行为起支配作用。

1. 职业理想教育

对“理想”一词的理解，从不同的角度看有不同的定义。从社会学的角度看，理想是人们对美好生活和美好社会的追求与向往；从哲学的角度看，理想是人生的最高准则和最高追求；从政治学的角度看，理想是人们对至善至美的东西的追求和向往。理想对于每个人都有至关重要的作用。我们党和国家也十分重视理想，体现在我国的人才培养目标上，即我们要培养“有理想、有道德、有文化、有纪律”的“四有”新人。其中，“有理想”是排在第一位的，说明理想对人们十分重要。职业理想就是人们对未来职业发展的目标、愿景、向往和追求。大学生的职业理想不应仅关注自身的前途和发展，同时还应关注社会的发展和需求，能将个人发展与社会需求紧密结合起来才是正确、科学的职业理想。近年来，由于受市场经济体制的影响和其他社会思潮的冲击，大学生的职业选择有更加务实的趋势，表现出缺乏崇高职业理想的状态，这种状态会导致人们在工作中缺乏精神和动力，不利于个人价值的实现。当然，这并不是说人们在树立崇高的职业理想时不需要考虑个人发展因素，相反，对个人发展因素的考虑和个人合理利益的追求是前提，但更重要的是要融入社会的发展进步和社会理想的实现。

2. 职业价值观教育

职业价值观简而言之就是人对职业的价值判断，这一价值判断直接反映为价值期望，就是人们希望从事某种职业的态度。美国职业学家舒伯将人们的职业价值观概括为以下十五种类型，分别是：助人、美学、创造、智力刺激、独立、成就感、声望、管理、经济报酬、安全、环境优美、与上级的关系、社交、多样化和生活方式。由此可以看出，从价值选择的角度来看，人们的职业选择有以下几种倾向，分别是：能推动社会发展的职业、能助人为乐并为社会服务的职业、能受人尊敬并拥有高度社会地位和声望的职业、能赚钱的职业和能发挥创造性的职业。总体来说，这些职业价值倾向可以分为两大类，即重视物质价值和重视精神价值。但这两者有时候并不能严格区分开来，而且在不同的时期还会发生变化，而这种变化则取决于人们的需要。依据马斯洛（Abraham. H. maslow）的需要层次理论，人们最基本的需要是物质需要，在职业价值观的倾向上亦然，人们首先重视的是物质价值，即工资报酬。在满足了物质需要之后，人们才会逐步追求精神层面的满足，同样，在职业价值观上，人们才会重视精神价值，即工作环境、社会地位、发展前景等。人们最高层次的需要是自我实现的需要，反映在职业价值观上就是服务与奉献，表现为推动社会的发展、助人为乐和奉献社会等。

3. 职业道德教育

所谓道德，就是“生活在一定历史条件下的人们，对在实践活动中必然产生和形成的人际关系、利益分配、法律制度和思想行为等进行价值判断、价值追求、价值选择、价值实现的总和”[①]。职业道德就是道德规范、道德准则在职业领域的体现。在我国，整个职业领域有一个总体的职业道德规范要求，即“爱岗敬业、诚实守信、办事公道、服务群众、奉献社会”。除此之外，各行业还有属于该行业特有的职业道德规范。例如，国家公职人员应当

① 陈亚杰：《建设社会主义核心价值体系》，北京：人民出版社2007年版，第152页。

勤政为民、清正廉洁、忠于国家、服务群众，教育工作者应当教书育人、关爱学生、为人师表、严谨治学，医务工作者应当救死扶伤、医术精湛、一视同仁、关爱病患，法律工作者应当秉公执法、爱憎分明、机智果断、谦虚谨慎等。

（二）实践层面：就业指导

从实践层面来看，大学生职业生涯发展教育主要包括就业形势教育、求职技巧教育、职业法律意识教育等方面。

1. 就业形势教育

影响大学生职业选择的因素是多方面的，不仅有主观方面的因素，还有客观方面的因素。其中，国家的就业形势和就业政策以及这一时代的就业环境是客观因素的重要组成部分。改革开放初期，我国在深圳、珠海、厦门、汕头、海南建立了经济特区，随后又在大连等十四个城市设立了沿海开放城市。在那样一个时代背景下，改革开放的经济政策表明了东部沿海开放城市特别是经济特区需要人们贡献自己的力量，这就为大学生择业、就业指明了方向。因此，在20世纪80年代中后期，大批知识分子和刚刚走出校门的大学生踏上了东去和南下的列车，成为我国东南沿海经济建设的先锋队和主力军。进入新千年，我国提出了西部大开发战略和振兴东北老工业基地战略，这时大学生的就业形势和就业政策又发生了变化，相比东南沿海城市，东北和西部地区更需要人才，需要大学生去建设和发展。但与此同时产生的问题是：由于自然环境的影响，东北地区和西部地区的就业环境较之东南沿海地区来说比较恶劣，这就需要大学生在择业、就业时充分考虑多方面的因素，平衡好国家需要、个人需求同职业发展等方面的关系，最终做出最适合自己的职业选择。国家为了鼓励大学生到西部去、到基层去、到祖国最需要的地方去，也提出了一系列扶持西部经济建设的就业政策。从近几年看来，这一系列就业政策取得了突出的成效，为西部建设输送了大批人才。由此可以看出，国家就业政策和整体就业形势对大学生择业、就业起着十分重要的导向作用，所以对大学生进行国家就业形势和就业政策教育是十分必要的。

2. 求职技巧教育

大学生职业生涯发展教育不是一蹴而就的，而是一个长期的、阶段性的工作。通常理论层面和思想层面的渗透和影响比较慢热，要在长期的个人职业生涯发展中才能逐渐显现出来，但实践层面的就业指导却能达到立竿见影的效果。求职技巧主要包括求职信的写作、求职简历的制作、面试技巧等方面。求职信也就是自我推荐信，在求职过程中并不是必备的，只是求职者介绍自己和表达求职欲望，同时引起对方兴趣，进而可能获得面试机会的一种书信。求职信写作成功与否的标准是能否引起用人单位的兴趣，能引起用人单位兴趣的求职信就是写作成功的，反之则是不成功的。求职简历与求职信不同，它是求职者在求职过程中必备的材料之一，同时也是相对比较重要的材料。因此，求职简历的制作对求职者来说格外重要。一份求职简历的好坏并没有一个十分严格的评判标准，但总体来说应做到以下几点：内容完整、真实、客观，突出成就，干净整洁，言简意赅，注重细节等。在整个求职的过程中，面试可以说是最重要的一个环节，通常也是决定成败的关键环节，因此，掌握一定的面试技巧也是十分必要的。在面试当中主要考查的内容包括着装打扮、言谈举止、思维行动等。具体来说，应着装打扮得体大方、言谈举止不卑不亢、回答问题条理清晰、待人接物庄重礼貌。求职技巧当中蕴含着大学问，如果大学生在毕业之前能系统地学习和了解，可以在择业、就业的过程中起到事半功倍的效果。

3. 职业法律意识教育

作为一个法治国家，法律与我们的生活休戚相关，人们法律意识的培养和法律知识的普及都是我国正在开展的工作。大学生作为高知识水平的群体，懂得法律的重要性，也懂得用法律武器维护自身合法权益，但有些大学生却不知道在择业、就业过程中所涉及的法律问题。因此，对大学生进行法律意识教育是十分必要的。

法律意识教育一个方面的内容是了解就业协议和劳动合同。就业协议是由学校、学生个人、用人单位三方共同签署的，因此也称为三方协议，是用来明确这三方在学生就业过程中的责任、权利和义务的，三方共同签署方可生效，对三方都具有保护力和约束力。劳动合同是用人单位和个人之间订立的，用来确立劳动关系，明确双方责任、权利和义务的。劳动合同基本涵盖了劳动时间、地点、内容、强度、薪资、福利待遇等方方面面的内容，对劳动者十分重要。就业协议和劳动合同一旦签订，就赋予了它们法律效力，受法律的约束和保护。因此，在大学生毕业走向社会、走向工作岗位之前，应对大学生进行就业法律法规的教育，使其了解就业协议和劳动合同的重要性，学习《劳动合同法》的有关内容。在签订协议和合同的过程中，大学生要仔细阅读各条款，分析各条款的合理性，保护自己的合法权益。

另一方面的内容是培养法制意识和维权意识。个人和用人单位双方都是受法律约束的，因此，个人应当首先从自身做起，知道什么该做、什么不该做，自觉履行自己应尽的义务。同时，当自身的合法权益受到侵害时，也不应当坐以待毙或是走极端，而是应该拿起法律武器捍卫自己的权益。由此可见，大学生知法、懂法、守法、用法是十分重要的，在择业、就业之前培养大学生的职业法律意识和法制观念，既可很好地约束个人行为，又能很好地维护个人权益。

当然，职业生涯发展教育的理论博大精深，以上这些内容仅仅是职业生涯发展教育内涵的一部分，并不是其全部内容，这里提到的主要是与本书有密切关系的内容，并不能涵盖职业生涯发展教育内涵的方方面面。

三、社会主义核心价值体系与大学生职业生涯发展教育的联系

社会主义核心价值体系处于宏观领域，是我国意识形态领域宏观指导思想的重要内容，是其他各个领域的宏观指导思想；大学生职业生涯发展教育则处于微观领域，是针对大学生职业观、择业观、就业观的养成所进行的教育，是引导大学生择业、就业、创业必不可少的理论和实践基础。社会主义核心价值体系侧重于精神层面，是我国构建社会主义和谐文化与和谐社会的根本，是引导和教育人民的重要思想理论；大学生职业生涯发展教育则侧重于实践层面，其目的是引导大学生树立科学的职业观、择业观和就业观，帮助大学生选择职业、顺利就业和发展事业。

社会主义核心价值体系与大学生职业生涯发展教育虽然分属于不同的领域和层面、发挥不同的职责和作用，但二者并不是相互独立的，而是具有内在的相互引导、相互需要的关系。

就社会主义核心价值体系而言，大学生职业生涯发展教育为其提供了一种全新的应用途径和实践平台。主要表现在以下三个方面：一是在目标导向上，社会主义核心价值体系强调社会目标，在教育的过程中向受教育者灌输社会所需要的思想观念、政治观点和道德规范；大学生职业生涯发展教育则立足于促进大学生全面发展的需要，从学生个体出发，帮助其树立正确的职业观、择业观与就业观，明确其自身职业发展方向，全面提升其综合素质，实现人的全面发展，因而是社会主义核心价值体系的有效实践平台。二是在价值选择上，社会主义核心价值体系偏重社会性价值；大学生职业生涯发展教育则充分重视学生的主体地位，将学生自我成长的内在需求与社会价值引导有机结合，从而产生了强大的内在动力与目标导向作用，因而是渗透社会主义核心价值体系的有效载体。三是在教育方式上，社会主义核心价值体系把政治理想、思想体系、价值观念、行为准则等作为教育内容；大学生职业生涯发展教育则是社会主义核心价值体系教育走向生活化的良好途径，既充分关注了学生的现实问题——就业，又充分关心了学生的内在需求——求职

与发展，从而将社会主义核心价值体系融于实际问题的沟通与解决过程中，提升了社会主义核心价值体系的实效性。

就大学生职业生涯发展教育而言，社会主义核心价值体系为其提供了意识形态领域的理论指导和本土化的价值理念。大学生职业生涯发展教育不仅要帮助大学生在实践层面上顺利就业，更要引导大学生在理论层面上树立正确科学的职业观、择业观和就业观，这就要求大学生在我国主流意识形态的指导下，首先树立正确科学的世界观、人生观和价值观，进而延伸到大学生职业生涯发展教育中去。此外，加强社会主义核心价值体系融入大学生职业生涯发展教育研究是职业生涯发展教育本土化的前提条件，也是提高我国大学生职业生涯发展教育实效性、促使其持续发展的必然要求。

第二节　社会主义核心价值体系融入职业生涯发展教育的必要性分析

社会主义核心价值体系作为我国主流的价值观念和意识形态，其中蕴含的丰富精神理念、价值观念和道德准则也代表了我国的主流精神、主流价值观和主流道德观，这些精神理念和道德观念的传播与弘扬需要大学生职业生涯发展教育这样的具体化平台而我国大学生职业生涯发展教育还存在许多问题，如大学生对就业形势的认识不足、大学生职业精神的养成不到位、大学生职业价值观错位、大学生职业道德冷漠、大学生职业法律意识缺乏等。这些问题的解决也需要依靠国家主流价值观念和意识形态的指导，因此，将社会主义核心价值体系融入大学生职业生涯发展教育是十分必要的。

一、大学生对就业形势认识不足需要基本国情和形势政策的指导

就业问题是全社会普遍关注的问题。就目前来看，大学生就业存在的一个显著问题就是：毕业生找不到合适的工作岗位；企业招不到合适的人才。产生这一现象的原因是多方面的，包括国家的人才需求、学校的专业设置、学生的个人需求等。其中高校对我国基本国情和就业形势、就业政策等方面教育的缺失或教育效果不尽如人意，导致大学生对就业形势的认识不足，是产生这一现象的原因之一。

社会主义核心价值体系的内容都是我国基本国情的反映和写照，如我国

的指导思想是马克思主义思想；我国现阶段的共同理想是在中国共产党的领导下，坚持中国特色社会主义道路，实现中华民族的伟大复兴；我国的发展壮大需要民族精神和时代精神的引导、需要社会主义荣辱观的不断践行等。形势政策则是基本国情在制度层面的具体体现。大学生就业问题的解决需要对大学生进行基本国情和形势政策的指导，换言之，也就是需要用社会主义核心价值体系对大学生进行指导。

（一）大学生就业形势的特点

近年来，我国大学生的就业形势呈现出以下特点：就业形势总体在严峻中有好转的趋势，但地域性差异依旧明显，部分大学毕业生对目前的工作满意度偏低。

第一，大学生就业状况总体呈上升趋势。根据全国高等学校学生信息咨询与就业指导中心和北京大学教育学院共同编著的《全国高校毕业生就业状况（2009—2010）》中对2009年和2010年毕业生初次就业率的统计情况显示：2010年毕业生的初次就业率为85.4%，比2009年毕业生的初次就业率81.0%高出4.4个百分点。[①] 加之以往几年未找到工作的毕业生和每年新毕业的大学生数量较多，我国大学生就业问题仍然是全社会普遍关注的热点和焦点问题，仍然是关系我国发展的大问题，仍然需要高度重视，不能掉以轻心。

第二，大部分毕业生对目前工作的满意度不高。在总体就业趋势好转的情况下，也还存在一系列的矛盾，主要体现在大学毕业生对目前工作的满意度上。麦可思研究院2011年6月发布的《2011年中国大学生就业报告》（以下简称《报告》）中指出：2010届大学毕业生中，有60%的人认为目前的工作与自己的职业期待不吻合，其中有36%的人认为目前的工作不符合自己的职业发展规划，还有22%的人认为目前的工作不符合自己的兴趣爱好。有34%的毕业生在半年内发生过离职，主要原因是工作不符合自己的职业期待，如个人发展空间不够、薪资福利偏低等。[②] 这说明，大部分大学毕业生在毕业、择业和就业时会抱着“先就业，后择业”的心态，先找到一份工作，再根据岗位需求、自身需求和职业发展进行调整，在工作的同时不断摸索自己适合什么、想要什么，寻求最佳的人职匹配状态。

---

① 全国高等学校学生信息咨询与就业指导中心、北京大学教育学院：《全国高校毕业生就业状况（2009—2010）》，北京：北京大学出版社2011年版，第41页。

② 麦可思研究院：《2011年中国大学生就业报告》，北京：社会科学文献出版社2011年版，第114—117页。

第三，大学生就业地区倾向性明显。《报告》指出：东部沿海地区对本科毕业生的人才吸引力指数为 67.3%，而中西部地区的人才吸引力指数仅为 32.3%，不及东部沿海地区的一半。中西部生源但在东部沿海就学的 2008—2010 届本科毕业生只有 33.9% 回到了中西部地区就业，在中西部地区就学的本科毕业生有 55.8% 毕业后留在本区域就业，而只有 7.3% 既不是中西部地区生源也未在中西部地区就学过的人选择到本区域就业。可以看出，相比较东部和沿海地区，中西部地区吸引和保留人才的能力都较弱，属于人才净流出地区。[①] 这说明，目前大学生在选择职业时具有明显的地区倾向性，大部分学生不愿意去中西部地区就业，而是倾向于选择自然环境和工作条件都更好的东部和沿海地区，特别是经济发展较好的城市，如北京、上海、广州、深圳、厦门、青岛、宁波等地。而根据我国目前的人才需求状况来看，更需要人才的恰恰是中西部地区。

（二）我国的基本国情和就业政策

我国是一个发展中国家，改革开放以来，党和国家一直把发展经济作为一项重要任务来实施，在不同发展时期推行过不同的经济政策，先后建立了经济特区、设立了沿海开放城市、提出了西部大开发政策、振兴了东北老工业基地等。在这些经济发展的不同时期，各地区对人才的需求程度是不同的。20 世纪 80 年代，大批人才集中涌入东部沿海地区，特别是经济特区，以深圳来说，短短三十年的时间就把一个小渔村变为经济高速发展的大都市，而第一批来深建设者也都已年过半百。随后的一个时期，许多人才更多地倾向于选择东部沿海开放城市，如大连、青岛、宁波等，沿海开放城市的设立也为这些地区带来了更多的就业机会与发展空间。近年来，我国一直强调实施西部大开发战略，但由于中西部地区自然环境、地理原因、天气情况、工作条件以及经济发展状况等各方面条件相较东部和沿海地区都处于劣势，多数大学毕业生在经过综合考虑之后还是选择在东部沿海地区工作。这就导致中西部地区不仅没有吸收到人才，还造成了人才外流的状况。鉴于此，党和国家出台了一系列鼓励和扶持大学生去西部地区和城乡基层工作的优惠政策，主要包括以下几点：

第一，特岗计划。特岗计划就是农村义务教育阶段学校教师特设岗位计划的简称。2006 年，国家下发《关于实施农村义务教育阶段学校教师特设岗

① 麦可思研究院：《2011 年中国大学生就业报告》，北京：社会科学文献出版社 2011 年版，第 259—264 页。

位计划的通知》，公开招聘高校毕业生到“两基”攻坚县农村义务教育阶段学校任教。主要面向高等师范学院和其他全日制普通高校应届本科毕业生，聘任期为三年。[①]

第二，大学生村官计划。大学生村官计划就是选聘高校毕业生到村任职。2008年，国家出台了《关于印发〈关于选聘高校毕业生到村任职工作的意见（试行）〉的通知》，用五年的时间选聘十万名高校毕业生到农村担任村委会主任助理、村党支部书记助理或团支部书记、副书记等职务，聘任期为二至三年。[②]

第三，“三支一扶”计划。“三支一扶”是支教、支医、支农、扶贫的简称。2006年，国家下发《关于组织开展高校毕业生到农村基层从事支教、支农、支医、扶贫工作的通知》，以公开招募、自愿报名、组织选拔、统一派遣的方式，从2006年开始，连续五年，每年招募两万名高校毕业生，主要安排到乡镇从事支教、支农、支医和扶贫工作，服务期为二至三年。[③]

第四，西部志愿者计划。西部志愿者计划是大学生志愿服务西部计划。从2003年开始，每年招募一定数量的普通高等学校应届毕业生，到西部贫困县的乡镇从事为期一至三年的教育、卫生、农技、扶贫以及青年中心建设和管理等方面的志愿服务工作。[④]

参加以上项目服务期满后，即可以享受公务员招录、事业单位招聘、考学升学、国家补偿学费和代偿助学贷款、自主创业等各方面的优惠政策。高校毕业生却对这些就业政策了解甚少，究其原因有以下三个方面：①从国家的角度来看，对这一问题的宣传力度不够。目前除学校外，学生获取信息的途径很多，如电视、报纸、杂志、互联网等。国家可以充分利用媒体的力量来宣传这些就业政策，使大学生可以通过更多途径来了解国家的就业形势和就业政策。②从学校的角度来看，对这一问题的教育缺失。目前，我国高校的职业生涯发展教育还没有达到全面性和全程性教育，主要是针对大学生就业时遇到的问题进行相关的指导，而对相关政策的传达不够具体详尽。③从

---

① 教育部，人力资源和社会保障部：《国家促进普通高校毕业生就业政策百问》，《中国教育报》2009年4月29日。

② 教育部、人力资源和社会保障部：《国家促进普通高校毕业生就业政策百问》，《中国教育报》2009年4月29日。

③ 教育部、人力资源和社会保障部：《国家促进普通高校毕业生就业政策百问》，《中国教育报》2009年4月29日。

④ 教育部、人力资源和社会保障部：《国家促进普通高校毕业生就业政策百问》，《中国教育报》2009年4月29日。

学生自身的角度来看，对这一问题的了解欲望不强烈。对深圳地区“90后”大学生职业观调查结果显示，七成以上的大学生都把理想就业地区锁定在东南沿海大城市，这说明多数学生没有去西部地区和贫困地区就业的意向和打算，因此对西部地区和贫困地区的就业优惠政策了解的欲望并不强烈。而要解决这一问题，也要从以上三方面入手。

（三）基本国情和形势政策指导的重要性

无论是从国家人才需求的角度还是从大学生自身职业发展的角度来看，对大学生进行基本国情和形势政策指导都是十分必要的。一方面，国家中西部地区和乡镇基层需要大量高校毕业生和优秀人才去建设。要把中西部地区和乡镇基层这种对人才的迫切需要传递给大学生，就需要对大学生进行基本国情和形势政策指导，这样才能使大学生更进一步地了解祖国的发展和经济建设现状、了解中西部地区和城乡基层对人才的需要和渴望、了解自己作为一个中国人和大学生的使命感和责任感，培养大学生的服务意识，使大学生愿意“到西部去、到基层去、到祖国最需要的地方去”。另一方面，大学生自身的职业发展也需要基本国情和形势政策指导。大学阶段是人生最重要的阶段之一，同时也是人生的转折期，人的许多观念和发展规划都是在这一时期形成的。绝大部分大学生毕业时都要面临就业，因此，大学生在大学期间的职业规划和发展目标显得尤为重要。对大学生进行适度的教育和引导，可以将职业生涯发展教育与思想政治教育结合起来，在正确的世界观、人生观、价值观的引导下，帮助大学生树立正确的职业观、择业观和就业观，达到更加理想的就业效果。同时，作为中华民族的一员，国家的发展与个人的发展休戚相关，鼓励大学生将自身的发展同祖国的发展结合起来，才是最好的实现人生价值的方法。

二、大学生职业精神的养成需要主流精神的感染

社会主义核心价值体系的精髓就是以爱国主义为核心的民族精神和以改革创新为核心的时代精神，充分强调了时代精神对于个体、民族、国家的重要性。因此，大学生在职业生涯发展过程中职业精神的养成是十分关键的。

（一）大学生职业精神的表现

我们在对深圳特区“90后”大学生职业观调查研究时发现，在职业精神方面，大学生能作出准确的就业判断，但自身准备的积极性不够。大学生认

为在就业时，用人单位最看重的是合作意识和奉献精神，其次才是能力、实践经验和相关知识等要素。但被问到在校期间的准备时，答案主要集中在获取实践经验、考取相关证书、夯实专业知识、锻炼职业能力上，并没有提及职业精神的养成。而在对自身就业优势的认识上也不包括职业精神的养成。这说明一方面大学生自身对职业精神重视不够，另一方面学校和社会对职业精神的教育和宣传不足，从而导致大学生职业精神缺失的现状和由此引发的一系列问题。

（二）社会主义核心价值体系中蕴含的主流精神

主流精神是指一定时期内一个社会占主导地位、起主导作用的精神品质。我国是一个重视传统文化教育和精神培养的国家，社会主义核心价值体系作为我国的主流意识形态的核心，当中蕴含了许多优秀的精神品质。本文主要从以下两个方面入手：

第一，民族精神。民族精神是一个民族最根本的价值观念，是一个民族优秀传统文化的积淀。随着社会的进步和历史的发展，民族精神的内容也在不断地丰富和发展。2002 年，江泽民在党的十六大报告中明确提出了民族精神的核心内容，“在五千多年的发展中，中华民族形成了以爱国主义为核心的团结统一、爱好和平、勤劳勇敢、自强不息的伟大民族精神”①。爱国主义精神作为民族精神的核心，也是在我国历史发展过程中形成的重要精神之一，是支撑国家和民族兴旺发达的重要力量。爱国主义精神在不同的历史时期有不同的表现形式，从过去的“人生自古谁无死，留取丹心照汗青”的抗争精神，“苟利国家生死以，岂因祸福避趋之”的奉献精神，“取义成仁今日事，人间遍种自由花”的革命精神，到今天的“冲破藩篱、灵活应变”的改革开放精神，“万众一心、和衷共济”的抗击灾难精神，“崇尚科学、知难而进”的创新精神等。②

第二，时代精神。时代精神是一个国家和民族在一个时代所特有的精神风貌和社会风尚的综合体现。我国在社会主义政治、经济、文化发展壮大的新时期，逐步形成了以改革创新为核心，以解放思想、实事求是，紧跟时代、勇于创新，知难而进、一往无前，艰苦奋斗、务求实效，淡泊名利、无私奉献为主要内容的时代精神。

---

① 江泽民：《江泽民文选》（第 3 卷），北京：人民出版社 2006 年版，第 559 页。

② 温静、王树荫：《民族精神教育定位分析》，《高校理论战线》2011 年第 1 期。

（三）社会主义核心价值体系中蕴含的主流精神对大学生职业精神养成的重要性

社会主义核心价值体系中蕴含的主流精神对大学生职业精神养成的重要性主要表现在以下两个方面。一方面，社会主义核心价值体系中蕴含的主流精神的内容包含大学生职业精神的内容。社会主义核心价值体系中蕴含的主流精神有着十分丰富的内容，大学生职业精神养成的过程中所需要培养和锻炼的各种精神均能在其中找到理论来源和精神传承。例如，团结统一的民族精神有助于培养大学生团结合作的职业精神，改革创新的时代精神有助于培养大学生敢于创新的职业精神，淡泊名利、无私奉献的时代精神有助于培养大学生乐于奉献的职业精神，勤劳勇敢的民族精神和知难而进的时代精神有助于培养大学生勤于学习的职业精神。另一方面，大学生职业精神的养成需要以社会主义核心价值体系中蕴含的主流精神为依托。大学生职业精神作为精神层面的东西不是短时间可以塑造的，而是需要长时间的教育和培养。而社会主义核心价值体系中蕴含的主流精神的教育与培养渗透和贯穿于思想政治理论教育中，大学生职业精神的养成需要以我国主流精神为依托，借助思想政治理论课这一平台，从学生一入校就开始渗透职业精神的相关内容，不仅能起到事半功倍的效果，还能使其养成的职业精神更为科学、准确和牢固。

三、大学生职业价值观的错位需要主流价值观的引导

一直以来，高校都是各种思潮争夺的主阵地。现阶段，我国正处在社会转型期，各种社会矛盾和社会问题逐渐显现出来，功利主义、拜金主义、享乐主义等社会思潮对大学生的人生观、职业观产生了很大影响。在这些社会思潮的影响下，出现了部分大学生价值观错位的现象，主要表现在以下三个方面："在政治价值观领域，虽然多数学生都具有强烈的国家意识、民族意识，对政局稳定、国情背景能够表现出应有的理解，但实际行为却又更多地关注个人理想的实现，无私奉献和集体主义精神相对缺乏，表现出政治冷漠的现象。在社会价值观领域，当代大学生自我中心意识深厚，在追求自身发展的过程中的价值取向上表现出个人至上、自我中心倾向。在人生价值观领域，当代大学生的行为越来越趋于务实和功利。"①

① 史蓉蓉：《社会主义核心价值体系与大学生核心价值观培育》，《思想教育研究》2010 年第 10 期。

（一）大学生职业价值观的表现

对深圳特区“90 后”大学生职业观的调查研究表明，相比职业带来的精神价值，大学生更注重职业带来的物质价值。在被问到“理想的就业地区”时，70.2% 的人都锁定在东南沿海大城市，而愿意去农村、贫困地区和偏远山区的人仅有 1.3%。一方面，他们看到了东南沿海地区广阔的就业前景和发展机会，另一方面，他们注重这一地区优越的工作环境和生活环境。另外，在“选择职业时最看重”一题上，60.4% 的人选择了工资待遇，超过了职业发展前景、个人价值的实现等其他因素。而在理想月薪方面，60.7% 的人理想月薪都在 5 000 元以上，其中有 40.4% 的人理想月薪达到8 000元以上，远高于国家大学毕业生的平均月薪。这说明，大学生在职业价值观上带有功利色彩。

（二）社会主义核心价值体系蕴含的主流价值观

社会主义核心价值体系中蕴含的主流价值观内容十分丰富，主要包括以下三个方面：

第一，爱国主义与集体主义价值观。个人作为国家和集体的一分子，首先应该做到爱国、爱集体。我国作为一个社会主义国家，一直教育人民特别是青年要把国家利益放在首位，集体利益次之，个人利益排最后。在政治、经济、文化都飞速发展的今天，依然强调要把国家利益、集体利益与个人利益相结合，在保证国家利益的基础上追求个人利益的实现。

第二，服务与奉献的价值观。我们党的宗旨是全心全意为人民服务，因此，党和国家时常教育大学生要具有服务意识。另外，乐于奉献是我国的传统美德之一，当代大学生更应当具有奉献精神。

第三，勤劳勇敢与艰苦奋斗的价值观。从古至今，中华民族一直是一个勤劳的民族，中国人民用自己的双手创造了一笔又一笔的财富，创造了用世界 7% 的耕地养活世界 21% 的人口的奇迹。鸦片战争的爆发使我国饱受西方列强的侵略，中国共产党成立后，我国经历了一系列的革命与战争，自新中国成立以来，我国面临多方面的发展，在这个过程中，艰苦奋斗的精神激励了一代又一代人，在国家的发展上起到了至关重要的作用。

（三）社会主义核心价值体系中蕴含的主流价值观对纠正大学生职业价值观的重要性

社会主义核心价值体系中蕴含的主流价值观对纠正大学生职业价值观的

重要性主要表现在以下两个方面。第一，社会主义核心价值体系中蕴含的主流价值观可以纠正当今大学生已错位的价值观。由于受到个人主义、享乐主义、功利主义、拜金主义等各种思潮的影响，我国大学生职业价值观存在一定程度的错位，需要用爱国主义与集体主义价值观纠正个人主义的倾向，需要用服务与奉献的价值观纠正利己主义倾向，需要用勤劳勇敢和艰苦奋斗的价值观纠正拜金主义的倾向等。第二，社会主义核心价值体系中蕴含的主流价值观能够引导大学生职业价值观的新发展。在职业发展的过程中，依然要依靠服务与奉献的价值观来回报国家和社会，依然要依靠勤劳勇敢的价值观来攀登更高的职业高峰，依然要依靠艰苦奋斗的价值观来面对每次机遇与挑战，时刻提醒和鞭策自己不陷入拜金主义和享乐主义的泥潭。

四、大学生职业道德的冷漠需要主流道德观的引导

职业道德作为社会主义精神文明建设中思想道德建设的一部分，具有十分重要的作用。《胡锦涛在深圳经济特区建立30周年庆祝大会上的讲话》中也提到："要深入推进社会主义核心价值体系建设，坚定中国特色社会主义理想信念，弘扬爱国主义、集体主义、社会主义思想，深入进行中华民族传统美德教育和民主法制教育，加强社会公德、职业道德、家庭美德、个人品德建设。"① 大学生作为国家未来建设的主力军，同样需要重视职业道德建设。

（一）大学生职业道德的表现

对深圳特区"90后"大学生职业观的调查数据显示：76.8%的人对"爱岗敬业、诚实守信、办事公道、奉献社会"这一传统的职业道德要求表示赞同，有22.1%的人没有明确表示赞同，也没有明确表示反对，另有1.1%的人明确表示不赞同这一职业道德要求。在对2008年汶川地震期间"范跑跑"这一行为的看法中，只有31.3%的人表示强烈谴责，认为这违背了教师的职业道德。这一调查结果一方面表明大学生对待他人职业道德问题能采取宽容的态度，另一方面也表现出大学生对职业道德的冷漠态度，社会责任意识淡薄。这说明，大学生职业道德总体情况良好，但也还存在一些隐患。另外，上海市政协的专项调查结果显示：针对诚实守信这一条目，有90.2%的人认为在不同程度上会吃亏，其中认为一定会吃亏的占17.8%，大多数会吃亏的

① 《胡锦涛在深圳经济特区建立30周年庆祝大会上的讲话》，新华网，http：//news. xinhuanet. com/politics/2010－09/06/c_ 12523818. htm，2010年9月6日。

占30.6%，有时会吃亏的占41.8%，而认为不会吃亏的还不足10%。[①] 由此可见广大市民特别是大学生的职业道德在诚实守信方面还存在一些问题和认识上的误区，因此加强大学生的职业道德教育和我国职业道德建设是亟待解决的重要问题。

（二）社会主义核心价值体系中蕴含的主流道德观

社会主义核心价值体系中蕴含的对道德方面的理解十分丰富和详尽，主要包括以下四个方面：

第一，勤劳勇敢。中华民族自古以来就是一个勤劳勇敢的民族。人们日出而作、日落而息，提高了自身的生活水平，增强了国家的综合国力，在战争面前也能做到勇敢无畏，勇于同各种反动势力做斗争。正是秉承着这种勤劳勇敢的态度，我们国家才取得了今天的成就。

第二，诚实守信。诚实守信是我国主流道德观中至关重要的内容之一。自古以来，我国就非常注重对广大人民特别是青少年进行诚信教育。特别是在不诚信问题频繁发生的今天，更要加强诚信教育和诚信建设，在全社会形成“以诚实守信为荣”的良好社会风气。

第三，公平正义。公平正义不仅是对人的要求，社会、国家也都应尽力做到。公平正义就是要求人们站在公正、中立的立场上，对任何问题都坚持原则、秉公处理，既不徇私枉法，也不包庇袒护；既要“一碗水端平”，又不偏袒任何一方。

第四，无私奉献。奉献是一种无私的、高尚的道德情操，在一定程度上是需要牺牲自身利益才能做到的。在当今社会越来越多“损人利己”，甚至是“损人不利己”的行为出现的情况下，更需要提倡无私奉献的精神，正如歌曲中唱到的“这是心的呼唤，这是爱的奉献，死神也望而却步，幸福之花处处开遍”。

（三）社会主义核心价值体系中蕴含的主流道德观对引导大学生职业道德的重要性

社会主义核心价值体系蕴含的主流道德观有助于引导大学生职业道德，主要包括以下两个方面：一方面社会主义核心价值体系中蕴含的主流道德观从内容上引导着大学生职业道德。勤劳的品质可以用来激发敬业的潜质，公

① 黄力之：《文化研究视阈中的中国社会核心价值观问题》，《江苏行政学院学报》2011年第2期。

平正义的道德观正是办事公道应当遵循的要求和准则，诚实守信和无私奉献的道德观则与职业道德要求完全契合。另一方面，道德观属于一个大的体系，其中许多优良品质和道德要求并不仅仅体现在职业道德领域，也体现在道德教育的方方面面。因此，在对大学生进行其他领域道德观念教育的同时也应当渗透职业道德的规范和要求，应当对其进行巩固和充实。

五、大学生缺乏职业法律意识，需要学习国家法律法规

社会主义荣辱观作为社会主义核心价值体系的基础，其中一个重要内容就是“以遵纪守法为荣，以违法乱纪为耻”，而遵纪守法的前提就是知法、懂法。因此，对国家法律法规的学习是遵纪守法的要求和前提，对国家法律法规的运用是遵纪守法的途径和基础，这二者同时也是社会主义荣辱观和社会主义核心价值体系的要求。我国作为社会主义法治国家，法律与人们的生活休戚相关。人们只有知法、懂法，才能守法、用法，在自身合法权益受到侵害时才能拿起法律武器保护自己。大学生作为初入职场的新生力量，也要了解在职业领域起重要作用的相关法律、法规和规章，这样更有助于自身职业生涯的发展。

（一）大学生职业法律意识的表现

总体来说，我国大学生职业法律意识比较淡薄。有学者对大学生就业法律意识的调查研究中显示出以下三个方面的问题。第一，大学生对学习《劳动合同法》的必要性认识不到位。有16%的大学生表示不知道了解《劳动合同法》有什么实际意义，58.7%的大学生表示想了解但没有时间和心思。第二，大学生在对《劳动合同法》学习的时间性和深入性上存在一定的误区。有44%的大学生认为即将毕业前大概了解一下《劳动合同法》的内容就够了，不需要长时间的系统了解和深入学习。第三，对新《劳动合同法》的关注度不够。有56%的大学生知道这部法律的实施，而比较了解这部法律的只占这一群体的2.7%。[①] 此外，在大学生求职就业阶段，对关系其切身利益的“高校毕业生就业推荐表”、“三方协议”以及与企业签订的劳动合同等重要资料的了解、认识和重视程度都有待提升。

① 胡万会、王胜男：《大学生就业法律意识调查研究》，《消费导刊》2011年第1期。

（二）国家法律法规

我国法律法规形式门类众多、内容丰富，涉及社会生活的方方面面。从形式上看，主要包括宪法、法律、行政法规、地方性法规、自治条例和单行条例、行政规章和国际条约；从类型上看，主要包括行政法和行政诉讼法、刑法和刑事诉讼法、民法和民事诉讼法等。涉及大学生职业生涯发展教育的主要是《劳动合同法》。2008 年 1 月 1 日起，我国开始实施新《劳动合同法》，这一法律法规的出台从制度上规范和解决了大学生就业层面的有关问题，明确规定了大学生择业、就业过程中的相关权利义务，为大学生提供了制度保障，也为大学生职业生涯发展教育提供了法律保障。

（三）国家法律法规的学习和运用对大学生职业法律意识培养的重要性

国家法律法规的学习对大学生职业法律意识培养的重要性主要体现在以下两个方面：第一，国家法律法规的学习有助于提升大学生对法律的重视和关注度。通过对法的总体认识和对具体法律法规内容的学习，可以帮助大学生认识在当今法治社会中法律的重要性，学会运用法律武器来解决问题的意识和能力。目前我国高校基本都开设了“思想道德修养与法律基础”课程，这正是顺应时代潮流的有效举措。第二，劳动法相关内容的学习有助于大学生职业法律意识的培养。除对法学理论的总体学习之外，更应加强涉及学生自身利益的《劳动合同法》的学习，引导大学生在择业、就业、职业发展过程中更重视与法律相关的具体问题和程序，在签订就业协议和劳动合同时有清晰的认识，不盲目行事，在就业过程中遇到相关问题和纠纷时懂得诉诸法律，用法律武器维护自身合法权益。

第三节　社会主义核心价值体系融入职业生涯发展教育的路径选择

社会主义核心价值体系与大学生职业生涯发展教育有着密切的联系，将社会主义核心价值体系融入大学生职业生涯发展教育有其必要性，同时也具有一定的可行性，但需选择正确的路径。本节主要从理论和实践两个层面探讨社会主义核心价值体系融入大学生职业生涯发展教育的路径选择。

一、社会主义核心价值体系融入大学生职业生涯发展教育的理论路径

社会主义核心价值体系具有丰富的内涵，其中蕴含的思想观点和凝聚的精神、价值观等内容都具有十分积极、正面的引导作用和指导意义。因此，可以并且应当从社会主义核心价值体系中挖掘其融入大学生职业生涯发展教育的理论路径。

（一）用社会主义核心价值体系引导大学生就业理念

目前，我国高校毕业生就业形势有所好转，但由于毕业生人数的增加，大学生就业问题仍然是全社会普遍关注和高度重视的大问题。除了国家产业结构、学校专业结构设置和国家区域性经济发展状况的影响之外，大学生自身的观念也是影响就业问题的重要因素之一。要消除大学生就业理念上的偏差，就要从引导大学生的思想观念入手。用社会主义核心价值体系武装学生的思想，从而引导大学生就业理念的转变是有效的途径之一。

1. 在大学生职业生涯发展教育中渗透马克思主义指导思想

马克思主义理论是我们党和国家治国理政的指导思想，具有十分丰富的内涵。从狭义上来看，马克思主义指导思想的内容主要包括马克思主义哲学理论、马克思主义政治经济学理论和科学社会主义理论三部分；从广义上来看，马克思主义指导思想的内容主要包括马克思、恩格斯的理论成果，列宁的理论成果以及马克思主义中国化的理论成果。这一系列的理论成果和丰富内涵都是我们党和国家建设和发展的重要指导思想。马克思主义中国化理论作为马克思主义基本原理与中国具体实践相结合的产物，更应该被人们欣赏和重视。解放思想、实事求是、与时俱进作为马克思主义中国化理论的精髓，将其融入大学生职业生涯发展教育中更能起到事半功倍的效果。

第一，解放思想与大学生职业生涯发展教育。所谓解放思想，就是“勇于冲破落后的传统观念的束缚，敢于从实际出发，努力开拓进取”[①]。在进行大学生职业生涯发展教育时，解放思想主要是指勇于冲破传统的职业观念的束缚，敢于从国家和个人的实际情况出发，选择最适合自己的职业发展道路。传统的职业观念主要是我国旧时官本位的思想，在目前主要体现在各级各地

① 赖松龄：《中国化马克思主义理论概论》，北京：高等教育出版社2009年版，第42页。

的公务员考试上。近年来，公务员考试犹如千军万马过独木桥，考试大军的阵容依旧没有丝毫减少的趋势。其实社会发展到今天，从政已不再是莘莘学子的唯一选择，社会的各行各业都需要人才，人们在各个领域都能发挥自身的能力和才干。国家的实际情况主要是我国目前的人才需求情况。从地区上来讲，我国实施西部大开发战略后，西部地区对人才的需求量很大，但受到地理位置、海拔高度、气候、环境、经济发展状况等方面的影响，大学生在择业时对这一地区的倾向性较弱。对此，国家采取了一系列政策来扶持这一地区的就业人员以达到对人才的需求。从领域上来讲，国家每一阶段发展的侧重点不同，导致对各专业人才的需求状况也不尽相同，因此，热门专业和冷门专业的界限越来越模糊，有时甚至还能相互转化。个人的实际情况主要是个人的兴趣爱好、能力倾向、性格特点、家庭因素等的综合考虑。个人要对自身情况进行详细的分析，选择最适合自己的就业地区和就业领域。并不是所有的人都适合“北上广”、所有的人都适合仕途，也不是所有的人都适合热门专业。因此，择业和就业时首先要有解放思想的态度，在国家的就业形势和就业政策教育中渗透解放思想的观念，对大学生职业生涯发展教育来讲是行之有效的方法。

第二，实事求是与大学生职业生涯发展教育。所谓实事求是，它包含三个层面的含义：“一是‘实事’，即客观存在的事物，它要求一切从实际出发；二是‘求’，即我们去研究，研究必须理论联系实际；三是‘是’，就是客观事物的内部联系，即规律性，对规律性的认识就是真理，只有经得起实践检验的才是真理性认识。”① 一切从实际出发，体现在大学生职业生涯发展教育上就是从大学生的就业现状出发，从国家的就业形势和就业政策出发，从大学生个体的自身状况出发。理论联系实际体现在大学生职业生涯发展教育上就是要把大学生职业观理论的教育与大学生就业指导的实践结合起来，就是要把国家就业政策的理论和大学生职业选择的实践结合起来。在实践中检验和发展真理体现在大学生职业生涯发展教育上就是要在以后的就业过程中进行调适，既包括“干一行、爱一行”的心理调适，又包括“先就业，后择业”的行为调适等。综上所述，实事求是的态度在大学生职业生涯发展教育中是十分必要的，它有助于大学生认清现实、把握原则、准确选择。

第三，与时俱进与大学生职业生涯发展教育。所谓与时俱进，就是“要求人们的思想、观念以及制定的路线、方针、政策、策略等主观的东西，必

① 赖松龄：《中国化马克思主义理论概论》，北京：高等教育出版社2009年版，第40页。

须适应不断变化发展的客观形势和社会实践，使主观与客观、理论与实践始终保持具体的、历史的统一”①。与时俱进体现在大学生职业生涯发展教育上就是要根据时代的发展进步和我国就业形势、就业政策的变化及时调整自己的职业观念和职业选择，用与时俱进的态度把握各行各业和各个地区的发展前景，实现自身在职业生涯发展过程中的最优化选择。

2. *在大学生职业生涯发展教育中渗透中国特色社会主义共同理想*

目前，我国正处在社会主义初级阶段，在这一阶段，中国特色社会主义共同理想就是要在中国共产党的领导下，积极建设中国特色社会主义，把我国建设成为富强、民主、文明、和谐的社会主义国家，努力实现中华民族的伟大复兴。这一论断反映了我国最广大人民的共同愿望、根本利益和内在要求，凝聚和团结了社会各界力量，为实现民族独立、国家富强和人民幸福提供了途径，是实现中华民族伟大复兴的必由之路。因此，这一论断可以并且应当作为社会主义核心价值体系的主题。“天下兴亡，匹夫有责”，凡是中华人民共和国的公民，都应当具有这一共同理想。大学生作为接受过高等教育、具有丰富知识的国家建设者和接班人，更应当牢固树立起这一共同理想并为之努力奋斗。在进行大学生职业生涯发展教育的过程中渗透中国特色社会主义共同理想教育，可以从以下三个方面入手：

第一，明确理想的重要性。理想对于人来说是十分重要的，是人们对于未来美好生活的愿望和向往。邓小平曾指出：“我们一定要经常教育我们的人民，尤其是我们的青年，要有理想。”② 江泽民也指出：“在全社会形成共同理想和精神支柱，是中国特色社会主义文化建设的根本”。③ 因此，作为当代大学生，一定要牢固树立崇高的理想。在大学生职业生涯发展教育中主要表现为树立崇高的职业理想。有理想就有目标，有目标才能有干劲，有干劲就能努力奋斗。在职业领域也是一样，有明确的职业理想和职业目标才会为之奋斗，才会做成自己想做的事，才会成为自己希望成为的人。

第二，将远大理想与现实理想结合起来。从人力资源管理的视角来看，规划可以分为短期规划、中期规划和长期规划。理想亦然，从我们国家来看，远大的理想即最高理想是实现共产主义，这一理想的实现需要相当长的一段时间；现实理想即共同理想是建设中国特色社会主义，这一理想我们正一步一个脚印地实现着。因此，在大学生职业生涯发展教育中，也应当树立长远

---

① 赖松龄：《中国化马克思主义理论概论》，北京：高等教育出版社 2009 年版，第 46 页。

② 邓小平：《邓小平文选》（第 3 卷），北京：人民出版社 1993 年版，第 110 页。

③ 江泽民：《江泽民文选》（第 2 卷），北京：人民出版社 2006 年版，第 33 页。

的职业理想和近期的职业理想。近期职业理想是长远职业理想实现的阶段性成果，这样才能在职业生涯发展的道路上不断给自己力量，最终实现长远的职业理想。

第三，将国家发展与个人发展结合起来。中国特色社会主义共同理想既然是中国人民和中华民族的共同理想，就应该更多地关注国家的发展和人民的利益，在大学生职业生涯发展教育的过程中，体现在希望大学生依照国家的就业形势和就业政策选择就业地区，投入到国家的建设中去。但从大学生个人的角度来讲，他们则更多地从薪资、工作地点、工作环境、个人发展前景等方面来考虑自身的职业发展，这就与国家发展建设的需要产生了一定的矛盾，这就需要大学生将国家发展和个人发展结合起来进行综合考虑。

（二）用社会主义核心价值体系感染大学生职业精神

在社会主义核心价值体系中，蕴含着丰富的能够感染人的精神品质，既有以爱国主义为核心的民族精神、以改革创新为核心的时代精神，又有蕴含在社会主义荣辱观之中的学习精神、合作精神等。在大学生职业生涯发展教育的过程中，需要并且应当用这些精神来感染大学生职业精神的养成。

1. 以爱国主义为核心的民族精神

一个国家、一个民族在长期发展进步的过程中，必然会形成用以团结人民、稳定民心、激发民力的精神支撑，即民族精神。而民族精神的主要内容在大学生职业生涯发展教育过程中也应当作为主要精神来养成。

第一，爱国主义与大学生职业生涯发展教育。作为一个国家的公民，应当热爱自己的国家；作为国家培养的接受高等教育的大学生，应当报效自己的国家。在大学生职业生涯发展教育的过程中，也要注重培养大学生的爱国主义精神。一方面培养大学生为祖国服务的意识。大学生作为祖国的栋梁，在学业有成后理应为祖国的发展建设贡献自己的力量，即使出国求学，也不应当忘记学成归国、建设祖国的使命。另一方面，要培养大学生为祖国奉献的意识。在国家利益与个人利益相冲突时，尽量以国家利益为重，例如到祖国最需要的地区和行业工作等。推及企业亦然，爱企业和爱祖国在某种意义上是一样的。只有爱企业才能产生组织的归属感和认同感，才能全心全意地努力工作，才能更好地实现企业和个人的双赢式发展。

第二，团结统一、爱好和平与大学生职业生涯发展教育。团结统一、爱好和平的民族精神体现在职业生涯发展教育过程中，主要包括两方面内容：一是和谐，二是合作。人与人在相处的过程中，总少不了矛盾和摩擦，特别是在企业当中，人与人之间可能存在一定的竞争关系，因此就更难做到和平共处。员工每天工作时间平均在八小时左右，如果没有和谐的人际关系就更谈不上愉快的心情和工作的效率，不仅影响企业的效率，也影响自身的工作环境，最终影响个人的职业生涯发展。再说合作。一个人的力量再大也是有限的，许多人的力量再小，凝聚在一起也是无限的。在工作中也是一样，集体的智慧和力量总是强大的。因此，团结合作精神无论在任何行业、任何领域都不可或缺。

第三，勤劳勇敢、自强不息与大学生职业生涯发展教育。在我国源远流长的文化长河中，“勤”一直是被人们所提倡的品质，勤能补拙、笨鸟先飞等都体现了人们对“勤”的肯定和追求。而当今社会，人们对勤劳这一品质的关注度不够，例如“啃老族”的出现、消极怠工心理的滋生等。因此，勤劳更是需要被每个人特别是年轻人所践行，将勤劳勇敢这一优秀的民族品质传承下去。在职业生涯发展过程中，勤劳勇敢是每一个员工应当具备的素质之一。

2. 以改革创新为核心的时代精神

任何一个国家、一个民族、一个人的发展都需要随着时代的发展不断进行改革创新，否则就会停滞不前。中华民族在选择了新的政党——中国共产党之后发生了翻天覆地的变化，中国在选择了新的政策——改革开放之后实现了突飞猛进的跨越，这都说明了改革创新的重要性。而在大学生职业生涯发展教育过程中，以改革创新为核心的时代精神也是必不可少的内容。

第一，紧跟时代、勇于创新与大学生职业生涯发展教育。创新精神无论是在东方国家还是在西方国家，无论是在经济领域还是在科技领域都是不可或缺的精神，它是发展必不可少的条件。国家要发展离不开创新、民族要发展离不开创新、企业要发展离不开创新、个人要发展也离不开创新。创新正是一个国家、民族、企业、个人发展壮大的生命力之所在。由此可见，在大学生职业生涯发展教育的过程中引导学生养成创新精神和创新意识是十分重要的。从企业的角度来看，企业领导者更青睐于勇于创新的员工，因为新产品的发明需要创新、好创意的涌现需要创新、大刀阔斧的改革需要创新……总之，企业的发展离不开创新。从个人的角度来看，具有勇于创新精神会为个人的发展提供更多的机会和空间，更有利于实现个人的全面发展。

第二，知难而进、一往无前与大学生职业生涯发展教育。知难而进、一往无前的精神体现在行动上就是“坚持”二字。在挫折和困难面前，人们需要的就是再坚持一下，往往成败就在这坚持与放弃的一念之间。在职业生涯发展过程中，在大的方面，就是要坚持自己的职业理想，坚持自己追求职业理想的道路；在小的方面，就是要坚持正确的观点、坚持最优的方案等。知难而进、迎难而上、一往无前、永不言败的精神应当伴随每个人职业生涯发展的全过程。

第三，艰苦奋斗、务求实效与大学生职业生涯发展教育。在革命战争年代，我们党坚持艰苦奋斗、务求实效来抵御敌人的入侵；在和平发展年代，我们国家坚持艰苦奋斗、务求实效来谋求国家的发展。可见，艰苦奋斗、务求实效是我们党和国家优秀的精神品质，是带领我们国家和人民走向繁荣发展的精神支柱。在当代中国，经济迅猛发展，物质生活资料极大丰富，人们艰苦奋斗、务求实效的意识越来越淡薄，特别是青少年，没有体会过物质匮乏的生活，又在父母的关爱和呵护下成长，就更谈不上有艰苦奋斗的意识了，这都需要我们在教育当中进行渗透和培养。在大学生职业生涯发展教育的过程中，培养大学生艰苦奋斗的精神主要体现在培养大学生不怕苦、不怕累的精神，鼓励大学生敢于跨越地域，“到西部去、到基层去、到祖国最需要的地方去”；鼓励大学生敢于挑战行业，到环境恶劣的工作岗位去；鼓励大学生敢于战胜心理，淡化对物质的过分追求，努力在职业上有所建树。而培养大学生务求实效的精神主要体现在鼓励大学生脚踏实地、一步一个脚印地对待自己的工作，不要抱着侥幸心理，妄想走捷径；鼓励大学生求真务实地对待自己的工作，客观认识和评价自己，不要眼高手低、好高骛远。

第四，淡泊名利、无私奉献与大学生职业生涯发展教育。在我国古代，利用科举制度选拔人才，又叫考“功名”，从这一点上可以看出人们对名利的追求与向往古已有之。但在人们的追求之中，名和利并不是最重要的，人们应当更多地追求精神上的满足、追求个人价值的实现、追求人的全面发展。从职业生涯发展教育的角度来看，就是要在择业和就业时将薪资福利、地位等因素放在次要的位置上，而将国家的需要和个人的发展放在主要的位置上。无私奉献也不是说需要人们不问索取、一味奉献，而是说不要太计较个人的利害得失，尽可能地为他人提供帮助、为企业出谋划策、为国家贡献力量。

3. “以崇尚科学为荣，以愚昧无知为耻”的学习精神

在改革开放的大背景下，邓小平同志提出“科学技术是第一生产力”这一命题，表明了在今天激烈的国际竞争和复杂的国际环境下，要想使我们的国家和民族立于世界民族之林，必须重视科学技术的发展壮大，而目前各国的竞争主要体现在综合国力的竞争，其实质就是科技的竞争和人才的竞争。大学生作为国家建设和发展的主力军，更应当摒弃封建迷信，提倡科学技术。古人云“一分耕耘、一分收获”、“活到老、学到老”，这些都体现着学习的重要性，而对科学技术的学习则是其中一个重要的方面。在大学生职业生涯发展教育的过程中，要时刻教育大学生明确学习的重要性，要抱着一种谦虚

谨慎的学习态度来投入工作，在工作中始终认为“三人行，必有我师焉”，从他人身上取长补短；始终秉承“活到老、学到老”的理念，不断充实和完善自己，实现企业的利益和自身的发展。

4. “以团结互助为荣，以损人利己为耻”的合作精神

团结互助是社会主义社会人与人关系的基本特征，也是目前人们逐渐缺失的品质；损人利己就是说人们为了达到目的不择手段，甚至是严重违反道德准则或法律的手段。目前我国受到多种思潮的冲击，如享乐主义、拜金主义、利己主义、个人主义等，出现了一些损人利己、冷漠疏离、个人至上等不正确的行为，鉴于此，我们更应当培养人们团结互助的合作精神。在职业生涯发展过程中，为了自己的利益不惜损害他人的利益，为了达到自己的目的不惜与同事反目的事件也不在少数。目前，越来越多的企业开始注重员工的合作意识和合作精神，有时他们会分组进行考核而不是针对某个人，这就更体现出团队合作的重要性。俗话说“一根筷子容易弯，十根筷子折不断”，就是这个道理。为此，我们在对大学生进行职业生涯发展教育的过程中，也要注重培养大学生团结互助的合作精神。

（三）用社会主义核心价值体系引领大学生职业价值观

在社会主义核心价值体系中也蕴含着丰富的价值观，能够引领人们正确的价值取向，包括爱国主义的价值观、为人民服务的价值观、艰苦奋斗的价值观、热爱劳动的价值观等。这些价值观在我国改革发展的新时期更应当为广大人民特别是青少年所掌握和践行，在大学生职业生涯发展教育中也是应当重视和培养的。通过这一系列价值观的培养，有助于大学生形成正确的职业价值观。

1. “以热爱祖国为荣，以危害祖国为耻”的爱国价值观

作为任何国家的成员，爱国都是一个人首先应当具备的品质，是把个人命运同国家兴衰联系在一起的归属感和认同感。但是，现今社会上危害祖国的案例时有发生，如危害国家和人民安全、侵吞国家和人民财产、破坏国家资源能源和人民赖以生存的环境等，严重地威胁到了祖国和人民的生存和发展，更谈不上热爱祖国了。推及企业亦然，热爱企业也要体现在不做危害企业和其他员工安全的事、不做侵吞企业和他人财产的事、不做破坏企业工作环境的事等等，要在日常的工作生活中做到热爱集体、热爱企业，以此来体现爱国价值观。

2. “以服务人民为荣，以背离人民为耻”的服务价值观

党章中规定，我们党的宗旨是“全心全意为人民服务”，集中体现了为人

民服务的重要性，同时也体现了我们党“立党为公、执政为民”的执政理念。服务作为一种积极的价值观，就是奉献精神在行动领域的具体实施。对大学生而言，服务更是体现在日常学习和生活的方方面面，热爱集体、乐于助人、拾金不昧等都是服务价值观的具体体现。在大学生职业生涯发展教育过程中，对服务价值观的培养主要就是培养学生的奉献精神，包括对企业的奉献、对他人的奉献等。在日常工作中，在力所能及的范围内为他人提供帮助，在帮助他人的过程中，获得自身精神上的满足和提升，同时也获得了他人的感谢和赞许，获得了上司的肯定和褒奖，获得了自身职业生涯的发展和完善。

3. “以艰苦奋斗为荣，以骄奢淫逸为耻”的奋斗价值观

艰苦奋斗不仅包含着物质层面的内容，还包含着精神层面的内容。从物质层面看，艰苦奋斗要求人们在创造财富时要吃苦耐劳，在生活消费上要勤俭节约，珍惜劳动财富；从精神层面看，艰苦奋斗要求人们在改造客观世界的活动中要保持不畏艰难困苦、自强不息的精神风貌。

艰苦奋斗是通往成功的根本路径。从古到今，无论是一个国家和民族，还是每一个个人，事业成功的道路上往往充满着荆棘和坎坷，取得成功总是要付出辛勤和汗水。成功的目标越高，需要付出的奋斗就越艰巨。一个人艰苦奋斗、开拓进取，即使时运不济，一时不能如愿，但这种艰苦奋斗的过程本身就是一种价值。在奋斗过程中所锻炼的本领、磨砺的品质、积累的经验、吸取的教训，都将成为其日后取得成功的基础。在当前的经济社会转型期，大学生中的确存在贪图享乐、怕苦怕累、挥霍浪费的现象，一些不良、消极甚至丑恶的社会现象对大学生身心健康成长产生了负面影响。大学生要想在未来的职业生涯中取得成就，必须时刻树立“以艰苦奋斗为荣，以骄奢淫逸为耻”的奋斗价值观，从现在做起，一步一个脚印地为实现自己的梦想付出努力，实现自己的价值。

4. “以热爱劳动为荣，以好逸恶劳为耻”的劳动价值观

热爱劳动是我国传统的优秀品质。从体力劳动的角度来看，在最早的启蒙教育中，父母总是教育学生要热爱劳动，并会在家庭中让学生做一些力所能及的工作；在早期的小学教育中，老师教育学生要热爱劳动，并会安排值日打扫教室及校园卫生来锻炼学生的劳动能力；在中学阶段，学校会组织学生拿起劳动工具，走向社会进行义务劳动，一方面锻炼学生的劳动能力，另一方面培养学生的劳动意识；在大学阶段，大学生的独立性进一步增强，宿舍的卫生整洁、社团的工作有序等都要靠自己的劳动来创造。从脑力劳动的角度来看，从父母教学说话、学写字开始到进入学校进行系统的学习，学生始终都在进行着脑力劳动。而在日后走向社会、走上工作岗位之后，更需要

靠劳动来处理工作中的事情，获得自己应得的报酬，维持自己的生活，实现自身的发展。目前，有许多年轻人大学毕业后不努力工作，而是依然依赖父母的养育和照顾，当上了“啃老族”，这是非常不好的行为。父母辛苦养育，应当在学业有成之后回报父母的养育之恩，而不是继续依赖他们。作为接受过高等教育的大学生，应靠自己的辛勤劳动和努力付出来回报父母和祖国，为自己赢得优越的生活，最终实现自身的职业发展。因此，在进行大学生职业生涯发展教育时，要把热爱劳动作为一项重要的价值观念传递给大学生，并使其真心接受和衷心践行劳动价值观。

（四）用社会主义核心价值体系重塑大学生职业道德

社会主义核心价值体系中蕴含着丰富的道德准则和优秀品质，而诚实守信则是其中重要的组成部分。诚信是人们应当具备的基本品质之一，也是人们应当恪守的职业道德。目前，职业领域的整体环境和风气是以诚信为主的，但不排除个别从业人员还存在或多或少的不诚信现象，主要表现在：个别国家公职人员贪污腐败，个别财务工作者做假账谋利，个别医生收受贿赂、不顾患者安危，个别教师收家长礼物、对学生差别对待，个别商人缺斤少两、以次充好甚至生产、出售假冒伪劣产品等。这些现象的存在正向我们说明了诚实守信是职业领域中至关重要的道德品质，如不能正确引导则会带来严重的社会危害性。因此，道德观教育要继续贯彻下去，诚信意识的培养要继续传承下去。

在大学生职业生涯发展教育的过程中，对大学生诚信意识的培养和教育也是十分必要的。具体落实起来，应从以下四个方面着手：一是要教育大学生考试诚信。有些大学生为了在毕业求职时有一张漂亮的成绩单来为择业增加筹码，不惜在考试时铤而走险，但其实大多数用人单位在招聘员工时更注重品格而非成绩，因此，为了一时利益而丧失诚信人格的做法是十分不明智的。二是要教育大学生简历诚信。有些大学生为了使自己的简历更具有竞争力，随意编造一些获奖情况、社会经验等，一旦被用人单位查出，不但不会被录用，还会丧失个人的信用。即使用人单位没有立即识破而录用，在日后的工作中表现出来的业务生疏也会使用人单位怀疑其工作经验的真实性，从而使个人的诚信度大打折扣。三是要教育大学生学术诚信。有些大学生在进行学术研究和论文撰写时随意复制、盗用他人的研究成果作为自己的成果，使整个学术界弥漫着一股不正之风，这不仅违背了学术的严肃性和严谨性，更是诚信道德观缺失的体现。四是要教育大学生遵守职业道德。在我国，无论从事什么行业、什么职位都应遵守我国普遍的职业道德准则——爱岗敬业、诚实守信、办事公道、服务群众、奉献社会。此外，各行业还有属于本行业的特殊职业道德准则，该行业的从业人员也应当遵守。因此，在大学生职业生涯发展教育的过程中，应进一步加强大学生职业道德教育，使大学生可以有针对性地提高自身的意识和能力。

（五）用社会主义核心价值体系提升大学生职业法律意识教育

在社会主义核心价值体系的基础——社会主义荣辱观当中明确指出“以遵纪守法为荣，以违法乱纪为耻”，要求人们树立起法治观念，这就说明法治对当今社会来讲是十分重要的。目前，我国正在积极推行法治建设，努力建设法治国家，这就要求每一个公民都要学法、知法、懂法、守法、用法。为此，我们国家近几年一直在积极开展法制宣传和普法教育，帮助人们树立正确的法律意识。大学生作为祖国的建设者和接班人，作为接受了高等教育的知识分子，更应该成为全体人民的榜样，做遵纪守法、知法用法的好公民。

可是近年来，大学生由于法律意识的淡薄和法律知识的欠缺而在整个职业生涯发展过程中出现了各种各样的问题，为自己的职业发展带来了不必要的麻烦。此类问题通常表现在以下三个方面：一是没有与用人单位及时签订就业协议或签订时没有认真阅读有关条款；二是没有与用人单位及时订立劳动合同或订立劳动合同时没有详细考量各条款的利弊；三是在日后的职业生涯过程中出现劳动纠纷等问题之后不懂得用法律武器维护自身的合法权益。

鉴于以上这些问题的存在，高校在进行大学生职业生涯发展教育的过程中应当采取一系列的措施来规避此类问题的发生。一是培养大学生法律意识。在大学生择业、就业的过程中，强调就业协议、劳动合同等文件对其利益保护的重要性，强调相关证书、身份证件等资料安全的重要性，尽量不让不法分子有机可乘。二是组织学习《劳动合同法》相关内容。对法律法规的系统学习可以使大学生明确什么可以做、什么不可以做，在择业、就业的过程中对自己的权利义务做到心中有数，这样才能在以后的工作中更好地维护自身的权利、履行自身的义务、实现自身的发展。

二、社会主义核心价值体系融入大学生职业生涯发展教育的实践路径

除了理论层面的必要性和可行性之外，研究社会主义核心价值体系融入大学生职业生涯发展教育还应当考虑实践层面如何做，即提出具体的实践路

径。本节主要从教育理念与现实国情的平衡、价值理念与职业实践的契合、教育载体的挖掘三个方面来展开。

（一）在西方教育理念与我国现实国情中寻找平衡点

职业生涯发展教育起源于西方，它的发展演进都以西方的思想背景、文化传统为依据，有较强的个人主义、功利主义色彩。而我国是社会主义国家，与西方国家无论是在文化传统还是现实理念上都存在许多差异，社会主义核心价值体系作为我国现阶段建设和谐文化的根本理论也与西方的文化理念有所不同。因而，我们在学习西方职业生涯发展教育理论时不能全盘接受，而是要在辩证分析的基础上有选择地吸收，保留那些与我国现实国情相一致的部分，将不一致的部分进行加工改造，在西方教育理念与我国现实国情之间寻找平衡点。具体而言，可以从以下两个方面入手：

第一，协调个体价值与社会价值。西方的职业生涯发展教育强调个体价值，我国社会主义核心价值体系理论强调社会价值。其实这二者并不矛盾，社会价值的发展必然会促进个体价值的实现，而个体价值的实现又会进一步推动社会价值的发展。因此，在我国大学生职业生涯发展教育的过程中，用职业生涯发展教育理论分析个人价值的作用，用社会主义核心价值体系理论强调社会价值的重要性，二者双管齐下，使大学生在进行择业、就业的过程中综合考量自身的职业发展。

第二，协调个人利益与国家利益、集体利益。西方的职业生涯发展教育理论突出个体利益，我国社会主义核心价值体系理论突出国家、集体利益。其实这二者也是可以结合起来考虑的。马克思在《青年选择职业时的考虑》一文中说："在选择职业时，我们应该遵循的主要指针是人类的幸福和我们自身的完美。不应认为这两种利益是敌对的、互相冲突的，一种利益必须消灭另一种利益的；人类的天性本来就是这样的：人们只有为同时代的人的完美、为他人的幸福而工作，才能使自己也达到完美。"① 这一论述正说明了个人利益与国家、集体利益的统一之处。因此，我们在进行大学生职业生涯发展教育的过程中要教育学生注意以下三点：一是在追求个人利益的同时，不要忘记考虑国家、集体利益，因为这二者并不冲突，都是指向同一个方向的；二是在追求个人利益实现的同时，不要以损害国家、集体利益或是他人的利益为前提；三是在个人利益与国家、集体利益发生冲突时，尽量以国家、集体

---

① 马克思、恩格斯：《马克思恩格斯全集》（第4卷），北京：人民出版社1982年版，第7页。

利益为重，从而牺牲掉一部分个人利益，只保留最基本的、必需的个人利益。

（二）在价值理念与职业实践中选择契合点

社会主义核心价值体系中蕴含着丰富的思想观念、价值理念与道德准则等内容，将社会主义核心价值体系融入大学生职业生涯发展教育就是要将这些价值理念融入大学生择业、就业、创业的实践当中，用来影响大学生职业观、择业观、就业观。但目前许多大学生的就业理念和行为与社会主义核心价值体系中蕴含的价值理念存在一定的偏差，这就需要在价值理念与职业实践中选择契合点。具体而言，可以从以下两方面入手：

第一，将价值理念与职业现实相结合。以爱国主义为核心的民族精神和以改革创新为核心的时代精神是社会主义核心价值体系的灵魂。时代精神包含了丰富的价值理念，其中之一就是淡泊名利、无私奉献。而当今大学生在择业、就业时却对名利过分重视，缺乏奉献精神，导致大学生的就业理念趋于功利化，没有达到以国家利益为重，建设祖国、奉献社会的要求。因此，将社会主义核心价值体系融入大学生职业生涯发展教育、将价值理念与职业现实相结合是解决这一矛盾行之有效的方法。要用淡泊名利、无私奉献的价值理念教育和影响大学生的职业观、择业观和就业观，引导大学生树立以国家的需要和自身的发展为重的职业理念，进而以此来进行职业选择。

第二，将精神理念与职业行为相结合。社会主义核心价值体系中蕴含着丰富的精神理念，包括勤劳勇敢、开拓创新、艰苦奋斗、求真务实等，这些都是大学生在进行职业实践中所需要的精神理念。因此，将社会主义核心价值体系融入大学生职业生涯发展教育是行之有效的方法。一方面，用勤劳勇敢、开拓创新的精神理念引导大学生的职业行为，可以帮助大学生在择业、就业、创业的过程中形成勤奋、专注、创新的职业品质；另一方面，用艰苦奋斗、求真务实的精神理念引导大学生的职业行为，可以帮助大学生在职业生涯发展的过程中形成踏实肯干、爱岗敬业的职业品质。这些优秀的职业品质再去引导大学生的职业行为，更有利于大学生职业生涯的发展。

（二）在众多教育载体中突出新亮点

随着大学生主动性的增强，加之新媒体的出现，教育载体也发生了一系列的变化，从过去单纯的课堂教育发展到现在的依托校园文化、借助网络、覆盖党建的一个庞大体系。在众多教育载体的选择中，我们应从以下四个方面入手：

第一，充分发挥课堂教育主渠道。学生最主要的任务是学习，而学习最主要的场所是课堂，课堂教育在目前来说还是我国高校最主要、最直接、最有效的教育方式。以往社会主义核心价值体系教育主要通过思想政治理论课来展开，职业生涯发展教育主要通过职业规划与就业指导课程来实现，二者都达到了一定的教育效果。此外，高校还可以开发新课程，设置更好地将社会主义核心价值体系融入大学生职业生涯发展教育的课程。如开设职业观教育课程，将社会主义核心价值体系中蕴含的世界观、人生观、价值观融入职业观、择业观、就业观教育；将社会主义核心价值体系中蕴含的道德准则融入职业道德教育；将社会主义核心价值体系中蕴含的人格品质融入职业精神和职业能力教育等。

第二，充分依托校园文化活动。校园文化活动是大学生的第二课堂，因此，校园文化活动也是我们不可忽视的教育载体。依托校园文化活动来进行社会主义核心价值体系融入职业生涯发展教育是一种比课堂教育更轻松、更隐性的方式，更有可能获得学生的接受和认同。例如，在就业讲座中渗透社会主义核心价值体系中蕴含的思想观念和道德准则；在社科知识竞赛中加入职业观的有关内容；在模拟招聘会中增加思想观念和人格品质等相关素质考核的比重等。

第三，合理利用网络载体。网络的出现使人们的生活发生了翻天覆地的变化。人与人的交流更加便捷、信息的获取更加容易、选择更加丰富，因此，进行社会主义核心价值体系融入大学生职业生涯发展教育时也要充分利用网络这一载体。但与此同时，这个开放式的网络系统也带来了一些问题，各种社会思潮相互碰撞，出现了良莠不齐的内容，这就要求社会主义核心价值体系融入大学生职业生涯发展教育时要进行选择，合理利用网络这一载体。首先，要合理利用网络交往方式。学校可以充分利用 QQ、飞信、微博等大学生乐于利用的交往方式传递教育信息，如在 QQ 群上进行讨论、在微博上进行转发等方式来渗透社会主义核心价值体系融入大学生职业生涯发展教育对大学生的重要性。其次，要充分利用网络言论方式。高校可以建立相关教育教学网站，并配备专业的教师作为管理员，学生可以在网站上自由发帖、跟帖，对自己感兴趣的问题进行讨论，也可就不懂的问题咨询管理员。再次，要充分利用网络娱乐方式。学校可以在校园网站上发布一些以社会主义核心价值体系中蕴含的思想观念和道德准则为基础而开展的职业观教育视频；也可以发布一些职业价值观、职业精神、人格品质等方面的心理测试，为学生课余时间了解社会主义核心价值体系融入大学生职业生涯发展教育提供有效途径。

第四，着眼携手党建。基层党支部建设是我国党建工作的出发点和落脚点，高校作为培养人才的摇篮也培养出了一批批优秀的学生党员，因此，高校党组织、党支部建设应当受到重视。习近平2012年1月4日在北京召开的第二十次全国高等学校党的建设工作会议上指出："高校是教育培养青年人才的重要园地，也是用社会主义核心价值体系武装青年的重要思想阵地。高校党的建设要紧紧围绕培养中国特色社会主义事业合格建设者和可靠接班人这个根本任务，为建设能够培养高质量大学生的社会主义大学提供坚强的思想、政治和组织保证。"① 因此，从党建着眼进行社会主义核心价值体系融入大学生职业生涯发展教育是十分必要的途径。例如，在召开党员组织生活会学习社会主义核心价值体系相关内容时联系职业生涯发展教育有关内容；在考察入党积极分子的思想素质和人格品质时间接考察他的职业素质；在组织党支部活动时可以根据学生意愿开展更多与职业生涯发展教育相关的活动等。

"社会主义核心价值体系"这一概念的提出引起了人们的普遍关注，在各种社会思潮不断涌现的今天，更加明确了我国的主流思想观念和意识形态。将社会主义核心价值体系渗透到社会生活的方方面面、引导人们的思想意识、发挥社会主义核心价值体系的育人功能就成为现今亟待解决的问题。大学生就业问题是目前社会普遍关注的热点问题，大学生职业生涯发展教育该如何开展对大学生就业状况能否改善起着十分重要的作用。社会主义核心价值体系融入大学生职业生涯发展教育正是把我国主流意识形态融入到国民生活的各个方面的具体体现；是对大学生职业生涯发展教育中存在的问题进行指导和修正的有效手段；是防止大学生在择业、就业的过程中可能出现的个人主义、功利主义倾向的有效方法；是用我国主流意识形态占领大学生思想观念的制高点；是培养社会主义事业的合格建设者和可靠接班人的有力保障。

党的十八大报告又对社会主义核心价值体系进行了创新性的阐述，它明确指出："加强社会主义核心价值体系建设。社会主义核心价值体系是兴国之魂，决定着中国特色社会主义发展方向。要深入开展社会主义核心价值体系学习教育，用社会主义核心价值体系引领社会思潮、凝聚社会共识……倡导富强、民主、文明、和谐，倡导自由、平等、公正、法治，倡导爱国、敬业、诚信、友善，积极培育和践行社会主义核心价值观。"② 如何将社会主义核心价值体系融入大学生职业生涯发展教育，积极教育和引导大学生努力践行社会主义核心价值观，还需不断深入研究和大力探索。

---

① 习近平：《高校是用社会主义核心价值体系武装青年的重要阵地》，《中国青年报》2012年1月5日。

② 胡锦涛：《坚定不移沿着中国特色社会主义道路前进　为全面建成小康社会而奋斗——在中国共产党第十八次全国代表大会上的报告》，北京：人民出版社2012年版，第31—32页。

第四章

人文归宿：人的全面发展理论视域下的生涯发展教育

人的发展是"人的本质的发展，人的全面发展也就是人的本质力量的全面发展"①。人的本质规定着人的全面发展的内涵，具体包括以下方面：人的能力的全面发展、人的社会关系的全面发展、人的个性的自由发展。人的全面发展理论作为一种科学的价值理论体系，为大学生职业生涯发展教育提供了重要的理论基础。人的全面发展是大学生职业生涯发展教育的现实出发点和根本目标。大学生职业生涯发展教育是实现人的全面发展的重要途径。

第一节　人的全面发展理论与职业生涯发展教育的联系

马克思主义经典作家奠定了人的全面发展理论的基础，我党的三代领导人从我国具体国情和时代特点出发，继承、丰富和发展了马克思主义人的全面发展理论，并提出了具有中国特色的人的全面发展理论。

① 杨华：《人的和谐发展——温州模式的诠释》，北京：人民出版社2006年版，第56页。

一、人的全面发展理论

（一）马克思主义关于人的全面发展理论的科学内涵

马克思、恩格斯在批判地继承人类社会所创造的优秀成果的基础上，结合自身实践经验，创建了自己的人的全面发展理论。

关于人的本质，马克思认为“作为类的存在物，人的本质是实践活动，集中表现为劳动；作为社会的存在物，人的本质是全部社会关系的总和；作为个体的人，人的本质就是人的个性”[①]。人的本质规定着人的全面发展的内涵，具体包括以下几个方面：

第一，人的活动及其能力的全面发展。人是一种实践性存在，人的发展其实是指实践活动的发展，全面发展也就是实践活动内容和形式的高度丰富。人的实践活动是人的能力的充分运用和发挥，因此，人的活动的全面发展集中表现为人的能力的全面发展。马克思指出，“人的能力是人的自身力量的展示”[②]，“每个社会成员都有权利和责任全面地、充分地发展自己的才能”[③]。恩格斯也指出，人的全面发展就是要“使每个人的才能都得到全面发展”[④]。与人的活动相对应，人的能力也是多方面的。由于人的劳动能力即体力和智力是人从事一切劳动的生理和心理基础，[⑤] 因此，人的能力主要是指人的体力和智力，人的全面发展也主要指以体力和智力为核心的多方面能力的充分、自由发展。

第二，人的社会关系的全面发展。人是社会的存在物，每个人都生活在特定的社会关系之中。[⑥] 马克思认为，人的能力的形成、个性的发展受社会物质生活条件以及具体的社会关系的制约。“社会关系的丰富程度，将决定人的发展程度和发展水平。”[⑦] 因此，人要获得全面的发展，就必须开阔视野，积极地参与各类领域、不同范围的社会交往，进而学习和利用社会的发展成果

---

① 马克思、恩格斯、列宁、斯大林：《论人性异化人道主义》，北京：清华大学出版社 1983 年版，第 30 页。

② 马克思、恩格斯：《马克思恩格斯全集》（第 42 卷），北京：人民出版社 1979 年版，第 128 页。

③ 马克思、恩格斯：《马克思恩格斯全集》（第 46 卷下），北京：人民出版社 1979 年版，第 236 页。

④ 马克思、恩格斯：《马克思恩格斯全集》（第 1 卷），北京：人民出版社 1972 年版，第 224 页。

⑤ 马克思、恩格斯：《马克思恩格斯全集》（第 23 卷），北京：人民出版社 1979 年版，第 190 页。

⑥ 马克思、恩格斯：《马克思恩格斯全集》（第 1 卷），北京：人民出版社 1972 年版，第 18 页。

⑦ 马克思、恩格斯：《马克思恩格斯全集》（第 46 卷下），北京：人民出版社 1979 年版，第 36 页。

来发展自己。人的社会关系的全面发展，不仅包括人们在各方面、各领域的社会关系全面生成并日益丰富，也包括人们的交往关系的丰富和全面发展，还包括人们在自由人联合体中对他们社会关系的占有和全面控制。

第三，人的个性的自由发展。自由个性的形成是人的发展的最高成果，它并不是天生的，而是在漫长的社会历史发展中逐步实现的。在资本主义以前的社会中，人不仅依赖于自然界，而且还依赖于他的长辈和自然首长，人既不独立，也不自由；到了资本主义社会，社会生产力的水平得到了明显提高，人与人的依附性逐渐地消逝，但人对物的依赖性仍很强，使得人的个性受到压抑和束缚；只有到未来的共产主义社会，“才能实现个性的解放和自由发展，即人真正成为自己本身的主人”①。

（二）党的三代领导人对马克思主义人的全面发展理论的丰富和发展

1. 毛泽东对马克思主义人的全面发展理论的丰富和发展

毛泽东虽然没有对人的全面发展思想做过专题研究，但在他的许多著作中都有关于人的全面发展的论述。他结合中国的具体国情和时代特征，明确提出德智体全面发展的思想，还对我国的教育目的和教育方针作了深刻的阐述。1917 年，毛泽东在《体育之研究》一文中，深刻批判了半殖民地半封建教育对学生身心发展的摧残，首次阐述了体育和德育、智育的辩证关系，提出了三育并重的教育理念。他认为，“只有体力和智力两方面和谐发展的人，才是合格的劳动者”②。1957 年，毛泽东根据马克思主义有关人的全面发展理论的基本思想，密切结合时代特征和中国国情，把全面发展具体化为“使受教育者在德育、智育、体育几方面都得到发展，成为有社会主义觉悟的、有文化的劳动者”③，并以此作为我国的教育方针。1958 年，毛泽东对知识分子提出了“又专又红”的口号，指出知识分子要正确处理好政治和业务的关系。④ 毛泽东认为，只有将理论和实践相结合，把所学理论应用于社会实践之中，并接受实践的检验，才能真正促进人的全面发展。毛泽东指出，学习文化知识要善于将所学的知识与现实生活结合起来，同时他鼓励青年和知识分子参加劳动实践，在实践中提升自己的才能和素质。

2. 邓小平对马克思主义人的全面发展理论的丰富和发展

党的第二代领导人邓小平在毛泽东初步探索的基础上，对社会主义条件

---

① 马克思、恩格斯：《马克思恩格斯全集》（第 42 卷），北京：人民出版社 1979 年版，第 443 页。

② 毛泽东：《毛泽东论教育》（第三版），北京：人民教育出版社 2008 年版，第 294 页。

③ 毛泽东：《毛泽东著作选读》（下册），北京：人民出版社 1986 年版，第 780—781 页。

④ 毛泽东：《毛泽东同志论教育工作》，北京：人民出版社 1992 年版，第 76 页。

下如何实现人的全面发展进行了深入的思考。邓小平始终坚持马克思主义对人的终极关怀的精神，并指出我国现代化建设的根本目的是为了进一步促进人的全面发展。[①] 他认为，要实现人的全面发展首先要解放人的思想观念。为此，邓小平带领全国人民开展了关于真理标准问题的大讨论，从思想认识上冲破了禁锢的精神枷锁，调动了广大人民群众的积极性和创造性。邓小平在继承毛泽东提出的“德智体全面发展”的教育思想的基础上，结合新时期社会实践要求，提出了培养“有理想、有道德、有文化、有纪律”的“四有新人”的理论。他还提出“尊重知识、尊重人才”、“提高中华民族整体素质”等一系列新理念。邓小平认为，要坚持解放和发展生产力，满足人们正当合理的物质需求，为人的全面发展创造坚实的物质前提；[②] 要坚持改革和对外开放的政策，建立促进人的全面发展的新体制，并创造良好的社会环境，真正使人的全面发展成为可望又可及的现实目标。[③]

3. 江泽民对马克思主义人的全面发展理论的丰富和发展

江泽民在建党80周年讲话（即“七一讲话”）中指出，“人的全面发展是社会主义新社会的本质要求，我们的各项工作都要着眼于努力促进人的全面发展”[④]。社会主义社会发展的最高目标是为了促进人的全面发展。因此，我们在建设社会主义社会的进程中，既要重视发展经济，致力于满足人民群众的物质和文化需求，同时也要重视人自身的发展，致力于提高中华民族的整体素质。对于当代人的全面发展的具体目标，江泽民提出了经济目标、政治目标、精神文化目标和生态目标，即大力发展生产力，提高人民群众的生活水平并在此基础之上不断前进；提升人民的民主意识和法制意识，创造各种有利条件，保证广大人民群众依法参政议政，确保人民的利益不受损害；努力提高人们的整体素质和实现人的精神生活的现代化；提倡生态文明，促进人与自然协调、和谐发展。江泽民提出的这些目标构成了当代人的全面发展的新内涵。江泽民坚持用辩证的观点看待人的全面发展的历史进程，指出“与社会生产力以及经济文化的发展一样，人的全面发展也是一个逐步提高、不断推进、永无止境的历史过程”[⑤]。

---

① 邓小平：《邓小平文选》（第2卷），北京：人民出版社1994年版，第128页。

② 邓小平：《邓小平文选》（第3卷），北京：人民出版社1993年版，第28页。

③ 邓小平：《邓小平文选》（第3卷），北京：人民出版社1993年版，第135页。

④ 江泽民：《在庆祝中国共产党成立八十周年大会上的讲话》，北京：人民出版社2002年版，第44页。

⑤ 江泽民：《在庆祝中国共产党成立八十周年大会上的讲话》，北京：人民出版社2002年版，第44页。

二、职业生涯发展教育的特征

从职业生涯发展教育的含义中，我们可以总结出职业生涯发展教育的特征。

（一）全程性

职业生涯发展教育的目标之一是要培养学生的综合实践能力和职业素质，提高学生的就业竞争能力。要实现这个目标就要坚持以学生为本，将职业生涯发展教育贯穿于学生从入学到毕业的全过程，帮助学生做好就业心理和求职技能准备，提升目标职业所需的能力。高校要针对不同年级、不同阶段的不同任务，开展有重点、有针对性的教育活动。

对一年级的新生，着重于心理辅导，帮助学生了解自己的个性、所学专业、专业所对应职业、职业对人才素质的要求等，引导学生尽早适应大学学习生活。对二年级的学生，着重综合能力的培养，帮助学生分析自己的个性、能力存在的优点和缺陷，引导学生根据社会职业对人才素质的要求进一步塑造自己，努力建立和完善合理的知识结构和能力结构。对三年级的同学，要提供尽可能多的社会实践和专业实习机会，引导学生深入了解职场环境，同时帮助学生提升与目标职业相适应的素质。对毕业生，主要进行就业政策、求职面试技巧、心理调适等方面的具体指导，组织校园招聘会等。通过大学四年分层次、阶段性和系统化的职业辅导，帮助学生树立科学的职业观、提高学生的综合职业素质和综合实践能力，实现真正意义上的可持续发展。

（二）实践性

职业生涯发展教育本身就是一门应用性学科。职业生涯发展教育除了在课堂上用传统的讲述法传授基本知识和思想观念之外，还可以通过案例法、模拟招聘会、实习指导等实践性教育方式，帮助学生充分了解当前毕业生的就业形势、提升学生的就业主体意识和综合竞争力。另外，职业生涯发展教育要引导学生充分利用寒暑假、节假日或实习期积极参与社会实践。一方面，学生在实践中将自己所学的知识运用到实际生活和工作中，并且了解实际工作中最基本的素质和技能要求，从而激发学生学习知识的热情。另一方面，学生在实践中加深了对自我的认识，能更合理地选择自己的职业，并能最大限度地发挥自己的职业潜能，实现人与职业相匹配。

（三）个体性

在多元化的社会中，每个学生都是个性鲜明的个体，他们的理想、价值观、兴趣、能力各不相同。职业生涯发展教育既要关注大学生群体的整体特征，通过开设“职业发展与就业指导”、“职业生涯辅导”等课程或相关讲座普及职业生涯发展知识，同时也要认识到学生的个体差异，根据学生的个性优势开展个性化职业生涯辅导。职业辅导教师在开展个性化辅导时，要通过心理测验或心理咨询，充分了解学生的心理状况，给予有针对性的教育；充分挖掘每个学生的潜能，使其个性优势得到最大程度的发挥；辅导学生规划自我职业生涯、发展职业决策能力、提高社会适应能力，以增强学生的主体意识、发展学生的主体能力、塑造学生的主体人格，让学生逐步学会自我建构积极健康的职业生涯。

（四）系统性

职业生涯发展教育是一项涉及领域比较广泛的系统性工程，它传授的知识较为广泛，如人生理念、社会知识和职业知识，同时也重视培养学生实践能力、社会适应能力以及创新精神。因此，职业生涯发展教育的任务不能仅仅依靠职业生涯教育教师、就业指导中心的就业指导教师完成，同时需要各学科教师、学校各部门、家庭、社会等各方面的配合参与。专业课教师应该在教学过程中介绍本专业相对应的职业领域对人才素质的要求，并相应地提升学生的职业素质；高校应发挥各部门的综合力量，如各院系、教务部门、高教研究所、就业指导机构，积极投入职业生涯发展教育的理论研究和实践工作；政府应加大对职业生涯发展教育的宣传力度；高校还应加强与用人单位的合作，建立社会实践基地，与相关单位共同开发大学生职业素质和职业技能的培训课程等；此外，要利用好杰出校友的经历与经验这份有价值的资源，对在校大学生进行实际的引导。

三、人的全面发展理论与大学生职业生涯发展教育的内在联系

人的全面发展理论作为一种科学的价值理论体系，为大学生职业生涯发展教育提供了重要的理论基础。人的全面发展是大学生职业生涯发展教育的现实出发点和根本目标。同时，大学生职业生涯发展教育是实现人的全面发展的有效途径。

（一）人的全面发展是大学生职业生涯发展教育的出发点和归宿

1. 人的全面发展理论是大学生职业生涯发展教育的重要理论依据

马克思主义关于人的全面发展理论阐述了人的全面发展的科学内涵，指出人的全面发展的实现途径、历史必然性。人的全面发展理论是马克思主义教育思想的重要组成部分。自新中国成立以来，我国教育以马克思主义关于人的全面发展学说作为教育方针的理论依据。1995 年通过的《中华人民共和国教育法》，其总则中第五条明确规定我国的教育方针："教育必须为社会主义现代化建设服务，必须与生产劳动相结合，培养德、智、体等方面全面发展的社会主义建设者和接班人。"① 从新中国成立以来我国教育的发展史来看，我国的教育实践是按照人的全面发展的原则和教育法规定的教育方针进行的。大学生职业生涯发展教育是高等教育的重要组成部分。在教育目的上，大学生职业生涯发展教育以促进学生的成才和全面发展为最终目标，通过有组织、有计划的教育活动，引导学生树立正确的就业观、职业价值观，主动开发自身职业潜能，提高学生的职业素质和综合实践能力；在教育内容上，大学生职业生涯发展教育，既注重对学生进行职业技能教育、择业观教育以使学生形成合理的知识结构，又注重开展职业道德教育、就业心理健康教育、创业教育来培养学生的综合素质；在教育途径方面，大学生职业生涯发展教育坚持了教育与生产劳动、社会实践相结合的原则，通过引导学生参加实践培养学生综合素质，因此，在教育实践中，大学生职业生涯发展教育也始终以人的全面发展理论为指导而践行。

2. 人的全面发展是大学生职业生涯发展教育的现实出发点和根本目标

坚持"以人为本"，促进人的全面发展，是社会主义的本质特征之一。同时，它也是我国社会主义教育的基本价值取向。职业生涯发展教育作为教育的一个组成部分，必然要以培养和谐全面的人为应然追求。大学生职业生涯发展教育是一项综合性的教育实践活动，它不只是指导毕业生如何找工作，或简单地停留在就业指导工作层面上，而是以职业指导为基础，以提高学生的职业素质和综合实践能力为目的，也就是以实现人的全面发展为目标。大学生职业生涯发展教育坚持以"学生发展"为本的原则，将学生个性的发展、潜能的开发与自己将来的职业发展紧密结合起来，提高学生的职业生涯发展能力和社会实践能力，促进学生成才和职业的发展。一方面，职业生涯发展

① 全国人大常委会办公厅：《中华人民共和国教育法》，北京：中国民主法制出版社 1995 年版，第 3 页。

教育引导大学生对自我、社会以及职业信息进行有目的的探索，使学生对自己的价值观、能力倾向、兴趣、性格等有比较清晰的认识，对职业和职业生涯发展信息有深入的了解，并明确自己的职业发展目标。另一方面，职业生涯发展教育引导学生评估个人目标与现实之间的差距，进而激发学生提升自我的动力，充分挖掘自身的职业发展潜力，增强他们学习专业知识和参与实践活动的主动性，建立和完善与职业目标相一致的知识和能力结构，不断提升学生的综合竞争力，实现自己的职业目标和理想，促进大学生成才和全面发展。

（二）大学生职业生涯发展教育是实现人的全面发展的有效途径

1. 职业生涯发展教育有利于推动学生主体意识的发展

在大学新生刚进入校园时开展大学生毕业就业形势教育，能帮助学生了解当前的就业形势以及毕业生的就业状况，让学生明白就业是自己的事情，从而提高学生的职业意识和就业主体意识。大学生职业生涯发展教育通过职业心理测验和个性化辅导等形式，协助学生进行自我认识，引导学生积极参加社会实践，深入了解社会和职业世界，并结合学生个性特征和社会需求，帮助学生树立明确的学习目标和职业发展目标，并且为实现学习目标和职业发展目标制订出详细的实施方案，从而推动学生主体意识的发展，增强学生学习知识、提升素质和培养能力的内驱力。

2. 职业生涯发展教育有利于学生良好职业道德的养成

职业道德是社会道德的重要领域，是指从事一定职业的人在职业活动中表现出来的道德品质。[①] 良好的职业道德不仅有助于促成学生成功就业，而且对学生将来事业的发展具有极其重要的作用。职业生涯发展教育一般通过开设“职业道德和就业指导”课程，鼓励并指导学生参加实习、见习，开展丰富多彩的校园文化活动等形式，来引导学生形成良好的职业道德。高校主要通过课堂教育对学生进行职业道德教育，引导学生在理论上学习职业道德基本知识，明确职业道德修养的根本目的，从而提升学生职业修养的自觉性。另外，高校通过组织学生去企业参观、实习或见习，帮助学生认识职业世界，引导学生进一步了解职业对人员素质的基本要求，培养学生的事业心和社会责任感，促进良好职业道德的养成。

3. 职业生涯发展教育促进学生综合能力的提高

职业生涯发展教育主要通过引导学生参加实践活动培养学生的职业素质

① 周明星、咸桂彩：《现代职业生涯设计》，北京：清华大学出版社 2007 年版，第 141 页。

和实践能力。高校通过组织学生开展专业实习活动，引导学生深入了解职场环境，把所学专业的知识和技能运用到社会实践中，培养学生的创新精神，提高学生解决实际问题的能力、人际交往的能力和团队合作的能力。另外，高校还注重充分发挥学生社团的作用，开展丰富多彩、富有吸引力的职业生涯发展教育课外活动，如职业生涯规划比赛、素质拓展训练、职业心理测评和咨询、模拟招聘会等。通过开展这些丰富多彩的活动，不仅为学生提供展示才能的舞台，同时也提高了学生解决问题的能力和团结合作的能力。大学生职业生涯发展教育以学生的全面发展为着眼点，培养学生职业素质和实践能力，不仅有利于促进个体的成功就业和将来职业的发展，而且潜移默化地影响个体的全面发展。

4. 职业生涯发展教育促进学生人生价值的实现

在人生这个大舞台，发挥潜能、实现自我价值和自我发展是每个人共同的心愿。美国心理学家马斯洛曾指出“人是永远不能满足的动物”，并提出了著名的“人生需求理论”，指出“人的需求从低级向高级层次推进，从低级到高级依次为生理、安全、友爱和归属、尊重和自我实现的需求”①。当基本生活需要得到满足，就希望得到他人的肯定、尊重，获得荣誉、地位，发挥聪明才干，实现人生理想。这些需要的满足都离不开职业这个平台。职业同每个人的生存和事业成败是紧密相连的，它是事业的根据地，是实现人生价值的前提。我们应通过从事一份职业，发挥自己的才干，为社会作出贡献，实现自身价值。职业生涯发展教育应尊重学生多元个性的发展要求，将学生的个人发展和社会需要有机结合起来，引导学生确立最适合自己并最能发挥才干的职业发展目标，充分发挥自身的潜能，促进学生顺利地就业和立业，为社会作出贡献，实现人生价值。

第二节　职业生涯发展教育所遇困境及归因

随着高等教育大众化时代的到来，职业生涯发展教育得到了社会各方面的广泛关注，其发展的速度在不断加快。但由于种种原因，大学生职业生涯

① 亚伯拉罕·马斯洛著，许金声译：《动机与人格》，北京：华夏出版社1987年版，第173页。

发展教育与人的全面发展结合得仍不够紧密，人的全面发展理论在职业生涯发展教育中的指导作用还没有得到充分发挥。

一、人的全面发展理论视域下大学生职业生涯发展教育存在的问题

随着大学毕业生就业问题的日益凸显，各高校已经意识到职业生涯发展教育的重要性，陆续建立就业指导机构、开设职业生涯教育相关课程或讲座、建立大学生就业指导网站等。然而，我国的职业生涯发展教育还处于初级阶段，由于受传统就业指导思想以及当前就业形势的影响，过分关注毕业生就业率，忽视对学生职业生涯发展能力的培养，阻碍了学生的成才和全面发展。因此，我们以人的全面发展为视角，考察当前的大学生职业生涯发展教育，即以人的全面发展为标准和参照对象来对大学生职业生涯发展教育的理念、内容、方式方法及教师素质等方面进行全方位的审视与思考。

（一）片面的职业生涯发展教育价值观不利于突出学生的发展地位

职业生涯发展教育的价值有近期价值与长远价值之分。近期价值强调的是职业生涯发展教育要提高学生求职择业技能，帮助学生成功地实现就业，顺利进入职场，提高高校的就业率，缓解社会就业压力。而长远价值是指职业生涯发展教育要帮助学生确立适合自身兴趣与特长的生涯路线，发展学生的个性，开发学生职业潜能，提高学生的职业生涯发展能力和综合素质，培养全面发展的优秀人才。从我国当前的教育实践来看，大部分高校的职业生涯发展教育过多强调职业生涯发展教育的近期价值，过分强调对学生开展就业指导和服务，提高学生的求职面试技能，却把职业生涯发展教育本该关注人的全面发展问题忽视了。具体表现在：在职业生涯发展教育的对象上，以大学毕业生为主，忽视了对一、二、三年级学生的指导；在职业生涯发展教育内容的设置上，重点着眼于就业形势和政策分析、面试技巧传授以及就业信息发布，而忽略了对学生职业观的引导、就业心理的调适，以及学生能力的培养和个性的发展，偏离了“以人为本”的教育理念，不利于学生个人的成长，影响了学生的全面发展。

（二）过于功利的职业生涯发展教育任务观不利于强调人的全面发展

对于职业生涯发展教育的任务，我们可以从两个层面来认识。

一是社会服务层面，即职业生涯发展教育要帮助学生树立正确的就业观，提高思想政治觉悟，了解就业形势和政策，促进学生顺利就业，提高毕业生的就业率，促进社会和谐稳定和高校的持续发展。

二是人学发展层面，即职业生涯发展教育要关注人的全面发展，把发展人的个性、开发与培养人的职业潜能和创造能力作为重要任务。反思当前职业生涯发展教育，不难发现它将着力点更多地放在前一个层面上，过分注重提高学生求职择业技巧，促进学生顺利进入职场，而忽略了对学生职业观的引导、就业心理的调适，以及学生能力的培养和个性的发展。也就是说，职业生涯发展教育突出的是“促进学生顺利就业，提高毕业生就业率”，而对于职业生涯发展教育如何发展人的个性，提高人的职业素质和职业生涯发展能力，促进人的全面发展重视不够。职业生涯发展教育，作为素质教育的组成部分，其最根本的目标是以科学的教育内容和教育方式完善和促进人的全面发展。当今社会以人为本的教育理念普及，职业生涯发展教育只有进一步拓展人学发展层面的任务，关注学生本身的发展，才能有更大的作为。由于受传统就业指导思想以及当前就业形势的影响，当前职业生涯发展教育过分关注促进学生成功就业，这固然有利于提高毕业生的就业率，有助于社会的和谐稳定，却容易忽视对学生职业生涯发展能力的培养，影响了学生的成才和全面发展。

（三）教育内容不全面不利于学生的全面发展

从职业生涯发展教育的内涵可以了解到职业生涯发展教育内容相对广泛，既包括求职择业指导、职业生涯规划教育，又包括职业心理测评、职业咨询、职业素质教育，还包括创业教育和就业心理健康教育等。然而，许多高校在开展职业生涯发展教育过程中往往缺少对学生的创业教育。忽视对学生开展创业指导，这样势必影响到职业生涯发展教育对人的创新精神和创业能力的培养，进而不利于人的全面发展。在当前激烈的就业竞争中，面对严峻的就业形势和父母的期望，学生承受较大的心理压力，在求职择业过程中时常表现出缺乏自信、急于求成、盲目攀比及依赖等不良就业心态。大学生在求职择业过程中会遇到许多就业心理问题，这需要职业生涯发展教育予以关怀、疏导和帮助。然而，高校的职业生涯发展教育恰恰缺少就业心理指导的内容，这不利于帮助学生树立良好的就业心态，优化学生的个性心理品质，促进学生的身心健康发展。当前职业生涯发展教育的教育内容缺少对学生的创业指导和就业心理健康教育，忽视对学生创业能力以及良好就业心理素质的培养，不利于提升学生的综合素质，促进学生的全面发展。

（四）单向灌输方法影响学生主体作用的发挥

人是教育的对象，也是教育的主体。职业生涯发展教育要促进人的全面发展，就必须发挥教育对象的主体作用。然而在当前职业生涯发展教育过程中，学生的主体性往往缺位。目前许多高校职业生涯发展教育大多还是继续沿用传统的教育模式，在教学方法上以灌输式教学为主。由于修读人数过多，教师只能以讲授为主，客观上导致了学生参与、展示以及师生交流与互动的机会较少。教师采用传统的填鸭式的灌输教学，从正面对学生灌输职业生涯的理论知识，这种教学方法的确可以让学生快速地掌握职业知识，却不能很好地培养学生的职业素质和创新能力，同时不利于调动学生求职择业的积极性，难以提高学生的综合素质。职业生涯发展教育仅采用灌输式理论教学的方法，无法调动学生学习的兴趣和激发学生学习的热情，也不利于培养学生就业实践能力，因此，难以对学生的成长和职业发展产生促进作用。

（五）教育方式偏重共性教育不利于学生的个性发展

职业生涯发展教育要培养全面发展的优秀人才就必须遵循教育的基本规律，针对学生的个性特征进行分类教育和个别指导。然而，职业生涯发展教育却存在忽视学生个性差异性、多样性，在教育方式上偏重共性教育，忽视具体的、有针对性的个性化辅导。每个学生都是相对独立的个体，兴趣爱好、价值观、能力、心理素质等均不相同。他们在求职择业中既会遇到一些共同的问题，同时也会遇到许多个性化问题，因此，所需的职业辅导也就不完全相同。目前高校开设的职业生涯发展教育课程、就业创业讲座一般采用大班教学的方式，内容主要是针对大学生就业中出现的共性问题，缺乏具体性和针对性，难以满足学生个性化的需求。职业生涯发展教育过分重视对全体学生的共性教育，往往忽视了学生的个体差异性，缺乏有针对性的个性化的辅导，不利于学生个性的发展和潜能的发挥。

（六）职业指导教师自身素质的有限性制约了全面发展的人的培养

职业指导教师是实施大学生职业生涯发展教育的主体，其素质直接决定职业生涯发展教育的成效，影响着学生的就业和全面发展。职业指导教师不仅需要具备良好的心理素质、职业道德素质，还要具备扎实的职业指导理论专业知识和丰富的职业指导实践经验。然而，当前我国从事职业生涯发展教育的工作人员大多是党务、行政部门的领导或学生辅导员，[①] 他们虽然有相对丰富的教学和管理经验，但缺乏职业辅导专业知识，没有经过系统、专业的训练，理论素养和职业指导能力有限，很难引导学生从自身兴趣爱好出发，结合社会发展需求，确立与自身素质相符合的职业发展目标，实现人生价值。一些教师参加社会上的工作少，实践经验不足，虽然职业指导理论功底深厚，却难以将理论和实践完美结合起来，在教学中出现照搬教材、偏重理论传授的现象，这不利于学生个性的发展以及学生的职业生涯发展能力和就业竞争能力的培养。由此可见，专业化、高素质的职业生涯发展教育师资严重匮乏，严重影响了教育的实效，不利于学生职业道德的养成和职业能力的提升，并最终影响到学生的顺利就业和全面发展。

二、大学生职业生涯发展教育所遇困境的原因分析

大学生职业生涯发展教育存在上述问题，既有历史成因，也有现实限制要素。本节从我国职业生涯发展教育的基础、实施过程和环境进行简单归因和总结，具体内容有以下几点：

（一）我国职业生涯发展教育的理论基础薄弱

我国的职业生涯发展教育理论研究兴起于20世纪初。1919年，著名的教育家黄炎培先生在社刊《教育与职业》上发行《职业指导号》，介绍西方国家职业指导理论和实践经验，并论证在我国开展职业指导的必要性。1931年，全国职业指导机构联合会成立，该组织以研究职业指导作为宗旨。新中国成立后，我国实行高度集中的计划经济体制，大学生毕业后由国家统一按计划安排工作，职业生涯发展教育的理论研究处于停滞状态。自改革开放以来，随着市场经济的快速发展和大学生就业制度的深刻变革，我国高校的就业指导教育研究随之得到恢复。近几年来，随着就业形势日益严峻，大学生就业问题逐渐凸显，职业生涯发展教育受到了越来越多的关注，不少学者开始对其进行研究，研究的内容主要涉及职业生涯发展教育的内涵、必要性、存在问题和对策等方面。然而，我国学者对职业生涯发展教育的研究主要处于引进西方发达国家成熟的理论体系阶段，本土化研究薄弱；研究主要侧重于毕业生的就业指导，忽视了学生的职业生涯发展的可持续性和长期性；在研究

① 陈敏：《大学生职业发展教育师资队伍专业化研究》，上海：立信会计出版社2006年版，第184页。

视角上缺乏人的全面发展理论与职业生涯发展教育相结合的研究，并未注意到学生职业发展和学生全面发展的关系。

（二）高校对职业生涯发展教育的落实力度不够

高校大学生职业生涯发展教育存在一系列问题，教育实效性不高，归根到底是高校对职业生涯发展教育的落实力度不够。高校对职业生涯发展教育落实力度不够表现在以下三方面：

一是相当数量高校并没有成立专门的职业生涯发展教育机构。为学生提供职业发展和就业指导的服务主要是就业指导机构。就业指导机构的工作偏重于“就业安置”，即以提高高校的就业率为主要目标，而忽视了学生的终身发展、全面发展、充分发展以及学生职业潜能的开发。

二是对师资队伍建设不够重视。职业生涯发展教育教师绝大多数由党政干部和学生辅导员担任。同时，随着高校扩招大学生总量持续增长，职业生涯发展教育教师却没有按比例得到相应增加。由于缺乏专业化、数量充足的职业生涯发展教育教师，职业生涯发展教育只能注重集体教育，对学生的职业生涯规划指导、职业咨询和辅导等全方位的服务尚未全面展开，大多数学生接受不到专业的个别职业咨询和辅导，不能从自身情况和社会发展需求出发制订适合自身个性的职业发展方案。

三是在课程设置方面比较随意。长期以来，职业生涯发展教育课程教学目标较为模糊，并未树立促进学生全面发展的教学理念。高校开设的职业生涯发展教育课程在体系上缺乏系统性，没有与学生成才的全过程紧密结合起来。在课程内容上偏重于求职择业指导，忽视了对学生综合能力的培养，对学生创业教育、就业心理健康教育也重视不够。同时课程教学方式较为单一，过于注重职业生涯发展理论知识的传授，忽视了学生的主体性和差异性，不利于发展学生特长、挖掘学生的职业潜能，提高学生的就业能力。

（三）基础教育阶段职业生涯发展教育的缺失

职业生涯发展教育活动应贯穿于个人发展的始终。西方发达国家从小学、初中到高中各个教育阶段都包含了各种形式的职业生涯发展教育，学生在进入大学前对社会职业以及社会对人才的素质要求已有一定了解，为以后专业和职业的选择奠定了基础。我国台湾地区自 2001 年起在中小学设置职业生涯辅导课程。香港学校在高中阶段就开始对学生进行人职匹配测试，依据测试结果和高校的学科专业设置，指导学生选择适合自己的大学专业。然而，我国大陆基础教育阶段职业生涯发展教育完全处于空白状态。大学前的基础教育阶段以升学为唯一追求目标，对学生职业意识的培养、职业素质的养成，以及学生将来职业的发展根本未予以关注。在高中文理分科阶段，学校并未对学生进行职业规划的指导，而是完全听任学生在家庭环境、社会舆论、朋辈影响下作出方向选择。中小学教育阶段职业生涯发展教育的缺失，致使大学生职业生涯发展教育面临较大的教育压力，学生职业意识的培养、自我探索、自我开发能力的塑造成为迫切之举。学生刚刚适应大学生活，进行自我探索，并对职业发展方向思考不久，就又面临就业的压力。高校是学生进入职场的中转站，也是学生进行职业生涯规划的第一站。许多学生在对职业生涯进行探索后发现所学专业与自己的兴趣、爱好、特长不相符，但又不能重新选择专业，从而陷入困境。高校职业生涯发展教育对此缺乏有效引导。因此，基础教育阶段职业生涯发展教育的缺位，致使大学生职业生涯发展教育承受较大的压力，面临紧迫的发展任务，造成教育内容的顾此失彼，影响了大学生职业生涯发展教育的实效性。

（四）家庭教育不能配合学校教育

大部分家长对子女的职业生涯发展教育十分随意，缺乏科学性。据调查，90%以上的家长对子女的职业发展相当关注，[①] 但是给予子女的职业发展指导十分有限，他们经常忙于工作，并没有深入了解子女的生理和心理特征。在孩子成长过程中遇到一些重要问题，父母习惯一手包办，因此孩子的自我意识不强。在高考填报志愿时，学生对专业方向的选择也多数遵从父母的意见或一味追求“热门”，而较少考虑自己的职业兴趣和能力倾向，缺乏对未来职业发展方向的独立思考。学生上大学之后，大部分时间是在学校，家长没有及时与学校取得联系，没有掌握子女在校的身心发展动态，这就削弱了教育的合力。再加上绝大多数家长本身缺乏职业生涯发展教育的系统知识，这就使得家庭没有发挥出在职业生涯发展教育中的应有作用。

（五）我国政府部门尚未对职业生涯发展教育出台具体法律和政策

西方发达国家职业生涯发展教育之所以成功，不仅是因为有数量充足、专业化的职业指导教师提供具体的、个性化指导，关键在于国家从一开始就出台相应的法律和条例，确保了职业生涯发展教育的社会和法律地位。[②] 各国在法规中把职业生涯发展教育纳入学校教育体系，同时要求学校建立专门的

① 姚贵平：《中等职业学校学生职业生涯设计教育现状调查分析》，《职教论坛》2004年第31期。
② 谢锡浩：《关于大学生职业生涯规划正规化的思考》，《科技咨询导报》2007年第27期。

职业生涯发展教育机构，按照一定比例配备专职的职业指导教师，而且对保证职业生涯发展教育开展所必需的经费、教师待遇、行业标准作出明确的规定。虽然我国在有关法规中已经涉及职业生涯发展教育问题，但较为笼统，不够具体和明确，同时对法律的监督不够严格，不能适应职业生涯发展教育发展的要求。

第三节　人的全面发展理论视域下职业生涯发展教育策略

从人的全面发展理论视角研究大学生职业生涯发展教育，不仅是尊重学生主体地位，提升学生就业竞争力的必然要求，同时也是促进学生成才和职业成功的必然要求。本节针对大学生职业生涯发展教育存在的主要问题，在遵循人的全面发展理念的基础上，提出加强和改进大学生职业生涯发展教育的策略。

一、创新职业生涯发展教育理念，以人的全面发展为向导

教育理念，是“人们追求的教育理想，是关于教育发展的一种理想的、永恒的范型，它对教育实践将产生重要的影响”①。创新职业生涯发展教育理念，必须牢牢把握人的全面发展的内涵，坚持以学生为中心，树立以人为本的教育理念，树立全面发展与个性发展相结合的理念，以促进学生成才和全面发展为最终目标。

（一）树立“以人为本”的教育理念

要实现人的全面发展，最根本也是最关键的一条就是要坚持以人为本。以人为本，既是一种思维方式，也是一种科学的人才观，要培养全面发展的优秀人才，就必须树立“以人为本”的教育理念。“以人为本”的教育理念重视人本身的发展，尊重人的个性，充分开发人的智力，挖掘人的潜能，最终促进人的成长和自我价值的实现。职业生涯发展教育要进一步促进学生成

① 李萍、钟明华：《教育的迷茫在哪里——教育理念的反省》，《上海高教研究》1998 年第 5 期。

才和全面发展，必须要树立“以人为本”的科学理念。在职业生涯发展教育中，坚持以人为本也就是提倡以促进学生成才和全面发展为根本目的，以发展学生个性和挖掘学生的职业潜能为根本任务，尊重学生的主体地位，发挥学生的主体作用。树立以人为本的职业生涯发展教育理念，包括以下两个方面：

一是尊重学生在职业生涯发展教育中的主体地位，发挥学生的主体性。坚持以人为本，实现人的全面发展必须充分发挥人自身的主体性和创造性。学生既是教育的对象，同时也是教育的主体。要提升学生职业素质和社会适应能力，促进学生全面发展，离不开教师的引导、激励作用，但更重要的是学生要充分发挥自身的主观能动性。职业生涯发展教育工作要全面开发学生的职业潜能，促进学生能力的发展，就必须尊重学生的主体地位，充分发挥学生的主观能动性。首先，大学生职业生涯发展教育目标的确立、内容的设置要充分考虑学生的兴趣爱好、将来职业的发展以及学生的成长成才，激发学生学习的兴趣，培养学生的主体精神，引导学生主动、健康、全面地发展。其次，变革传统单向灌输的教学方式，依据教学内容采用案例式、对话式、辩论式、启发式等教学方法，引导学生主动、积极地参与到教学过程中，激发学生思维，培养学生的创新精神和独立思考的能力。再次，要大力开展课外实践活动，调动学生主体性，在活动中培养和提高学生的各种能力，使学生将学业、就业的压力转化成发展的内在动力，提高学生进行自我教育、自我管理、自我塑造的能力与水平。

二是把人的全面发展作为职业生涯发展教育的一种价值取向。以人为本的教育理念认为，人既是教育的出发点，同时也是教育的归宿。教育的本质是发现学生价值，挖掘学生潜能，发展学生个性，塑造学生健全的人格。职业生涯发展教育作为教育的组成部分，应以促进学生的成才和全面发展为最终目标，而不仅仅关注学生的就业率，更应关注学生的前程与未来，关注学生在将来的职业发展中会遇到的一系列问题，帮助学生获取面向社会和面向未来的可持续发展能力；培养学生职业决策能力和职业生涯发展能力，帮助学生挖掘职业潜能和创造力，全面提升学生的职业素质；创造条件为学生提供更多见习、实习的机会，增强学生的人际交往能力和社会实践能力，为今后顺利融入社会、成功实现自我价值奠定良好的基础。高校应该充分意识到职业生涯发展教育的重要性，调动一切积极因素，使学校各部门形成教育合力，帮助学生发现自己、认识自己，培养学生的职业素质和社会适应能力，促进学生的全面、协调发展。

（二）树立“全面发展与个性发展相结合”的教育理念

人的全面发展与个性发展是密切相关的。人的全面发展是相对于畸形、片面和不完整发展而言的，它具有丰富的内涵，包括人的活动及其能力发展、社会关系的丰富和个性的充分发展。人的个性发展是在全面发展的基础上，优势潜能、兴趣、爱好和特长的充分发展，是人发展的最高形态。个性发展是全面发展的强大动力。如果一个人的天赋、爱好、才能得到了充分的发展，他一定会在某一独特领域取得卓越成就，而这一成就又会促成他在其他方面获得成功。只有发挥每一个人的智慧、兴趣、爱好与特长，才有可能真正做到全面发展。大学生职业生涯发展教育要培养全面发展的高素质创新人才，必须树立起“全面发展与个性发展相结合”的教育理念，即既注重学生的全面发展，同时发展学生的兴趣、特长，开发学生的优势潜能。

首先，要正确处理好全面发展与个性发展这二者之间的关系。全面发展与个性发展不是对立的，而是相辅相成的。全面发展不是平均发展，人在发展过程中总是有所侧重的，有自己的个性和特征。个性发展不是片面发展，而是在全面、协调发展的基础上有重点地发展。大学生职业生涯发展教育既要促进学生的全面发展，又要注重培养学生良好的个性；既要全面提升每个学生的综合素质，同时也要承认每个学生的独特性，最大限度地发展学生特长；既要严格要求学生掌握职业生涯发展理论的基础知识和基本技能，同时为学生提供锻炼能力、提升素质的空间与舞台，使学生的兴趣、特长得到充分发展。

其次，注重因材施教，鼓励学生创新。因材施教是促进学生个性发展和全面发展的重要途径。在多元化的社会中，学生都有自己的个性特点和兴趣爱好，而且学生的心态、理念和价值观也存在着差异，加上受到不同的家庭或社会环境因素的影响，其职业兴趣、能力各不相同。职业生涯发展教育要满足不同层次学生的发展需求，促进学生的个性发展和全面和谐发展，就必须要制定因材施教、分类指导、全面提高的教学管理策略。职业指导教师要承认每个学生的独特性，尊重学生的个性差异，在教育上避免完全趋同、整齐划一的职业生涯发展目标；要引导学生发现自己、正确认识自己，并依据学生的差异，因人施教、因材施教，鼓励学生大胆创新，有效地培育学生个性化的思维、创新精神和创新能力，促进学生富有个性、全面和谐地发展。

再次，正确处理第一课堂与第二课堂的关系。第一课堂为学生的发展提供了基础，第二课堂对于开发学生智力和思维，展现学生创新精神，培养学生的个性有着相当重要的作用，是第一课堂所不能取代的。因此，要将职业生涯发展教育第一课堂和第二课堂紧密结合起来。高校通过开设“职业发展与就业指导”、“职业生涯辅导”等课程或相关讲座，帮助学生树立就业主体意识，引导学生找到既符合自身个性特长、兴趣，又能最大限度发挥自身才能的职业，增强学生学习专业知识和参与社会实践活动的积极性，建立和完善与职业目标相一致的知识结构和能力结构，不断提升学生的综合竞争能力。此外，教师还应该为学生的发展创造自由的空间和时间，开展丰富多彩的课外活动，让学生在第二课堂中充分发挥自己的兴趣、爱好和特长，从而促进学生个性发展、多方面素质协调发展。

二、完善职业生涯发展教育的内容，为人的全面发展夯实基础

高校在对学生开展职业生涯发展教育时，应当以马克思主义关于人的全面发展理论作为指导思想，随着时代的发展，不断充实和完善职业生涯发展教育的内容。

（一）注重综合能力的培养

职业生涯发展教育的根本目的是促进人的全面发展。人的全面发展的实质是人的能力的全面发展。马克思指出，“任何人的职责、使命、任务就是全面发展自己的能力”。[①] 恩格斯指出，全面发展的人是“各方面都有能力的人”，人的全面发展就是要“使全体社会成员的才能得到全面的发展”[②]。个人“全面地发展自己的一切能力”，“发挥他的全部才能和力量”，[③] 是“个人的全面发展”的核心内容。随着经济的发展和科学技术的进步，社会对人才素质的要求逐渐提高，综合能力强的人才已成为现代社会的共同需求。因此，职业生涯发展教育要顺应时代发展需要，着重培养学生的综合能力，如自主学习能力、社会适应能力、组织领导能力。同时还要培养他们的敬业精神和创业精神，帮助学生就业后不断挖掘自身潜在能力，促进学生实现自身价值。

（二）加强思想道德教育

毛泽东强调德、智、体的全面发展，而且在他看来，在德智体三者之间，

① 马克思、恩格斯：《马克思恩格斯全集》（第3卷），北京：人民出版社1979年版，第330页。

② 中共中央马克思恩格斯列宁斯大林著作编译局：《马克思恩格斯选集》（第1卷），北京：人民出版社1995年版，第224页。

③ 马克思、恩格斯：《马克思恩格斯全集》（第42卷），北京：人民出版社1979年版，第143页。

德居于首位，决定着智育的方向。他指出全面发展的人，应该是“红与专、德与才”的完美结合，即既要掌握专业知识，同时也要具有良好的品德。邓小平进一步提出要培育“有理想、有道德、有文化、有纪律”的“四有新人”。由此看来，人的全面发展的内涵，还应该高度重视人的道德发展。在人成长发展的诸多因素中，道德是起决定作用的因素。只有具有大公无私、舍己为人的高尚道德情操的人，才能成为全面发展的人，否则，就是片面的人，或者是畸形的人。良好的思想道德素质对学生的求职和全面发展有重要影响。因此，高校要重视对学生加强思想道德教育。职业指导教师要向学生传授正确的道德知识，引导学生将个人发展和社会需要相结合，帮助学生树立正确的就业观和职业价值观。专业课教师要向学生系统地介绍本专业相对应的职业领域，使学生明确自己所学专业的社会价值，增强学生的社会责任感。人的品德是在实践中逐渐形成和发展起来的。职业生涯发展教育除了通过课堂教育向学生灌输正确的思想之外，还要在社会实践活动中，加强对学生的思想道德教育，培养学生的诚信意识、艰苦奋斗精神，提高学生的思想道德素质。

（三）加强艰苦创业教育

社会的发展对人才的素质提出了更高的要求。在知识经济时代，全面发展的人才必须具备创新精神、创业能力。同时，以信息、知识为主要要素的知识经济也为大学毕业生参与创业提供了良好的机遇。与谋求现有的职业相比，自主创业的挑战性更大，因而更能够促进人的各方面素质发展。然而，目前我国高校毕业生创业的比例还非常低，据调查数据显示，“目前我国大学生创业的平均比例为0.3%，而在美国，这个比例高达20%以上”[①]。在严峻的就业形势下，职业生涯发展教育应积极开展创业教育，把培养具有创新精神和创业能力的人才作为职业生涯发展教育促进人的全面发展的努力方向。第一，开设大学生创业教育课程和创业讲座，加强对学生的创业教育。通过创业课程，引导学生树立创业理念，传授创业的相关知识和技能，培养和提高学生的创业素质；高校同时开展创业交流会，定期邀请一些成功的企业家举办创业讲座，激发学生的创业热情，营造良好的创业氛围。第二，成立创业实践基地，开展创业实训。高校应联合企业成立创业实践基地，为学生提供实战演习场所。此外，高校应帮助创业的大学生联系专业指导教师，协助

① 马万明、张胜前：《大学生就业指南》，北京：国防工业出版社2010年版，第3页。

他们进行调查分析，为大学生自主创业提供全方位的支持。

（四）加强心理健康教育

全面发展的人不仅要有良好的道德品质、广博的文化基础知识、较强的综合实践能力、健康的体魄，同时还必须具备健康的心理品质、坚忍不拔的意志和宠辱不惊的稳定心态。江泽民曾指出，“一个民族如果没有强健的体魄，没有良好的心理素质，就不可能屹立于世界民族之林”①。良好的心理素质是学生成功就业的必要条件，同时，对学生将来职业的发展也产生着重要的影响。一个具有良好心理素质的人能最大限度地发挥自己的聪明才智，挖掘自己的潜能，从而找到最能施展自己才华和人生抱负的舞台。然而，在当前严峻的就业形势下，岗位的竞争日益激烈，大学生对自己能否在激烈的竞争中找到理想的工作，感到压力很大，产生不同程度的危机感，有的甚至心理平衡失调，产生心理障碍或心理疾病。为了满足大学生的现实需要，并促进学生的健康成长，高校应在职业生涯发展教育过程中关注学生的心理健康状况，提高学生的心理素质。高校要通过开设心理健康教育课程引导学生客观地认识自我，分析自身的优势和劣势，帮助学生进行自我教育、自我完善，全面开发自身的职业潜能，促进学生身心的健康发展；设立心理咨询室，开展学生心理健康咨询，帮助学生增强社会适应能力，优化学生的心理素质，促进学生全面发展；同时，还要针对学生在求职择业中出现的心理问题举办专题讲座或报告会，及时了解学生的心理状况及动态，提高学生心理调适能力，正确对待求职中的挫折和失败，提高心理承受能力，以积极、健康的心态参与竞争，在竞争中展示自己的才华，从而实现学生的全面发展。

三、拓展职业生涯发展教育的途径，为人的全面发展创造广阔空间

教育方式和途径与学生个性的发展，能力、特长的培养有着较为密切的联系。职业生涯发展教育要促进学生的健康全面发展，就要充分挖掘校内外教育资源，整合各种教育力量，由第一课堂向第二课堂拓展，由学校向社会拓展，丰富教育的方式和途径。具体包括积极进行实践活动、加强校园文化建设、有效整合大学生职业生涯发展教育的社会力量。

---

① 江泽民：《在庆祝清华大学建校九十周年大会上的讲话》，《光明日报》2001 年 4 月 29 日。

（一）积极进行社会实践活动，充分发挥实践的育人作用

社会实践活动包括生产劳动、社会活动和科学实践等基本形式，[①] 是人类所特有的本质活动。人与人类是在劳动实践中形成和发展的，社会关系也是在人的社会实践活动中不断丰富和发展的，因而，社会实践活动是人全面发展的重要途径。黑格尔认为，“劳动是全面发展的手段，人通过劳动满足自己的需要，形成人与社会的有机联系，并在劳动中成其自身”[②]。圣西门指出，“人只有从事生产劳动才能使人养成实用的管理才能”[③]。马克思主义创始人认为，劳动给每个人提供了展示自身能力的机会，人在劳动的同时，既创造了社会财富，同时也发展和改造了人自身。马克思在《资本论》中明确指出了“教育与生产相结合对提高生产力和培养人的重大作用”[④]。邓小平指出，“教育与生产劳动相结合，是培养学以致用、理论与实际相结合、全面发展新人的根本途径，也是逐步消灭脑力和体力劳动差别的重要措施”[⑤]。江泽民指出，“劳教结合对青年学生的健康成长很有好处，如果学生只读书，不参加劳动和其他社会实践，不利于学生的健康成长、成才和全面发展”[⑥]。因此，大学生职业生涯发展教育既要重视课堂教育，还要重视实践教学环节，组织引导学生积极参与社会实践，充分发挥实践的育人功能。

首先，组织低年级学生对企业特别是与学生专业相关的企业进行考察、参观访问。让学生走出校园，去企业参观访问，有利于学生进一步了解所学专业的社会价值，增强学生的使命感和社会责任感，强化学生对专业知识学习的积极性与主动性。同时，安排各班级对本专业往届毕业生的就业情况和优秀毕业生的具体事迹进行调查、访问，激励学生奋发向上，增强学生的就业主体意识和创业意识。

其次，鼓励和组织高年级学生充分利用实习期到专业对口的企事业单位见习、实习。组织学生参加见习、实习，有利于提高学生运用所学专业知识解决实际问题的能力，获得一定的职业技能，培养学生吃苦耐劳的精神和良好的职业道德素质，同时，也有利于学生社会适应能力、创新能力和人际交

---

① 陆庆壬：《人的发展和社会发展——思想政治教育学基础理论研究》，上海：同济大学出版社 1994 年版，第 98 页。

② 袁贵仁、韩庆祥：《论人的全面发展》，南宁：广西人民出版社 2003 年版，第 51 页。

③ 圣西门：《圣西门选集》（第 2 卷），北京：商务印书馆 1982 年版，第 19 页。

④ 马克思、恩格斯：《马克思恩格斯全集》（第 23 卷），北京：人民出版社 1979 年版，第 530 页。

⑤ 邓小平：《邓小平文选》（第 2 卷），北京：人民出版社 1994 年版，第 107 页。

⑥ 江泽民：《在全国教育工作会议上的讲话（1994 年 6 月 14 日）》，《人民日报》1994 年 6 月 20 日。

往能力的发展。

再次，组织学生利用节假日和双休日参加与专业相关的志愿者活动。比如组织法律系、营销系学生运用专业知识，义务为外来民工和商贩上课讲授法律常识、市场营销课程，组织心理系学生推出义务心理咨询活动等。通过这些活动让学生在服务、奉献社会的过程中，体验实现人生价值的快乐，逐步树立正确的人生观、价值观，提升学生的思想道德素质，同时，检验自己所学的专业知识，提升综合能力和素质，促进自身的全面发展。

（二）加强校园文化建设，为人的全面发展创造良好的文化环境

文化在推动人的全面发展的过程中起着非常重要的作用。人在实践中不仅改造着自然界和人自身，形成丰富的社会关系，还创造了文化。文化同时又塑造着人，改造着人的精神世界。人一生下来并不是真正的人，而只是一个“自在的人”，只有通过学习社会规范和基本知识，经过文化的“儒化”，人才能成为真正的人。人既是文化的创造者，同时也是文化发展的目的。[①] 文化的本质是培育人的个性和人格，改造人内在的精神世界。[②] 因而，文化建设是推进人的全面发展的重要动力。

校园文化，是“社会文化的组成部分，是师生共同创造的一种特定的精神环境和文化氛围，是在校园生活的每个成员所拥有的校园价值观及其在精神上具体的文化形态，是培养人才的教育资源”[③]。校园文化建设和职业生涯发展教育属于不同的范畴，但两者又相互联系，相互促进。校园文化建设以培育“四有新人”为宗旨，以积极向上、丰富多彩的校园文化活动为载体，其根本任务与职业生涯发展教育工作在目标上是一致的。校园文化贴近学生的生活和实际，更容易为学生所认同，为改变职业生涯发展教育单向灌输的教学模式，提供了新的工作方法。校园文化建设能够使职业生涯发展教育工作潜移默化地融入到学生的学习生活中，进一步提高了职业生涯发展教育的实效性。健康、积极向上的职业生涯主题文化活动，可以开阔学生视野、拓宽学生知识面，潜移默化地提升学生的职业道德素质，同时也提升学生的人际交往能力、协调能力，发展自己的个性特长，并充分开发自己的职业潜能。大学生职业生涯发展教育要促进人的健康全面发展，必须重视校园文化建设，

① 韩庆祥、亢安毅：《马克思开辟的道路——人的全面发展研究》，北京：人民出版社 2005 年版，第 169 页。

② 袁贵仁、韩庆祥：《论人的全面发展》，南宁：广西人民出版社 2003 年版，第 193 页。

③ 马明华、涂争鸣：《高校人文素质教育论》，广州：华南理工大学出版社 2010 年版，第 52 页。

形成有助于学生健康成长的文化氛围。

首先，定期举办企业文化专题讲座或报告会。职业生涯发展教育向学生传播优秀的企业文化，培养学生适应企业管理制度的素质和能力，有利于学生毕业后能更好地适应职业环境，在工作中充分发挥自身的聪明才干，从而促进学生职业的发展和成才。因此，高校职业生涯发展教育要在校园文化活动中融入企业文化的内容，聘请优秀企业家来学校开设企业文化专题讲座或报告会，让学生感受企业在经营理念中的积极进取和竞争意识，感受未来职业的从业要求，从而增强学生学习知识和技能的内在驱动力，帮助学生树立正确的人生价值理念和对社会、企业的认同感，为他们更快地适应社会，实现自身价值奠定良好的基础。此外，学校要把相关企业的不同素质要求渗透于专业的课堂教学和专业实习环节中，并把优秀企业文化融入学生日常的学习生活和校园文化活动中，为促进学生树立良好的职业素质和职业态度营造良好的校园环境。

其次，结合学生不同阶段的职业发展需要，开展形式多样的职业生涯主题活动。健康活泼的职业生涯主题活动有利于培养学生的合作意识、团队精神、社会适应能力，同时也为学生提供了张扬个性、展现自我能力的平台，使学生的兴趣、特长和爱好得到健康发展。因此，高校应针对不同年级的发展需求，开展形式多样的职业生涯主题文化活动。对大一新生开展新生入学讲座、新老生交流会，帮助学生树立明确的学习和职业发展目标，激发学生学习的热情，引导学生树立就业主体意识。对于二年级学生开展职业生涯设计比赛、职业生涯知识竞赛，让学生掌握更多关于职业生涯的知识和技能，提升学生的职业素质。对三年级学生开展素质拓展训练，让学生在其中发挥自己的特长，发展自己的个性，不断优化自己的思想和心理素质，从而促进学生素质的全面提高。对毕业班学生开展校园模拟招聘、职业角色扮演等活动，帮助学生提高社会适应能力，缓解焦虑、紧张等心理压力，培养学生良好的心理素质，促进学生身心健康发展。

再次，充分利用校园传媒开展职业生涯发展教育。在信息时代，媒体宣传的效应是不能被忽略的。职业生涯发展教育要充分利用电视、广播、宣传栏、校报等宣传工具，让学生从多场合、多角度接受职业生涯发展教育，引导学生正确认识自我，主动开发自身职业潜能，提升自身的综合素质和能力。网络已经成为学生生活和学习的重要组成部分，而校园网是现代大学生接触和使用频率最高的校园传媒。因此，职业生涯发展教育要充分利用网络这一学习工具，把课程内容上传到校园网上，为学生创设自主学习的环境。学生可以在网络上根据自身需要选择信息，这提升了学生学习的主体性，也有利于培养学生的创新精神，实现学生全面发展。高校应该建设信息丰富、服务精致、个性化、趣味性的职业生涯发展教育主题网站；可以在网站上建立各种职业测试量表，方便学生进行自我测评，以帮助学生客观地了解自己的职业个性；还要建立网络职业咨询室。学校要安排专职的职业指导教师在线辅导，为学生提供及时的、具体的、有针对性的职业发展指导与服务，满足学生个性化的发展需要。利用校园传媒为学生提供职业发展和就业辅导的相关服务，进一步拓展职业生涯发展教育的空间，可以使教师通过网络与学生保持密切的联系，加深教师对学生思想动态和就业心理的了解，从而有针对性地引导学生，提高了教育的针对性和实效性。

（三）整合教育力量，为人的全面发展营造和谐氛围

教育是人类社会所特有的实践活动，是培养和提高人的素质和能力的一种重要途径。圣西门认为，“教育是实现全面发展的重要条件，教育可以使人获得一定的教养，陶冶人的情感，锻炼人各方面的能力，最终促进人的全面发展”①。马克思指出，“要实现人的全面发展，除了消灭私有制和旧式分工、扩大世界交往、增加自由时间之外，还需要大力发展教育事业”②，“人要获得一个领域的专业知识和专业技能，发挥劳动能力完成一定的劳动任务，首先必须要接受相关的教育和培训”③，“教育不仅能提高社会生产，同时也能促进人的发展”④。恩格斯也指出，“教育使年轻人掌握许多劳动的技能，熟悉整个生产系统，使年轻人在不同的生产部门自由转换，从而摆脱不合理的分工给人造成的片面发展”⑤。列宁十分重视发展教育，他认为“教育是促进人的发展的重要途径”⑥。邓小平曾指出，“一个国家综合国力的强弱，越来越取决于知识分子的素质”⑦。

教育不仅包括学校教育，还包括家庭教育、社会教育。学校教育在培养学生健康成长中占主导地位，同时学生的成长还在不同程度上受到家庭和社会的影响。学校教育只有与家庭教育和社会教育相配合、协调，才能产生成

---

① 圣西门：《圣西门选集》（第2卷），北京：商务印书馆1982年版，第285页。

② 韩庆祥、亢安毅：《马克思开辟的道路——人的全面发展研究》，北京：人民出版社2005年版，第71页。

③ 马克思、恩格斯：《马克思恩格斯全集》（第23卷），北京：人民出版社1979年版，第195页。

④ 马克思、恩格斯：《马克思恩格斯全集》（第23卷），北京：人民出版社1979年版，第530页。

⑤ 马克思、恩格斯：《马克思恩格斯全集》（第42卷），北京：人民出版社1979年版，第118页。

⑥ 杨华：《人的和谐发展——温州模式的诠释》，北京：人民出版社2006年版，第13页。

⑦ 邓小平：《邓小平文选》（第3卷），北京：人民出版社1993年版，第120页。

功的教育，才能真正培养出全面发展的优秀人才。要提高学生的职业素质和社会适应能力，促进学生全面发展，光靠学校的职业生涯发展教育是远远不够的。大学生职业生涯发展教育是一项系统的工程，需要学校、家庭和社会的积极配合和参与，形成学校教育、家庭教育和社会教育的合力，才能更好地提升学生的职业素质和综合竞争力，促进学生的全面发展。

首先，家庭教育要配合学校教育。父母是子女的启蒙老师，家庭的经济状况、家庭教育的方式、父母的职业、父母对子女的职业期待等都会对子女的人生观、价值观和职业兴趣产生重要的影响。因此，高校要重视家庭教育对培养学生良好职业观和职业生涯发展能力的重要作用。学校应定期与学生家长联系，把学生在校的真实表现和发展状况告诉家长，让家长了解子女在职业发展中的想法。学校要举办家长会、举办家庭教育讲座，聘请专职的职业生涯发展教育教师对家长讲课、辅导，组织家长进行职业生涯发展教育相关知识的学习。通过家长会、家庭教育讲座，家长们将不同程度地增长职业生涯发展教育的相关知识，从而提高科学教育子女的水平。家长要为子女的求职择业提供物质和精神支持，引导他们了解当前的就业形势和就业政策，培养适应目标职业所应具备的综合素质和能力，提高就业竞争力。在日常教育中，家长还要多与子女沟通，引导子女及时调整就业心态和就业期望值，缓解就业心理压力，树立正确的价值观和就业观，提高综合竞争力。此外，家长还应高度重视对子女进行职业道德教育，并以良好的形象为他们树立榜样。

其次，社会教育应该配合学校教育。大学生职业观、价值观的形成，职业素质的提升，不仅受到家庭因素和学校因素的影响，同时也受到社会因素的影响。因此，必须充分重视社会教育的作用，通过舆论和活动等形式为职业生涯发展教育营造良好的氛围。要充分利用广播、电视、互联网、报纸、杂志等大众媒体大力宣传职业生涯发展教育的意义和作用，引导全社会共同关注职业生涯发展教育，共同关注学生的健康成长成才，从而促进学生的全面发展。学生毕业后大多要进入职场工作，因此，用人单位要善于向学校提出有关职业生涯发展教育之改革和人才培养的建议。同时，学校应主动加强与企业的合作，培育稳定的实习基地，为学生提供见习、实习的机会，让学生在实践中深入了解职业、增强责任感、发挥聪明才干、拓展能力；毕业生进入企事业单位后，学校应加强与用人单位的联系与沟通，追踪和反馈毕业生工作的实际情况，为在校大学生的职业生涯发展教育提供重要的参考。①

整合来自家庭、学校、社会各方面的资源和力量，充分发挥教育合力，开展真正有效的大学生职业生涯发展教育，是促进大学生全面发展的有力保证。

（四）提升职业生涯发展教育教师素质，为人的全面发展提供有力支撑

教师是人类灵魂的工程师，他们教书育人，肩负着提高民族素质的使命，并对学生形成正确的世界观、人生观和价值观具有重要的导向作用。教师影响着学校的教育，教师的素质关系着学校教育的质量，并且影响着学生今后的发展。只有拥有了一支高水平、高素质且数量充足的师资队伍，高校才有可能培养出全面发展的优秀人才。在大学生职业生涯发展教育中，职业生涯发展教育教师所起的作用是十分重要的，他们不但肩负着为学生传播社会知识、职业知识，传授职业技能，提供可靠就业信息的重任，同时他们还为学生提供就业心理咨询，并对学生的职业生涯规划提供具体的指导。职业生涯发展教育教师的素质、能力和水平的高低将影响学生的就业和将来职业的发展。加强对职业生涯发展教育教师的培养，提高其专业素质和综合素质，是实现学生顺利就业和健康全面发展的有力支撑。

1. 思想道德素质

职业生涯发展教育的重要目标之一是培养学生良好的思想道德素质，这就要求职业指导教师自身首先应具备良好的思想道德素质，做到为人师表。职业指导教师的思想道德素质一般包括具有积极向上的人生态度、正确就业观和职业价值观，对职业指导工作有很强的使命感和责任感，乐于奉献，关心和热爱学生。一方面，职业指导教师要不断学习马克思主义理论知识、职业道德的相关知识，树立正确的世界观、人生观和价值观，提高自己的道德意识，培养良好的道德素养。职业指导教师是学生选择职业的指导者和引路人，其职业价值观、职业道德素质，将影响学生的职业选择和将来职业的发展。职业指导教师只有具备高尚的思想、良好的道德品质、豁达的胸怀，才能引导学生树立正确的就业观、职业观、择业观，养成良好的职业道德素养。另一方面，职业指导教师要在教育教学中践行道德，给学生以榜样示范作用。职业指导教师只有在工作中表现出认真负责、耐心细致、热情和有爱心的态度，才能激发学生对学习和工作的激情，并引导学生树立科学的人生观和职

① 刘勇：《大学生生涯管理与辅导》，北京：科学出版社2008年版，第17页。

业价值观，形成积极向上的人生态度。

2. 理论素质

理论素质是职业指导教师为有效开展职业生涯发展教育工作，促进学生顺利就业和全面发展所必须具备的理论准备。首先，职业指导教师必须具有扎实的职业指导理论专业知识，具体包括职业生涯规划、职业测评、职业心理调适、人力资源管理、人才素质培养、就业市场预测、创业等相关知识。其次，职业指导教师必须具备广博的教育学科基础理论知识。职业生涯发展教育要向学生传递思想信息，引导学生树立正确的就业心态，传授职业知识和技能，提高学生的综合素质，因而，职业指导教师要掌握教育学、心理学、人才学等方面的知识，了解教育的内在规律和基本原理。

为了进一步提高职业生涯发展教育的实效性，职业指导教师要努力提升自身的理论素养。首先，职业指导教师要树立终身学习的理念，自觉加强对职业指导理论和教育学科理论知识的学习。教师只有具备扎实而渊博的职业指导理论专业知识和教育学科理论知识，才能针对学生的个性特征和专业特点，给予有效的职业发展和就业指导，引导学生发展特长，充分挖掘学生的职业潜能，帮助学生找到适合其个性、施展其个人才干的平台，促进学生实现自我价值和全面发展。其次，职业指导教师要参加职业指导教师经验交流会，取他人之长补自己之短，提升自身的理论素养。由于学生和用人单位的要求、市场需求、职业指导方式处于不断地变化之中，职业指导教师只有不断提升自身的理论素养，才能应对职业生涯发展教育工作的挑战，才能对学生遇到的各类问题进行有效的分析和指导，帮助学生确立适合自身个性的职业目标，从而促进学生的顺利就业和成长成才。

3. 能力素质

能力素质是指职业指导教师将理论准备成功应用于实践，顺利开展职业生涯发展教育活动所必须具备的能力条件。具体来说，职业指导教师的能力素质包括思想教育能力、人才测评和职业生涯规划能力、求职面试指导能力、职业咨询能力、心理辅导能力、收集和运用就业信息的能力以及与学生、用人单位、人才市场沟通协调的能力等。职业生涯发展教育工作要取得促进学生全面发展的良好效果，必须提高职业指导教师的职业指导能力。首先，职业指导教师要参加专业的职业指导技能培训，接受系统的、有计划的岗位培训，提高专业技能水平。职业指导教师只有具备较高的专业技能，才能结合学生的兴趣特长和社会发展需要，为每个学生提出有针对性的职业生涯规划建议，同时引导学生在实践中不断完善和发展自我，建立与职业目标相一致的知识和能力结构，不断提高职业素质和综合竞争能力，进而促进学生顺利实现职业目标和全面发展。其次，职业指导教师要积极参与社会实践。在实践中接受锻炼，是提高职业指导教师专业能力的有效方法。职业指导教师应在积极组织教学和实施个性化辅导的基础上，不断反思自己的教学模式是否有利于切实提高学生的综合素质，是否有利于促进学生的全面发展，并不断探索和掌握较好的教学方法，激发学生的学习热情，帮助学生全面提升素质。职业指导教师要去企事业单位实习锻炼，丰富自己的工作阅历和实践经验，进一步提高自身素质和专业技能，从而对学生在求职择业中遇到的各种困惑和问题提出有针对性的解决办法，引导学生更好地适应职业生活，促进学生就业和全面发展。

4. 心理素质

职业指导教师的心理素质是搞好职业生涯发展教育工作的重要条件之一，同时也是促进学生成长成才的重要保证。职业指导教师具备良好的心理素质，可以更好地向学生传授职业知识和技能，发展学生职业生涯能力，开发学生的职业潜能，提升学生的综合素质。因此，职业生涯发展教育要提高教学效果，切实提高学生的综合素质，进一步促进学生健康全面发展，职业指导教师就必须努力提高自身的心理品质。首先，职业指导教师要自觉学习心理学的知识。身为职业指导教师，只有不断加强心理学相关知识的学习，才能提高自己的心理素质，帮助学生消除因面临就业而产生的心理障碍，引导学生树立正确的就业心态，重新审视自我，正确认识自己的缺点和优势，充分挖掘自身潜能，促进学生身心和谐发展。其次，要善于调节自己的情绪，保持心理平衡。职业指导教师只有调节和控制好自己的情绪，才能在学生面前树立良好的师德风范，与学生建立良好的师生关系，营造良好的学习氛围，激发学生思考自己的职业发展，提升学生就业的主体意识，引导学生自觉开发自身的职业潜能，促进学生综合素质的提高。

只有全面提升职业指导教师的素质，建设出一支高水平职业生涯发展教育教师队伍，才能提高职业生涯发展教育的实效性，为促进学生顺利就业和全面发展提供有力支撑。

综上所述，高校在开展大学生职业生涯发展教育过程中，应当以人的全面发展理论作为指导思想，坚持以学生为本的教育思想，并随着时代的发展，不断充实职业生涯发展教育的内容，不断探索新手段、新途径，为经济的发展、社会的进步培养更多的高素质人才，为最终实现真正意义上的“人的全面发展”创造条件。

第五章

他山之石：美国生涯发展教育及其启示

美国的职业指导产生于19世纪末。经历了工业革命的美国，人口数量急剧增长，大量农业人口和外来移民迁入城市，大大增加了人们的就业压力。为了缓和这一矛盾，由职业指导运动演化而来的职业生涯教育活动应运而生，并从此开展起来。哈佛大学作为美国顶尖的高等学府，也是最早开设职业指导服务的高校，目前已经拥有较为完善的职业生涯发展教育体系。[①] 因此对以哈佛大学为例的美国高校职业生涯发展教育进行研究，从中吸取一些先进的教育理念和方法，对改进我国高校职业生涯发展教育以及缓解大学生就业难这一问题有重要的借鉴作用。

第一节　美国职业生涯发展教育概述

职业生涯发展教育作为一种教育形式存在时间不长，自创立之初，美国职业生涯发展教育已历经近一个世纪的发展，其理论基础几经变革，愈发成熟。职业生涯发展教育在美国的发展也非一日之功、一蹴而就，自然有其发展的过程和阶段。

① 《美国大学就业指导课程设置与实施》，中国教育和科研计算机网，http：//www. edu. cn/jxyj_10720/20100908/t20100908_ 519842. shtml，2009年9月10日。

一、职业指导理论的提出和基本模式的建立

职业指导是美国社会变革的一部分，目的在于消除19世纪末美国社会由于工业化的急速发展和人们大量涌进城市造成的混乱和贫困现象。18世纪末工业革命的成果传入美国，借助科技的进步这个新生的国家发生了翻天覆地的变化。随着铁路、公路、汽车、机械等工业的发展和现代公司制度的建立，到19世纪末，美国已经完成了从农业国向工业国的历史性转变。1893年，美国工业生产总值跃居世界之首，成为头号经济大国。生产的发展带动了城市的发展。南北战争以后，随着工业化时代的到来，统一的国内市场、便利的交通，使得大批农村人口涌入城市，城市数量急剧增加，城市人口不断膨胀，城市规模也日益扩大。据不完全统计，1860—1910年，美国城市人口增加了7倍，而农村人口只增加了1倍；美国城市人口从1800年的32.3万增至1910年的4 199.9万。[①]

工业化的快速发展极大地改变了人们的生活，机器生产代替了人工作业，农业部门就业机会减少，大批农业人口面临着失业的危机，致使大量的人口从农村转移到城市寻求就业机会。与此同时，第一次世界大战结束后出现了大量退伍军人，以及在机器化条件下面临失业的产业工人。这些都使得就业问题异常严峻迫切。在现实条件的推动下，职业指导便在这一时期出现了。

职业指导首先在一些中学里出现。1894年加利福尼亚州工艺学校首先开始推行职业指导服务。1901年，热衷于社会改良运动的年轻律师帕森斯在波士顿设立公民服务机构，目的是帮助失业青年和新移民制订职业计划，以解决他们的就业问题。1907年，密歇根中学的校长戴维斯（J. B. Davis）首创系统化的职业辅导计划，他相信适度的心理辅导能有效缓解当时美国的社会危机。他为学生开设了“职业与伦理辅导”的课程，一周一次，目的在于帮助他们塑造完整的个性，在社会变革时期防止问题发生。

1908年，时任美国波士顿大学教授的帕森斯创办了世界上第一个职业指导机构——波士顿职业局，为失业青年提供适当的职业指导。1909年，他将在实际工作中得到的经验集结成书即《选择职业》，这是世界上第一部有关职业指导的专著，由此确立了职业指导在现代社会中的地位。因此，帕森斯被称为“职业指导之父”。帕森斯的职业选择的三因素原则已在第一章中有所阐

① 陈奕平：《农业人口外迁与美国的城市化》，《美国研究》1990年第3期。

述，其实质是将个人的主观条件与社会的岗位进行对照，选择相互匹配、适合自己的职业。

此后，应用心理学被引入职业指导并逐渐形成一门新的学科——职业心理学，这使职业指导的科学化和理论化程度大大提高。美国职业心理学家威廉姆森发展了帕森斯的三原则，提出“特质因素理论”。“特质因素理论”主要以个性心理学和差异心理学为基础，承认人的个性结构存在客观差异，强调心理因素在职业选择中的匹配作用，重视心理测量技术的运用和问题的诊断，认为职业选择就是使兴趣、能力与职业所需要的素质相匹配。“特质因素理论”的核心是人与职业的匹配，其理论前提是：每个人都有独特的特质，并且这种特质可以被客观而有效地进行测量；为了取得职业的成功，不同职业需要配备不同特质的人员；个人特质与工作要求之间配合得越紧密，职业成功的可能性越大。“特质因素”中的“特质”是指每个人的特点，包括智力、能力、天分、兴趣、性格、价值观、理想等，“因素”即每项职业的特点，包括工作的智力和能力要求、地点、物理环境、人际环境等，也特指职业中取得成功所需要的某些特点或资质。根据“特质因素理论”，在职业选择过程中，首先应对个人进行特质评价，即评价被指导者的生理、心理特征，包括职业能力、职业兴趣、人格测验、家庭文化背景、父母职业、经济收入、学业成绩、个人兴趣等；其次则是职业因素分析，即分析职业的各种因素，包括职业的内容、特点、对从业人员的具体要求；最后则是对个人特性与职业因素进行匹配，根据被指导者的特质评价与社会职业因素分析结果，对个人进行职业指导与咨询，从而达到人职匹配。

“特质因素理论”提出后迅速成为风靡欧美国家的职业指导理论模式。该理论注重个人心理特质的差异，重视心理测量工具的使用，也推动了心理测量工具在职业指导中的使用和发展。“特质因素理论”也存在着一定的局限性。一是该理论将个人与工作进行匹配的前提是个人的特质和工作的性质是固定不变的。而事实上，个人的特质和工作性质都会不可避免地受到诸多因素的影响，处在不断变化之中，所以从发展的观点来看，“特质因素理论”存在以静态审视职业选择的缺陷。二是“特质因素理论”的测验结果主要用来预测个人未来的职业，这将会缩小个体选择职业的范围。而现代职业生涯辅导注重的是运用测验结果扩展自己的职业生涯和选择范围，这是传统的职业辅导与现代职业生涯辅导最大的不同，也是“特质因素理论”的局限性。

二、职业指导向职业辅导及职业生涯发展教育的转变时期

20世纪40—50年代，职业指导经历了两次重大的转变：一是职业指导的观念向职业辅导观念转变，也就是将教导式的职业指导方式变为更加人性化的、强调发挥被指导者作用的职业辅导，导致这种转变的核心人物是罗杰斯；二是由静态的、一次完成的职业指导向发展的、多次完成的职业选择转变，导致这一转变的核心人物是舒伯。此外，金兹伯格等人也对职业生涯发展教育理论的不断完善起到了推动作用。

（一）罗杰斯的“当事人中心”疗法理论

随着经济和社会的发展，以咨询者为中心的“指导学派”的观点受到质疑。首先向“特质因素理论”提出挑战的是人本主义心理学派。1942年，著名的人本主义心理学家罗杰斯发表他的专著《心理咨询和心理疗法》。他认为应当给予当事人自我认识的机会，赋予其自我成长的责任，咨询者应充当一面镜子不断反射出当事人语言和情绪的反应。罗杰斯的“当事人中心”疗法不太注重治疗技巧，更多的是注重治疗关系。他曾说：“当一个为许多困难而苦恼着的人来找我时，最有价值的办法是建立一个使他感到安全、自由的关系，目的在于理解他内在的感情，接受他本来的面目，制造一个自由的气氛，使他的思想、感情和存在沿着他要去的方向发展。”[①] 在这样的关系中，咨询者不是以专家或科学家的身份去理解他的情感、促进他的成长，不是以咨询者自己的理论去影响来访者甚至强加给他们，而是要在良好的环境里，让当事人自己内心世界发生变化。所以称之为“当事人中心”疗法。罗杰斯认为传统指导学派太过注重指导者的地位，他强调采用“不主动、不判断、不指导”的非指示性的“三不原则”。这种以当事人为中心的方法很快受到社会广泛的认可。1951年，罗杰斯的《当事人中心疗法》问世，标志着职业指导实现了从指导到辅导方式的转变，即由“指导式”向“非指导式”的咨询式发展，体现了人本主义的原则。

（二）金兹伯格和舒伯的职业生涯发展理论

“特质因素理论”认为个人的特质和工作的性质是固定不变的，但事实上

---

① 郭卜乐：《咨客中心疗法》，中国心理热线网，http：//www. zgxl. net/xlzl/xlzlff/zkzxlf. htm。

这两者都是随着环境不断变化的。金兹伯格是职业生涯发展理论的创立者，而舒伯进一步发展了职业生涯发展理论。金兹伯格和舒伯被认为是该理论的代表人物。他们从人的生命历程角度来考察职业发展过程，克服了“特质因素理论”静态观点的不足。金兹伯格以人类童年到青少年阶段职业心理的发展为研究重点，以美国富裕家庭的年轻人为研究对象，把他们的职业选择心理的发展分为幻想期、尝试期和现实期三个主要时期。

舒伯进一步把职业生涯发展理论扩大到人的一生，比金兹伯格的学说更为全面和详细。他认为职业生涯的发展是一个持续渐进的过程，将伴随人的一生。他的这一学说综合了许多流派的特点。舒伯认为生涯发展阶段可以分为成长、探索、建立、维持和衰退五个阶段。除此以外，舒伯还把就业及退休纳入到了生涯发展之中。这五个阶段分别是：成长阶段（出生～14 岁）、探索阶段（15～24 岁）、建立阶段（25～44 岁）、维持阶段（45～65 岁）、衰退阶段（65 岁以上）。

在舒伯的生涯发展阶段中，他认为每个阶段都有其特定的发展任务，每个阶段均要达到一定的发展水平，前一个阶段发展任务的完成又影响到后一个阶段的发展。在后期的研究中，舒伯对发展任务的看法又向前跨了一步。他指出在人的生涯发展过程中，每个阶段都要面临成长、探索、建立、维持和衰退的问题，由此形成了“成长—探索—建立—维持—衰退”的循环。举个例子来说，一个刚进入大学的新生，必须适应新的角色与学习环境，经过成长和探索，一旦建立了较固定的适应模式，同时维持了大学学习生活之后，又要开始面对另一个阶段——准备求职。原本已经适应的习惯会逐渐衰退，继而面对新阶段的任务又要进行成长、探索、建立、维持和衰退，如此周而复始。

职业生涯发展理论把职业的发展贯穿于人的一生来进行探讨，本身就是一种进步，这也是职业指导理论的一次重大突破。它的进步性表现在：首先，职业生涯发展理论用动态的观点来研究职业生涯，将其看作一个连续的发展过程；其次，它把职业和人的发展联系起来，使职业指导由单纯的就业指导变成对个人职业生涯的辅导；再次，它强调个体在职业生涯发展中的作用，把职业发展看作是自我意识的形成和发展过程，它的任务从单纯为职业服务变成了促进个体自我意识的形成与发展。至此职业指导完成了从就业指导到职业生涯发展教育的转变。

第二节　美国高校职业生涯发展教育现状——以哈佛大学为例

考察美国高校的职业生涯发展教育，哈佛大学是最具典型性的。这不仅由于哈佛大学在世界上享有盛名，更由于这所高等学府是美国职业指导理论与实践的最早诞生地之一。经历百年的发展，哈佛大学的职业生涯发展教育更是趋于成熟。因此，哈佛大学职业生涯发展教育是美国高校职业生涯发展教育的缩影，它的特点可代表美国高校职业生涯发展教育的特点。

一、哈佛大学职业生涯发展教育的现状

哈佛大学成立于1636年，有着悠久的历史和深厚的文化积淀。该校早在1911年就开设了就业指导课，在职业生涯发展教育方面有着比较成功的值得我们学习借鉴的经验。

（一）哈佛大学基本情况介绍

哈佛大学是世界上最古老最著名的高等学府之一，拥有世界顶尖的学者和优秀的学生。1636年10月28日，马萨诸塞海湾殖民地议会通过决议，决定筹建一所类似英国剑桥大学的高等学府，每年拨款400英镑。由于创始人中有不少人曾就读于英国剑桥大学，于是他们就把这所学府所在的新镇命名为剑桥，这所学府命名为剑桥学院。哈佛大学前身为剑桥学院，1638年正式开学，第一届学生共9名。1638年9月14日，伊曼纽尔文学院的院长约翰·哈佛（John Harvard）牧师病逝，他把毕生一半的积蓄——720英镑和400余册图书捐赠给这所学校。为了纪念他，剑桥学院更名为哈佛学院。在建校之初，哈佛学院主要参照欧洲大学的体制进行办学。1721年正式设立神学教授职位，1727年设立自然科学和数学教授职位，1780年设立医学教授职位。1780年哈佛学院扩建，成为现在被世人所熟知的哈佛大学。这一年哈佛大学已建校140年，正值美利坚合众国诞生的第四年。因此“先有哈佛，后有美利坚”这一说法就逐渐流传开来。哈佛大学在1816年成立了神学院，1817年成立法学院，其他学院相继在19世纪成立，1936年又成立了政治学院（1966年改为肯尼迪政治学院），教育学院则成立于1990年。

哈佛大学共设11个研究生院，即文理学院（Faculty of Arts and Sciences)、法学院（Harvard Law School)、商学院（Harvard Business School)、设计学院（Graduate School of Design)、教育学院（Graduate School of Education)、医学院（Harvard Medical School)、神学院（Harvard Divinity School)、牙科医学院（Harvard School of Dental Medicine)、公共卫生学院（Harvard School of Public Health)、工程以及应用科学院（Harvard School of Engineering and Applied Sciences)、肯尼迪政治学院（John F. Kennedy School of Government）以及继续教育学院（Division of Continuing Education)；2 个培养本科生的学院即哈佛学院（Harvard College）和拉德克利夫学院（Radcliffe Institute for Advanced Study)。为没有时间接受全日制教育却想继续深造的社会人士提供教育的继续教育学院，是哈佛大学继续教育的一个分支，也是唯一一个能够同时提供本科和研究生学历的学院，并设有继续教育办公室，专门负责暑期教育、附设课程和终身学习中心。牙科医学、医学、公共卫生等 3 个研究生院设立在波士顿，其余均集中于剑桥。各学院具有相对独立性，哈佛大学历任校长坚持学术自由、学术自治和学术中立的办学原则。如今，哈佛大学已发展成拥有 11 个研究生院、40 多个科系、100 多个专业的综合型院校。正式注册的有 18 000 名学位候选人，以研究生为主，也包括本科生。另外还有 13 000 名非学位学生在其扩展学院学习一门或多门课程。在哈佛大学工作的教职员工超过 14 000 人，其中教授超过 2 000 名。多年来，哈佛大学除了培养大量的美国学生外，还接纳了来自世界各国的大批留学生和访问学者。

在美国的历史上共有 8 位总统来自哈佛大学。他们分别是：约翰·亚当斯（美国第二任总统)、约翰·昆西·亚当斯、拉瑟福德·海斯、西奥多·罗斯福、富兰克林·罗斯福（连任四届)、约翰·肯尼迪、乔治·沃克·布什和巴拉克·侯赛因·奥巴马。而在哈佛大学的教授中总共产生了 34 名诺贝尔奖得主。此外，哈佛大学还培养出了一大批世界知名的学者、学术带头人、文学家、思想家等，如诺伯特·德纳、拉尔夫·爱默生、亨利·梭罗、亨利·詹姆斯、查尔斯·皮尔士、罗伯特·弗罗斯特、威廉·詹姆斯、杰罗姆·布鲁纳、乔治·梅奥等。此外被称为“中国通”的美国前国务卿亨利·基辛格也毕业于哈佛大学。我国近代也有许多科学家、作家和学者曾在哈佛大学求学，如竺可桢、陈寅恪、林语堂、梁实秋、梁思成等。

哈佛大学于 1911 年在世界上首开先河开设了就业指导课，成为第一个将就业指导纳入学校课程、关注学生就业的高校。经过一百年的发展，哈佛大学的就业指导课程从单纯的为学生进行就业指导逐渐演变为关注学生成长、职业发展和自我实现的全方位职业生涯发展教育，有着比较成功的经验。因此，对哈佛大学的职业生涯发展教育进行深入研究，从中学习其先进的教育理念和方法，对改进我国高校职业生涯发展教育以及缓解大学生就业难的问题有重要的借鉴作用。

（二）哈佛大学职业生涯发展教育现状

哈佛大学曾对一群智力、学历等客观条件相似的人进行过长达25年的跟踪调查。调查内容是职业规划对人生的影响，结果发现：有87%的人，人生规划模糊或没有自己的目标和规划；有10%的人，有着清晰短期的人生规划；有3%的人，既有清晰又有长期人生规划。25年后，这些调查对象的生活状况如下：3%的既有清晰又有长期人生规划者，25年来几乎没有更改自己的人生目标，而且为实现目标坚持不懈地努力，25年后，他们几乎都成了社会各界的成功人士，他们当中有创业者、社会精英和行业领袖。10%的有清晰短期人生规划的人，大部分生活在社会的中上层，他们的共同特点有：短期人生规划不断实现，生活水平稳步提高，成为各行业重要的专业人士，如工程师、高级主管、律师、医生等。其他的87%的人生规划模糊者，大都处于社会的中下层，能安稳地工作与生活，但是没有特别的成绩。那些没有目标和规划的人，几乎都生活在社会的最底层，生活状况很不如意，经常处于失业状态。[①] 调查者由此得出结论：目标对人生发展具有巨大的导向作用。这也是哈佛大学以及美国各大高校如此重视职业生涯发展教育的原因之一。

1. 人性化、个性化的咨询服务

哈佛大学每个学院都设有职业生涯服务中心（Office of Career Services，简称OCS）。服务对象包括学院的大学生以及校友。职业生涯服务中心的工作十分多样化，针对不同学院不同年级学生的实际情况和需要为学生提供个性化的服务。例如，职业信息的发布、实习情况、假期兼职、指导学生进行专业选择、职业决策、职业薪酬分析、求职简历以及推荐信的撰写、面试技巧、用人单位的介绍以及研究生的申请等等。职业生涯服务中心平时对学生提供“坐诊”式的咨询，即无须预约，只要在工作日的下午时间来职业生涯服务办公室就能得到生涯咨询师的辅导。但在咨询之前，学生必须对自身有一个基本的认识，要求学生带着问题与生涯咨询师进行交流。为了给更多的学生提供帮助，每人每次有30分钟的时间与生涯咨询师进行交流。

在寒暑假期间，职业生涯服务中心也为学生提供咨询服务。例如在春季假期中，它就为哈佛大学的本科生提供校内和校外服务。校内服务包括无需

① 谭郭鹏：《未来的道路怎么走》，北京：中国长安出版社2005年版，第3页。

预约针对所有专业的咨询服务、需要预约的一对一咨询服务。在春假期间还为学生举办了冬季职业选择活动周（Optional Winter Activities Week）。在活动周期间，学生可以与生涯咨询师进行咨询的预约以及参加各种内容、各种形式的生涯研讨会，生涯研讨会的主题包括如何有效率地制作简历和求职信、讨论面试技巧的案例、为来自世界各地的学生准备的国际经验交流会等等。而生涯咨询师在此期间也会对学生关心的学习以及个人发展问题进行解答。此外还会举办一些行业的职业宣讲会，以便有志在这些行业工作的学生能尽早确立职业目标。校外服务则包括校园招聘项目（On - Campus Interview Program，简称 OCI），学生只需要注册 OCI 便能及时获取各种职业信息，获得与用人单位进行面对面交流的机会以及参加各种形式的招聘会，还可以通过电话预约职业生涯咨询服务、利用互联网与生涯咨询师进行线上交流等等。

2. 综合性全方位的职业生涯辅导

职业生涯服务中心不仅为学生提供职业信息和职业服务，还从学生成长的角度出发为其提供职业生涯发展辅导。哈佛大学十分重视实习的作用，为不同年级的学生提供适合的实习项目。对于大学新生，职业生涯服务中心会在入学时开始对其进行一系列的职业生涯规划教育。内容包括：首先让学生弄清楚自己的兴趣爱好，找到职业定位——也就是让学生弄清楚想要在哪一行业开始自己的职业生涯；然后职业生涯服务中心会安排学生与未来的用人单位进行面对面的交流，让学生对自己今后可能要从事的职业有进一步的了解；接下来会有一系列的职业生涯培训课程，学生还可以根据个人就业意向，选择参加适合的职业生涯研讨会；最后会有生涯咨询师针对学生的实际情况提出相应的建议，如是否适合这一类型的工作，怎样在面试中发挥自己的优势等等。而在毕业求职的正式面试之前，职业生涯服务中心会为毕业生开展形式多样的面试技巧研讨会，以及提供模拟面试。每个学生都有一次模拟面试的机会，学生可以根据自己的性格及爱好选择感兴趣的职业来进行面试申请。面试评委由职业生涯服务中心的工作人员、用人单位以及哈佛大学继续教育学院的学生担任。学生在模拟面试期间要求规范着装，这样做是为了让其尽快进入到与真实面试相同的状态，以便达到预期的效果。学生在模拟面试结束后会收到一份面试反馈表，上面有模拟面试的成绩以及评委们的建议。这样学生能更有针对性地对自己的不足之处及薄弱环节进行改善，在正式面试时能够克服这些缺点从而获得理想的工作。当学生求职成功后，职业生涯服务中心会为学生提供一些后续服务，例如求职成功后应该怎么与公司沟通、如何签订就业合同、如何洽谈薪酬、作为一个职业人应该持有何种态度等。可以说，职业生涯服务中心的工作包含了学生职业发展的方方面面，事无巨细，做到了真正从学生的角度考虑、真正为学生服务。

对于大学三年级的学生，职业生涯服务中心会为其提供暑期实习的机会。值得一提的是，职业生涯服务中心为大学三年级的学生提供与毕业生相同的服务，目的是让他们尽早确立职业目标，从而有更加充足的时间为求职做准备，实现自己的职业理想。而对于新生和大学二年级的学生，职业生涯服务中心会与用人单位合作，为有意向的学生提供暑假实习。

同时，职业生涯服务中心也积极为学生提供生涯探索服务。生涯探索（Career Exploration）也是哈佛大学职业生涯发展教育的一部分。职业生涯服务中心对生涯探索的定义是：在你决定想要追求的目标之前进行的对职业世界的探索。职业生涯服务中心帮助学生首先进行自我评估，引导学生将自身三个基本的特征——兴趣、能力和价值结合起来，找到重合的方面。然后将其与期望的工作类型、生活方式、工作环境等因素进行综合考虑，进而比较客观地寻找出适合自己的职业方向。

此外，职业生涯服务中心也运用了一系列的职业生涯评估工具对学生进行职业生涯指导，其中应用最为广泛的是“霍兰德人格类型测评”。学生通过测试找出与自己相符的人格类型，咨询师也会针对学生的具体情况提出适当的建议，这能让学生对自身有一个大致的认识，也对其今后的职业发展方向有一个初步的了解。在帮助学生确定目标之后，职业生涯服务中心会指导学生选择与专业方向和个人目标相关的课程，开展系统性的学习。这些课程根据不同专业而设置，有较强的针对性，开课时间、课程内容和学习时限也不尽相同。这些课程在培养学生的兴趣、完善其价值观、提高专业技能和职业决策能力等方面颇有成效。

为了给学生提供更好的职业服务，职业生涯服务中心与世界各国的学校、企业、各种组织也进行着密切合作，学生在校期间不仅有机会出国学习，进入世界各地的企业进行实习，还能作为志愿者加入各种政府组织以及非政府组织，实现自己的个人理想。职业生涯服务中心通过实践让学生真正了解自己、认识自己，帮助学生在实践中成长。而对于想继续深造攻读研究生学位的学生，职业生涯服务中心会首先帮助其确认职业生涯目标。通过性格测试、面对面交流的方法帮助他们了解自己的性格特征，是否适合学术研究，是否是由于想逃避现实世界的竞争而选择继续学习，是否准备好在今后很长的时间里对一个特定的领域进行研究等等。当学生真正确立了自己的职业生涯目标之后，职业生涯服务中心会为学生提供美国各研究生院的咨询服务，帮助他们找到适合自己的学校和专业，以便于他们继续深造。职业生涯服务中心还与学校的社团进行合作，这种合作能让学生的职业生涯活动更有效率地进行，而学生社团通过与职业生涯服务中心的合作能让社团与用人单位以及被邀请的演讲者建立起长期稳定的合作关系。

3. 专业化的生涯服务队伍

职业生涯服务中心十分重视师资队伍的建设。它有一支非常专业的生涯服务队伍，各个部门都有专业人员对学生进行职业生涯辅导。比如哈佛大学文理学院，该学院的职业生涯服务中心共有三十余名工作人员，其中包括1名办公室主任、7名为本科生提供服务的生涯咨询师、2名为医学预科及健康学院学生服务的咨询师、3名为研究生服务的咨询师、2名为继续教育学院的学生服务的咨询师，以及3名专门负责校园招聘、6名负责奖学金、2名负责学生工作、5名负责发布各种信息及资源管理的工作人员。每个人都有明确的分工，各司其职。生涯咨询师基本拥有双硕士学位，也有博士和博士后，专业涉及心理学、哲学、工商管理学、教育学、文学、经济学、历史学等多个领域。这样的教育背景能够为不同专业的学生提供有针对性的、有利于他们身心发展的职业生涯辅导。此外，生涯咨询师都具有相当丰富的工作经验。大多数人在进入哈佛大学工作之前曾在企业、高校或各类团体任职长达数年的时间，有些在职业生涯服务中心担任生涯咨询师的同时还是公司高层管理者或畅销书作家，他们有着深厚的专业素养以及丰富的人生阅历。他们在职业领域游刃有余的表现以及“多面手”的身份本身对学生来说就是一种榜样，能够激励学生努力向他们靠拢，找到自己的人生定位。这种榜样作用也能增加生涯咨询师的公信力，使OCS能够更有效地开展工作。

4. 丰富的校友资源以及信息资源

哈佛大学前校长萨默斯（Lawrence H. Summers）曾经说过这样一句话：哈佛大学最大的资源不是图书馆，不是老师，而是哈佛的校友。由此可见，校友可以说是哈佛大学一笔巨大的财富。哈佛大学在全世界很多地方都设有校友会，校友会定期举办各种聚会、研讨会，以此来加强和巩固校友之间的联系。因此，利用校友的求职网络去寻找一份合适的工作，相对来说会比学生仅仅依靠自己的力量去求职要容易许多，在某些校友集中的行业更是如此。比如，如果想在华尔街工作，通过校友介绍往往能比较顺利地求职成功。

当然，哈佛大学对校友的态度也并非一味地索取。每个校友都有属于自己的校友身份档案，哈佛大学的职业生涯服务中心在帮助学生进行职业生涯辅导的同时，也为校友提供同样的服务。校友可以参加职业生涯服务中心举办的任何生涯研讨会、生涯咨询服务以及职业探索训练，同时还可免费使用学校的图书资源以及大部分的在线咨询。毕业5年内的校友能够参加校园招聘以及得到生涯咨询师一对一的辅导；而毕业超过5年的校友，只要预约，每年都能与生涯咨询师进行单独的交流，听取生涯咨询师的专业意见。而对于想在校园进行招聘的校友，只要登录哈佛大学职业生涯服务系统（Crimson Careers）[①] 就能发布招聘职员以及实习生的信息，免去了繁杂的手续使其能更有效率地找到适合的员工。职业生涯服务系统里的资源主要包括各种实习及工作的信息，这些信息主要由哈佛大学各部门及其隶属机构、与哈佛大学有着联盟关系的企业及校友发布。

此外，哈佛大学每年都会举行多场不同行业的招聘会、宣讲会，想要在校园内进行招聘的校友只要与职业生涯服务中心进行预约就能在很短的时间里开展这些活动。这样的做法既节约了人力和财力，也使前来招聘的校友找到他们想要的员工，是一个双赢的合作。因此，可以认为每年哈佛大学庞大的校友捐款并不是校友们为了彰显财力而为的举动，而是哈佛人在得到学校的帮助之后想要回馈学校的一种表现。

5. 远见卓识的社会责任感培养

哈佛大学职业生涯发展教育的成就还体现在学校领导人对高校使命、对学生发展具有远见卓识的理念和见解上。哈佛大学历史上第一位女性校长，现任校长 Drew G. Faust 教授，在 2008 年对毕业生演讲时说："It is hard to be happy if you spend more than half your waking hours doing something you don't。"[②]（在醒来的时候，做你人生最有意义的事情。）Faust 校长在如何看待大学阶段培养目标的问题上，有自己的看法："美国的高等教育从设计上就不是为了培训学生去寻找、适应第一份工作的。因为随着时间的流逝，人会更迭自己的工作……所以最重要的是你学会一生自我学习的习惯，不管形势怎么变化，你可以通过自我学习具备你的才华和能力让你能够适应第二、第三、第四份甚至今后更多的工作……我们认为学生需要在大学期间学习更多的东西。他们需要不断地提问并保持对事物的好奇心和挑战欲望，并培养批判性的思维能力。这种能力会一直陪伴着你，并激发你的想象力。"[③] 好奇心、挑战欲望、批判性的思维能力，这是哈佛大学校长眼中大学四年学生最应该学习的东西。这些东西背后也蕴含着高校使命和对学生社会责任感的培养。

哈佛大学里有一扇为纪念此校 1890 年毕业生 Samuel Dexter 而建的门，内外门楣上的铭文 100 年来为哈佛学子所遵从：门外刻着"Enter to Grow in Wis-

① Crimson Careers：Crimson 的意思是"深红色"，由于哈佛大学的建筑多为深红色，因此深红就成了代表哈佛大学的颜色。

② 卓然：《在这里，倾听内心的声音！》，《大学生》2011 年第 4 期。

③ 卓然：《在这里，倾听内心的声音！》，《大学生》2011 年第 4 期。

dom”（进来是为了增长知识），门内则刻有“Depart to Serve Better Thy Country and Thy Kind”（离开是为了更好地回报祖国和人民）。显然，这与中国有名的“为人民服务”训诫异曲同工。哈佛大学的校友联谊厅是一个形似教堂的穹顶室建筑，历史上这是纪念哈佛校友的纪念厅和校友联谊的场所，也是哈佛大学校史厅。诞生了八位美国总统的哈佛大学并没有把这些象征荣誉的塑像或者照片放在纪念厅。厅两侧的墙壁上仅是哈佛大学校友们的名字，以及在南北战争中为国献身的普通校友。这足以让人产生一种对于先者追求理想的感动，一种对于学校尊重、推崇理想的感动。

2007 年，比尔·盖茨在哈佛大学毕业生典礼的演讲中提到，他的母亲为他考上哈佛大学而骄傲，同时总是鼓励督促他为他人多做些事情。他结婚时，母亲已身患癌症，在婚礼上她大声宣读给夫妻俩写的一封信，“从社会上得到很多的人，社会也期待他很多”。盖茨呼吁哈佛大学的毕业生们：“我希望，30 年后你们还会再回到哈佛，想起你们用自己的天赋和能力所作出的一切。我希望，在那个时候，你们用来评价自己的标准，不仅仅是你们的专业成就，而包括你们为改变这个世界深刻的不平等所作出的努力，以及你们如何善待那些远隔千山万水、与你们毫不涉及的人们，你们与他们唯一的共同点就是同为人类。”[①] 这也是哈佛大学通过自己的杰出校友在对学生传递一种声音，一种让人们去面对现实的同时去超越现实，秉承一种理想去服务社会、服务人类。哈佛大学是当前全球最富有的大学，管理着 300 多亿美元的基金，大部分的基金是哈佛大学校友捐赠的。[②] 这与追求理想、服务社会的学校历史传承必然有着密切的联系。

二、以哈佛大学为代表的美国高校职业生涯发展教育的特点

哈佛大学的职业生涯发展教育是以职业生涯辅导为核心的一套较为完整的职业辅导体系，以哈佛大学为代表的美国高校职业生涯发展教育具有以下特点：

（一）完整的就业指导机构设置

美国高校十分重视对大学生的就业辅导工作，学校均设有职业生涯服务

① 《比尔·盖茨在哈佛大学毕业典礼上的演讲》，腾讯网，http：//edu. qq. com/a/20070802/000051_ 6. htm，2007 年 8 月 2 日。

② 卓然：《在这里，倾听内心的声音!》，《大学生》2011 年第 4 期。

中心或称就业服务中心、职业规划中心等，虽然没有统一的名称但目的都是为了学生能顺利就业及全面发展。这是美国学校的常设机构，由学校的副校长直接领导。中心的主要任务是收集和发布针对毕业生以及各年级学生的就业及实习信息、编写有关职业辅导的报纸和杂志、讲授就业指导课、组织用人单位进行招聘宣讲活动、组织校友会活动等。职业生涯服务中心的宗旨是帮助学生评估、改进以及有效地实施自己的职业计划，最终找到理想的工作，并获得较好的职业发展。由于美国高校的排名与就业率以及雇主的满意度有着直接的联系，因此职业生涯辅导在美国高校有着举足轻重的地位。正因为这样，美国高校对职业生涯服务中心投入的经费也是相当可观的。职业生涯服务中心的经费来源主要是学生学费的5%以及社会捐赠，两者分别占总经费的60%和40%。在这些经费中，除去工作人员的工资，直接用于学生职业生涯服务的经费为50%左右，充足的经费保证了职业生涯服务中心各项工作的顺利进行。在人员配备方面，除了有专职的生涯咨询师以外，还有其他兼职人员以及讲授就业指导课程的专职教师。这些教师多具备本科以上学历，人数依据学生规模而定，一般为10～15人，专职辅导人员与学生的比例约为1∶200。这种人员的设置保证了职业生涯服务的针对性和实效性。

（二）全程化的职业生涯发展辅导

美国高校的职业生涯发展辅导是从学生入学开始并贯穿整个大学阶段的。职业生涯服务中心在学生入学之时就会对其进行职业教育和辅导，帮助他们与职场进行初步的接触；入学第二年帮助学生发现自己的兴趣以及擅长的领域，选定适合自己的专业；第三年帮助学生收集用人单位的资料、了解市场动态、参与社会实践，使学生对职业有一个直观的感受；最后一年则对学生进行各项职业技能的培训，比如举办如何写求职信、推荐信、参加面试等专题训练，为学生收集各种求职信息，举办职业招聘活动。

此外，美国高校职业生涯服务的对象不仅包括在校生，也包括已经毕业的校友、用人单位及学校的教职员工，甚至还为学生家庭提供服务，这是美国高等教育的一个特有的现象。为已经毕业的校友及学生家庭服务既充分体现了教育的社会服务功能，也充分体现了为学生提供职业生涯发展辅导的全程化。据调查，美国人平均五年会换一次工作，因此为校友提供职业生涯咨询服务符合他们的现实需要，做到了关注学生的终身发展，真正体现了以人为本。

（三）个性化的职业生涯发展教育

美国高校十分重视学生的个性化发展，因此职业生涯服务也十分注意从学生的特点以及性格特征出发来进行咨询和辅导。很多情况下，学生在学校期间所学的专业跟自己的兴趣爱好并不一致。遇到这种情况，咨询师会帮助他们在所学的专业和兴趣之间找到契合点，然后会为达成其职业目标进行一系列的规划和培训活动。而对于刚入学还没有选定专业的学生，职业生涯服务中心会在网上公布一系列选择专业的建议，同时会有专门的咨询师为学生解答专业选择的问题。职业生涯服务中心还会针对某些特定职业领域的实际情况，对有需要的学生进行单独的职业生涯辅导。职业生涯服务中心会根据学生的个性特征引导学生进行自我评价，并进一步进行能力开发，通过自我评价、能力开发以及职业探索，帮助其确立就业意向，最终确立职业目标。美国高校的职业生涯服务机构不仅以讲座、宣讲会、培训班等形式为学生提供职业辅导，还为有需要的学生提供单独的一对一辅导。学生只要提前预约就能得到咨询师的辅导建议。不仅如此，学生通过网络将自己的简历、推荐信等资料上传给咨询师也能得到具体而详细的职业辅导。

（四）现代化的服务工具

美国高校的职业生涯服务工作十分重视互联网以及各类测评工具在学生职业生涯服务中的应用。几乎所有的高校都采用了计算机作为工具来辅助职业生涯辅导。利用计算机来进行职业生涯辅导不仅可以让学生及时了解各种职业资讯、进行咨询预约，还可以让学生随时随地参加各种在线辅导课程。职业生涯服务中心拥有资源十分丰富的网络职业信息图书馆，里面包含了各大企业、政府部门、学校等各行各业的人事信息，方便学生随时查询。职业生涯服务中心还为学生提供了能够根据自己的专业选择职业的软件，学生只要按要求检索就能得到自己想要的信息，这些现代化的工具为学生的求职提供了极大的便利。

由于美国的职业生涯发展理论一直走在世界的前列，美国高校也将这些理论充分运用到了实际的工作中。学生不仅能从生涯咨询师那里得到关于职业以及生涯方面的发展建议，学生也能通过网络利用一系列职业测试工具和性格测试工具进行自我评估，这些测试主要包括职业能力测评、职业心理测试、人格类型匹配测试等。运用的测量工具主要包括霍兰德职业爱好量表（Holland Vocational Preference Inventory，简称 HVPI）、赛普尔工作观量表（Work Values Inventory，简称 WVI）、自我定向探索（Self - Directed Search，简称 SDS）等。这些测试能让学生更清楚地认识自我，在工作和生活中能够看清自己的优势和劣势，从而扬长避短，取得事业和生活上的成功。

第三节　美国高校职业生涯发展教育对我国的启示

职业生涯发展教育在我国发展时间较短，改革开放后，就业机制的变革促使高校职业指导重新复苏。经历二十余年的发展，职业生涯发展教育已取得很大进步，但仍存在一些问题。美国的职业生涯发展教育应该能够给予我国职业生涯发展教育一定的启示。

一、我国高校职业生涯发展教育存在的问题

目前，尽管我国的许多高校都开展了职业生涯发展教育工作，但实际效果却并不尽如人意。直到现在，我国还未出现完整的职业生涯辅导教育理论和实践体系。高校的职业辅导还仅仅停留在就业指导的层面上，不管是教育的深度或广度，还是理论的研究都还处于起步阶段。其中存在着许多值得我们关注的问题，主要表现在：

（一）高校对职业生涯发展教育存在认识误区

在我国，各高校职业生涯发展教育的水平以及高校的重视程度存在着很大的差别。有些高校从学生入学开始就开设了职业指导课程供其选修，让学生尽快确立自己的职业目标并为其而努力。但许多高校都只是针对毕业生而进行“毕业前指导”，将职业生涯发展教育等同于短期的就业指导，教育部要求的“全程化指导”的应有局面还远未形成。还有，针对就业指导“从何时开始”这一工作范围的界定，许多高校存在着认识上偏颇和行动上滞后的问题。根据调查显示，有 52.9% 的高校在大学四年级才进行就业指导，只有 17.6% 的高校从大学一年级开始对学生进行就业指导。[①] 从美国职业生涯服务的经验我们可以得出这样一个结论，生涯辅导或职业辅导不是一蹴而就的，不是在学生毕业前狠抓一把就能办好的事情。职业生涯发展教育应该是贯穿大学教育始终、有系统、有完整规划的工作，以便学生能够根据自身实际情

① 姚裕群：《大学生就业指导问题调查与研究》，《中国大学生就业》2005 年第 13 期。

况的变化，及时调整学习计划以适应社会不断变化和发展的需要。我国目前部分高校只针对毕业生的指导，不但在时间上已经落后，而且在辅导内容上也仅局限于一些“求职面试技巧”之类的弥补性工作，在学生确定自身就业方向、提高实践工作能力和综合素质等方面，显然无法对学生产生实质性的帮助。

（二）职业生涯发展教育功能有待强化

高校的职业生涯发展教育本应贯穿大学教育的始终，从学生刚入学开始就应该对其进行职业意识的教育，为适应职业社会做好充分准备。但实际上，我国目前的职业生涯发展教育的功能却弱化为就业指导，一定程度上背离了职业生涯发展教育的目标。高校的就业指导仅限于对学生发布就业信息、宣传就业政策、办理就业手续以及面试技巧指导。这种季节性、应景性的短期指导与真正意义上的职业生涯发展教育相去甚远。许多学生在毕业前仍不清楚自己的职业目标，对未来毫无规划，严重影响了大学生个人价值的实现，使大学生的成长受到限制。目前，高校的就业指导中心或就业服务中心为学生提供职业生涯发展教育服务，这些机构的工作基本上只限于收集、提供和发布职业信息，组织招聘活动、负责毕业生的就业派遣以及办理相关手续等。这些机构行使的仅仅是管理和行政的职能，不存在对学生的职业生涯发展起到教育或辅导的作用，也缺乏以人为本的教育理念。由此我们可以发现，我国高校对大学生进行的职业生涯发展教育还只停留在就业指导的低层面，距离真正意义上的职业生涯发展教育还有很大一段距离，这一现象应该引起我们的重视。

（三）缺乏系统的职业生涯发展教育课程

职业生涯发展教育在我国目前仍处于起步阶段，理论发展还不成熟。而我国许多高校也没有设置与职业生涯发展教育有关的课程，学生本身对这一领域也知之甚少，更谈不上对自己进行有意识的人生规划了。即使有些高校开设了职业指导课程，也只是在毕业前进行一些简单的技术指导和就业信息的发布，未能做到根据学生的特点对其进行职业规划，针对性不强。“就业指导课上，我们只学会了怎么做简历和怎么化妆。”这是北京某高校毕业生在接受《新世纪》周刊“学校就业指导满意度”调查时写下的话。[①] 这话可能说

① 《新世纪周刊调查：学校就业指导满意度榜》，新浪网，http：//news. sina. com. cn/c/2006－05－30/101810011970. shtml，2006 年 5 月 30 日。

得有些偏激，但它反映出的问题很明显。据了解，大多数高校都是在学生临近毕业的前几个月开设就业指导课，由学校负责就业指导工作的老师讲解一些政策和求职技巧，针对性和指导性不强。61.7%的学生在“上大学期间”和“大学毕业时”才开始有明确的职业意向，说明高校目前的职业生涯辅导还处于低层次的状态；有30.8%的大学生认为对于自己的职业发展目标不明确或从来没有考虑过，这说明了高校的职业辅导机构在帮助大学生确立职业生涯意识这一方面没有做到位。①

根据中国人民大学针对北京高校大学生职业规划进行的调查结果显示，我国大学生对学校职业生涯辅导工作基本上处于“不太了解”的状态。对学校的就业指导中心这一重要部门及其工作“根本不知道”和“知道一点”的占了调查人数的65.7%，比例近2/3；“非常了解”和“比较了解”的仅占30%多。② 这些数据充分表明我国高校的职业生涯发展教育工作还远远没有做到位。这跟高校没有统一的职业生涯发展课程是有密切关系的。有些高校开设了与职业生涯教育相关的课程，但是这些课程仍然缺乏系统性和有效性。

（四）缺乏专业化的职业生涯辅导队伍

在西方发达国家，高校的职业生涯服务经过长期的发展已经相当成熟，这为大学生顺利就业起到了重要促进作用。这也是健全的服务机构、完善的设施和专业的指导团队共同作用的结果。美国70%的大学毕业生是在学校职业生涯服务中心帮助和指导下找到工作的。③ 而我国高校目前的大学生职业生涯辅导机构，无论是机构的设置、设备的条件，还是从业人员的数量和质量，都存在不足，与西方发达国家的职业辅导机构相比，都存在明显差距。美国职业生涯服务中心的主任一般都具有辅导学、高等教育学的博士学位；负责学生心理测试、能力评估等工作的咨询顾问，一般都具有心理学硕士或博士学位；而其他工作人员除了必须获得学士学位外，还要有职业生涯执照，经过培训合格才能上岗。职业生涯服务中心有明确的分工，设有中心主任、职业咨询顾问、对外联系人等等，就业专职人员与毕业生的比例基本保持在1：200左右。以哈佛大学文理学院为例，光是在职业生涯服务中心工作专门负责学生职业生涯服务的人员就有三十多名，还不包括为学生讲授职业发展教育

① 《实话实说大学生就业现状》，解放日报网，http：//post. news. tom. com/39000AC2397. html，2009年2月26日。

② 姚裕群：《大学生就业指导问题调查与研究》，《中国大学生就业》2005年第13期。

③ 姚裕群：《大学生就业指导问题调查与研究》，《中国大学生就业》2005年第13期。

课的教师。目前，虽然我国教育部已明确规定，专职指导教师与工作人员的比例要保证不低于1：500，但大部分高校都没有达到这一标准。据统计，国内高校目前负责毕业生就业工作的专职人员与毕业生的比例达到了1：800，有些学校甚至高达1：1 500。[①] 这与教育部的要求相去甚远，因此对学生进行就业指导的质量可想而知。

而从职业生涯指导人员的专业素质来看，美国的生涯咨询师大多拥有心理学、教育学、咨询学等学历，职业咨询师的执照以及多年的工作经验，能够为学生提供比较专业的辅导。而我国从事职业生涯指导的工作人员大多来源于党务、行政领域，兼职人员多于专业人员。他们普遍缺乏专业的知识背景以及就业指导培训，难以适应市场经济下开展全新工作的需要；同时，党务行政工作背景使他们习惯于对学生发号施令，难以从为学生服务的角度考虑。由于毕业生事务繁多，就业指导人员往往疲于应付，更谈不上对学生进行一对一的个性化咨询服务了。

（五）职业观、职业道德教育缺乏

职业观是一个人根据社会的发展及自身兴趣和需要形成的关于职业目标、职业道德、职业评价、职业选择等比较稳定的基本看法和观点，是世界观、人生观、价值观在职业问题上的具体体现，和社会经济政治文化发展水平及个人价值取向有着密切联系。职业观不仅反映了人们的世界观、人生观、价值观，也是人们的职业理想和目标、学习目的和态度、择业标准和心态、从业道德和修养的体现。在我国高校虽然开设了与职业观和职业道德相关的课程，但这些课程的实际意义远没有充分发挥，导致学生没有形成正确的职业观，也缺乏应有的职业道德。在多数大学生的观念里职业是有“贵贱”和“等级”之分的。外资企业、商贸、金融单位、党政机关等行业是最受大学生青睐的行业，这些单位具有较高的职业待遇、职业声望和职业环境，收入和福利相对其他行业也更有优势。因此大部分毕业生在求职期间都将这类单位作为首选，由此造成了资源的浪费。许多大学生不是找不到工作，而是不愿意去“屈就”一些被其认为不够“档次”的工作。而在美国由于从儿童时期开始就对学生进行职业观教育，因此在他们的观念里职业是没有高低贵贱之分的。虽然从事律师、医生这些行业的人的确有着比较高的社会地位，但其他一些在我国的观念里从事比较“卑微”的工作的人比如技术工人、蓝领、

---

① 姚裕群：《大学生就业指导问题调查与研究》，《中国大学生就业》2005年第13期。

服务人员等在美国也同样能受到人们的尊敬。

除了有良好的能力和素质以外，大学毕业生也需要有良好的职业道德。所谓职业道德，就是人们在进行职业活动过程中，一切符合职业要求的心理意识、行为准则和行为规范的总和。它是一种内在的、非强制性的约束机制，是用来调整职业个人、职业主体和社会成员之间关系的行为准则和行为规范。近几年来，针对毕业生就业质量的调查发现，很多用人单位认为现阶段有很大一部分大学生职业道德素质偏低，达不到雇主的要求。《大学毕业生就业发展2007年度调查报告白皮书》[①] 显示：企业在招聘大学生时，最看重的是毕业生的综合能力、潜力与品德这三项；而企业对于毕业生品德的要求远远高于毕业生对自身品德的要求，也高于目前我国高校职业生涯发展教育对职业道德的重视。因此，加强对大学生的职业道德教育迫在眉睫。

二、美国高校职业生涯发展教育对我国的借鉴意义

在美国等西方发达国家，系统的职业生涯发展教育从儿童进入幼儿园之时就已经开始培养了。因此，职业意识的培养绝不是一朝一夕的事情。我国高校要加强职业生涯发展教育的实效性有必要借鉴美国高校的经验，逐步构建以学生为本的职业生涯发展教育体系，使生涯辅导落到实处，真正为学生的求职就业及生涯发展起到促进作用。

（一）树立全程化的职业生涯发展教育理念

目前，虽然我国高校已经不同程度地认识到职业生涯发展教育的重要性，有些高校也开设了职业指导课程供学生学习，但没有改变那种“职业选择是一次性”的落后教育理念，仍处在片面关注学生就业率、把毕业生当成商品成功推销出去就万事大吉的阶段。这种观念严重阻碍了职业生涯发展教育在高校的推广，在这种观念的指导下，职业生涯发展教育被“窄化”为就业指导或是面试指导。这样的做法忽视学生的可持续发展和职业兴趣，也不能使学生充分发挥自己的职业能力和潜力，导致大部分学生在毕业时缺乏明确的职业生涯发展目标，出现盲目追求眼前利益等急功近利的现象。也因为缺乏有效的职业生涯发展教育，很多学生在走上工作岗位之后才发现自己的兴趣跟职业存在很大的偏差，导致工作缺乏积极性和创造性，这对自身以及社会

① 《大学毕业生就业发展2007年度调查报告白皮书》，山东高校毕业生就业信息网，http://www.sdbys.cn/art/2008/6/13/art_44_5637.html，2008年6月13日。

资源都是一种浪费。借鉴美国先进的职业生涯教育理念，应该将“一次性”的就业指导转变为关注学生终身职业发展的职业生涯发展教育，重视学生的内在心理需要和成长过程。在美国，即使一些高校沿用“就业指导”的名称，但所做的工作也远远不止就业指导如此简单。因此，职业生涯发展教育不能简单地理解为就业指导，不能仅仅针对毕业生开展工作，高校必须从根本上改变这种落后的教育理念。从学生入学之时就应该针对不同的年级开展职业生涯发展教育。

1. 大学一年级为尝试期

大学一年级学生从高中来到大学，生活环境的变化、学习氛围和学习方法的改变必然会让他们感觉不适应。因此这一时期的职业生涯发展教育应该首先让他们对大学有一个正确的认识，对自己所学的专业有一个初步的了解。高校应建立学生资料库，将学生的兴趣、爱好、所填报的专业以及最后录取的专业等情况做简单的统计。而对于有些高考发挥失常没有进入理想专业的学生，应该针对学生的具体情况具体分析，做好他们人生的引路人。这一时期的重点是让学生树立自我规划和自我管理的理念，培养他们的职业意识。让学生拟订自己大学的学习计划，鼓励学生为实现自己的人生目标而努力。

2. 大学二年级为定位期

这一年应该引导学生进行积极的自我探索与全面的职业探索，从而明确自己的发展目标，是继续深造还是就业。对学有余力的同学应该鼓励他们积极参加学生会和社团活动，锻炼自己的实践能力，更好地为就业做准备。同时提醒学生注意提高基本的英语和计算机水平，涉猎各方面的知识，扩大眼界和知识面。

3. 大学三年级为冲刺期

这一时期应该对学生的就业或是考研留学的情况进行统计，为不同需求的学生提供有针对性的教育服务。对于想要继续深造的学生，应该给予他们一些适当的求学建议；而对于想要求职的学生，要引导他们结合社会需要来思考和规划自己的职业生涯，同时帮助学生有计划、有针对性地完善自己的知识结构，并进行适当的技能培训，全面提高学生综合能力，增强社会竞争力，塑造能够适应就业市场需要的有用之才。

4. 大学四年级为关键期

这一年要根据学生的特点进行就业政策的宣讲和面试技巧的指导，还要对有需要的学生进行职业心理辅导，帮助其做好这一时期心理角色的转换。此外，高校的职业生涯辅导中心应尽量淡化就业指导工作中的行政色彩，认真听取学生的想法和需要，做学生的“良师益友”，树立热心为学生服务的新理念。从仅仅是“管理者”的面孔转变为“教育、管理和服务三结合”的角色，通过高效、可靠、优质的工作，促进大学生的就业。

职业生涯发展教育是一项长期的、系统的教育活动，贯穿学生的整个大学生涯。因此，高校除了努力改善职业生涯发展教育工作外，也要努力提高学生职业规划的意识，要求学生发挥主观能动性，从根本上意识到职业生涯规划的重要性，做到自我管理、自我调整、自我评估，否则强加再多的外力也很难起到“根治”的效果。同时还必须整合家庭和社会的力量，做到以学校为核心，家庭教育和社会环境相结合，保证职业生涯发展教育的有效开展。

（二）完善职业生涯发展教育内容

与其他学科不一样，职业生涯发展教育是一项涵盖面较广、知识性和实践性并重的课程。大学生正处在人生的十字路口，也是人生发展的关键时期，因此有必要对其进行系统的职业生涯发展教育，内容应该涵盖以下几个方面：

1. 职业观教育

当前我国的大学生求职普遍存在着“向钱看”的现象，对职业声誉、地位等因素十分看重，对福利好、稳定的工作情有独钟。由此出现了近几年来公务员考试异常火爆，“千军万马过独木桥”的现象。2010 年国家公务员笔试全国报名人数突破 135 万，竞争一万多个职位，报考比例达到 85 : 1，无论是报考总人数和报考比例都再创历史新高。[①] 导致“公务员热”的原因除了包括稳定的收入和待遇及较高的社会地位之外，还有一个不容忽视的原因是很多毕业生就业能力不足，对自身缺乏基本的认识，定位模糊，盲目跟风参加考试。根据 2006 年对北京高校毕业生进行的调查，超过六成的被调查者就业意愿集中到政府机关和外资企业，其中把外企当作理想工作单位的占 33.8%，把政府机关当作理想工作单位的占 31.1%。有高达六成的被调查者即便毕业找不到工作也不愿意到基层、偏远地区及中小城市去就业。[②] 就业意愿的集中造成了就业难度加大以及地区就业的不平衡，人才的饱和也导致在大城市就业的难度越来越高，大学毕业生从昔日的“精英”变成了“蚁族”。美国教育注意给儿童树立“职业不分贵贱”的意识，因此在美国无论是哪一行，只要做出成绩都会得到人们的尊重。这跟我国较注重金钱和权力的社会氛围不同。因此，有必要加强大学生的职业观教育，引导他们树立正确的价值观和

---

① 《国家公务员考试 135 万人通过资格审查平均 85 取 1》，《北京日报》2009 年 10 月 26 日。

② 《北京高校毕业生就业调查：六成人钟情机关外企》，教育文摘周报网，http：//cnier. ac. cn/wzb/zhxx/2253. html，2007 年 2 月 2 日。

职业观。找工作时不应该把经济利益放在首位，而应该从有利于发挥自身才能、为社会作出贡献的角度出发，选择真正符合自己兴趣爱好并能促进个人成长的职业，做到“干一行、爱一行”。

2. 职业道德教育

在一个人的职业生涯中，除了过硬的专业素质以外，良好的职业道德在人们漫长的职业生涯中起着举足轻重的作用。美国高校十分重视职业道德教育，甚至认为职业道德比专业素养更为重要。例如，美国法学会和律师协会达成协议，规定法学院的毕业生必须进行职业道德课程的考试，合格后才能进入律师行业工作。美国大部分高校的商学院都开设了职业道德课程，讨论的主题包括变革中的商业道德、技术革命中的道德问题等，而且着重给学生讲解企业和公司经理经常面临的职业道德问题；医学院也十分关注医学领域的道德问题，目的在于培养学生的敬业精神，克服功利主义的影响。因此，我国高校也应对大学生进行必要的职业道德教育，可以通过两个方面来实施：一是通过课堂教育向学生灌输实用的、具体的、相对稳定的道德规则以及社会倡导的价值观，同时在教学中注重与学生进行互动，运用主题讨论、阅读、辩论、情景模拟等教学形式，引导学生积极参与教学活动，从而达到教育目的；二是将职业道德教育内容渗透进专业课教学、日常思想政治教育、社会实践、专业实习等形式当中，构建隐性教育体系，在潜移默化中达到职业道德的教育目的。

3. 心理健康教育

健全的人格是保障大学生成功就业的基础。从总体上看多数大学生拥有健康的心态，能够积极面对挫折，自信乐观，对生活充满信心，有较强的适应力。但也有相当一部分学生存在心理问题，常见的问题有：第一，自卑心理，很多学生因为自己所学的专业比较冷门，或是觉得自己能力不够而看不起自己，有些则因为自己形象较差或成绩较差不想就业；第二，焦躁心理，大部分毕业生在找工作时普遍会出现压力过大的现象，农村来的学生情况更为严重，这种心理严重影响了他们正常的学习和生活；第三，自负心理，与自卑心理完全相反的就是自负的心态，有些大学生在进入大学以后，认为自己是“天之骄子”，平时不注重自身的修养，行为浮夸，容易给用人单位留下不好的印象。在美国高校，有专门负责心理健康的生涯咨询师为学生服务，学生只要提前预约便能与咨询师进行一对一的交流。鉴于此，我国的高校应对毕业生加强心理健康教育，关注他们的心理动向，引导学生正确认识自己的不足以及在求职过程中出现的挫折，客观分析原因与形势，帮助他们度过人生中这一段重要又特殊的时期。

4. 创业能力教育

美国是世界上最早进行创业研究和创业教育的国家。哈佛大学商学院、麻省理工学院等著名高校均设置了创业教育课程。据统计，1977 年美国仅有 50 ~ 70 所学院和大学开设了与创业有关的课程，而在 1999 年已达到 1 100 所左右，到 2005 年初有 1 600 多所高等院校开设了创业学课程，可以说创业教育在美国已经形成了相当完整的体系。[①] 但在我国创业教育还属于新生事物，甚至大学生的创业意识还远未形成。据广东省高校毕业生就业指导中心统计的数据，2010 年，广东有创业意向的大学生 8 800 人，实际创业的 3 757 人，比 2009 年增加 1 618 人，超过当年毕业生总人数的 1%，但在 2007 年，自主创业大学生仅 564 人，仅占当年高校毕业生人数的 0. 25% 。[②] 而在内地高校学生有创业意向的比例远远低于沿海城市。如果大学生只是被动地等待机会的到来，不去积极地创造机会，将会造成资源浪费，也会延缓高等教育大众化的进程，阻碍我国高等院校由精英化向大众化教育的转型。因此，提高学生的创业意识和素质，不仅有利于学生的发展，也有利于解决我国大学生就业难的问题。在知识经济时代，高校不能再像以前那样墨守成规、重分数轻能力，而应该积极顺应社会现实，以提高学生的理论和实践素质为己任，鼓励学生的创新创业精神，重视学生的实践能力、经营管理能力以及处理人际关系能力的培养。

5. 通识教育系列课程

拥有将近 400 年悠久历史的哈佛大学一直以来都十分重视通识教育以及人文精神的培养。哈佛大学秉承着培养开放式、创造性人才的教育理念，这样的教育理念有助于培养学生在专业领域内形成原创性的思想与能力，成为具有自由人格的、有独立思维能力的人。经过 1945 年哈佛红皮书的发表和 2007 年的改革，目前哈佛大学通识教育的核心课程涉及文理各个方面，包括历史研究、外国文化、文学、艺术、科学与社会分析、道德思维、数量思维等领域。不仅哈佛大学如此，美国大部分高校都开设了通识教育课程。例如，斯坦福大学开设了包括人文概论、自然科学、应用科学、工程科学与数学领域、社会科学、美国文化、世界文化和性别研究等在内的多门通识教育核心课程。波士顿学院的通识教育核心课程则包括文学、艺术、历史、写作、哲

① 《美国高校创业教育动因及特点》，科学时报网，http：//www. chinabaike. com/z/dili/2010/1226/39659. html，2010 年 12 月 26 日。

② 《创业大学生遭遇三大难题　广东大学生创业现状调查》，中国日报网，http：//www. chinadaily. com. cn/hqcj/zgjj/2010 -09 -11/content_ 853329_ 3. html 0. htm，2010 年 9 月 11 日。

学、自然科学、数学、社会科学、神学、多元文化等10个方面。各高校的通识教育课程在本科教育中占有十分重要的地位，但各高校的具体要求则有较大的差别。例如，哈佛大学要求本科生修读满32门课程才能毕业，其中有16门课程是主修专业课程，8门课程是通识教育核心课程，另外8门课程为其他选修课程。学校要求本科生在入学后的前两年完成相关核心课程的学习，第三年开始进行自己主修专业课程的修读。虽然这些学校的通识教育课程设置不同，但有一些共同的特点：一是持久性问题讨论；二是重视学科历史；三是重视学科方法论的教学；四是重视将写作融入课程教学；五是包含多元文化的观点；六是关注学生的道德观与实践。通识教育的教师必须是教授或高级讲师，教学效果经评估必须达到优良。这些都是为了保证通识教育实现预期的教育目标。①

通识教育除要求学生熟悉自己的专业学科外，对于其他学科的知识、人文素养、群己关系、社会责任亦要有所涉猎并学会融会贯通。学生通过系统的通识教育课程的学习后，不仅能对自己所学的专业有比较深刻的了解，同时也提高了自身的素养、拓宽了知识面。在学生进入职场后，这样的教育背景能让他们更好更快地适应职业生涯，成为职场的“多面手”。因此在高校开设通识教育系列课程对提高学生的素质、促使学生将来更好地适应工作是大有裨益的。近几年，国内一些高校，如北京大学、清华大学、复旦大学、北京师范大学、中国科技大学等都针对通识教育，进行了不同程度与规模的教学改革。尽管这样，通识教育在我国高校仍是个别现象，多数高校对此缺乏应有的重视。这样的现状应该尽快得到改善。

（三）改进职业生涯发展教育途径

近日，在国内一档十分火爆的相亲节目中，出现了这样戏剧性的一幕。男嘉宾安田是一位本科、硕士、博士分别在哈佛大学、牛津大学和加州大学伯克利分校就读的美籍华人。在最后的选择中，他问了最后两位女嘉宾这样一个问题：“如果你拥有了1 000万美元，你会干什么？”一个女嘉宾说：“不会有很大的改变，该做什么依然做什么，这不会给我的生活带来什么变化。”另外一个女嘉宾则说：“我会带我的妈妈出去旅行。”这两个答案显然都不是他想听到的回答，主持人反问如果是他会怎么做，这时他一反常态开始变得认真起来，他回答道：“当你有机会能花那么多钱，你要不就开设自己的基

① 《核心课程：美国学士学位大学本科教育——哈佛大学通识观察》，深圳网，http://www.sz5.cn/file/cfhvliuxue/mgdxjygc_ hbecfi. htm，2009年9月24日。

金，照顾孤儿，照顾社会最贫穷的一些人。要是我给你一百万，那你可以买车，可是一千万，那么多钱，可以成立一个基金。或者应该就是给一个学校，让他们多一点奖学金，你必须要有那种为人民服务的精神。”听到“为人民服务”，全场观众都笑了，但他却极力强调：“这一点很重要，不是在开玩笑。”最终这个坚持社会责任感的男生选择了放弃两个女生。他说：“其实在哈佛，我们都是这样的，就是，你有这个机会能上那么好的大学，你必须要好好利用这个机会回报国家，回报社会。”他还说，哈佛大学是这样教导的：“Enter the growing the knowledge，Depart is better serve the country and kind。”（进入哈佛是为了增长知识，离开哈佛是为了更好地回报祖国和人民）

考虑到安田的教育背景，我们也不必过分地拔高他的价值观。但是从一个个体上升到大学，就值得我们进一步反思。我国高校学生也有校训的浸润，值得思考的是，这些校训的存在仅仅是贴在墙上，还是内化在学生心里，能够伴随学生的一生？哈佛大学的校训，如此深刻地影响了安田。哈佛大学作为在学术上一流的高等学府，为何在道德方面也能培养出一批具有强烈社会责任感的“精英”？这与哈佛大学将培养有社会责任感的人置于首位密切相关，学生的知识水平、认知能力、专业素质、创新品质等都从属于社会责任感的培养，课程设置、教学要求、教学活动、校园生活等都服务于培养有社会责任感的人的需要。培养有社会责任感的人是一种境界，是大学对社会的责任所系。

当然，哈佛大学对学生的教育途径也值得我们借鉴。教育途径是指为实现既定教育目标、实施教育内容，有计划、有组织地采取的教育路径、方式与渠道的总和。它是教育内容实施的载体、教育方法实现的渠道、教育目标达成的路径，在教育过程中具有重要意义。

在哈佛大学的申请者中，每年都有不少大学入学考试满分的学生申请入学，而哈佛大学通常只录取不到一半的满分申请者，那么，另一多半的非满分学生进入哈佛大学依靠的就是其他的因素，例如个人的特长和创造力、社区服务活动和领导才能等“软实力”。因此，在这样的前提下，有志申请名校的高中生都会利用假期和课余时间参加实习和社会服务工作，以增加社会经历，开阔视野，提升自己的实际工作能力。而美国的许多政府部门、研究机构和公司企业都为学生提供了许多的实习和社会服务机会。

从哈佛大学的校园文化建设到哈佛大学的校友对学生进行的言传身教，如比尔·盖茨在毕业典礼上的讲话以及他所创立的慈善基金，哈佛大学对学生的“隐性”教育可以说早已贯穿在学校教育的方方面面，对学生正确价值观的形成起到了巨大的促进作用。所谓“隐性”教育方法是相对于显性教育方法而言的，是指运用多种喜闻乐见的手段，寓教于文、寓教于乐，使人们在潜移默化中接受教育的方式，它具有愉悦性、知识性、多样性、潜隐性。在教育过程中教育者、教育内容、教育目标不是直接显露的，是隐藏的，其教育形式是侧面的、间接的，采用“渗透”的教育方式。因此我国高校职业生涯发展教育应该学习和借鉴哈佛大学的教育方法，将隐性教育和显性教育结合起来。不仅要在课堂上对学生进行思想政治理论的显性教育，同时也要注重对学生进行隐性教育。通过不断凝练和发展独立的大学精神，建设良好的校园文化和校园环境，潜移默化地对学生进行隐性的价值观教育，帮助学生在纷繁复杂的社会找到自己的职业以及人生方向。在坚持传统课堂教学途径的同时，大学生职业生涯发展教育还应积极拓展新的教育途径，通过深入开展社会实践、大力建设校园文化、开展网络教育，实现职业生涯发展教育理念与内容的全面渗透。

（四）建设专业化的职业生涯发展教育师资队伍

专业化的队伍是保证高校职业生涯发展教育行之有效的前提。我国高校职业生涯发展教育应该在辅导人员数量、质量以及保障体制等方面进行改善，才能使高校职业生涯发展教育队伍真正为学生的就业以及个人成长起到促进作用。职业生涯发展教育教师首先应该具有开阔的视野和科学分析当今世界政治经济状况的能力；其次应该至少具备心理学、教育学、法学、管理学、经济学等相关专业的硕士或博士学位，并能够熟练运用这些专业知识，结合学生的实际情况对其进行职业生涯辅导；再次最好具备一定的企业或是高校的工作经验，这样能对学生遇到的就业问题进行更好更有建设性的辅导。在职业生涯服务中心还应设立专业技术岗位，如心理咨询师和职业指导师。对于新进的人员要以专业人才为主，对于现职人员则要进行全员化的专业教育培训，让其达到能够从事专业工作的水平。同时也要在数量上达到国家规定的1：500的比例，这样学生才能获得更好的辅导效果。此外，还应该聘请企业高层和专家学者作为职业顾问，从理论和实践的角度指导学生的就业问题；具有职业生涯规划执照的专职教师对学生进行课程教育；通过校友计划聘请已经成功就业的校友作为学生的联系人。三管齐下多渠道提高大学生职业生涯发展教育的实效性。

（五）开发职业生涯发展教育网络资源和校友资源

目前我国高校各网站上与就业相关的内容比较单薄，大多数内容是一些就业信息的发布以及新闻报道，对学生的帮助有限。应该借鉴美国高校的网站建设，建立专门的职业信息资料库，内容应该包括各种职业基本介绍、职业需要具备的基本素质和能力以及用人单位的招聘信息需求发布，为毕业生和用人单位搭建起沟通的桥梁，互相都能及时了解供求信息；应设立在线咨询，学生可以通过网络与咨询师进行在线交流，使高校的职业生涯服务能更有效率地进行。同时还应开设在线性格测试以及职业匹配度测试，将计算机应用在性格以及与职业相关的测试上，以提高测试的准确性。测试应该包括兴趣测试、性格测试、心理测试、职业能力倾向测试、气质测试等。学生可以进行自测，也可以在咨询师的指导下进行测试，这样能让学生对自我以及适合的工作有一个初步的了解，能让学生在求职时目标更明确，更容易找到理想的工作。

在美国不仅是哈佛大学，很多高校都设有校友会，校友会地点遍及世界各个国家。校友会定期举办各种形式的聚会，校友们在这里可以发布信息、分享工作和生活上的心得体会。对于刚毕业的大学生，校友会是他们寻找工作机会以及向已经进入职场的校友获取职业经验的绝佳场所。通过校友资源来解决毕业生的就业问题是美国高校一项重要的工作，同时学校也为校友在校园进行招聘提供了非常便捷的服务。校友只需要注册并登录职业生涯服务中心的网站就能进行校园招聘，省去了烦琐的审批程序。

我国应该借鉴美国高校的做法，建立校友档案库，对校友的情况进行及时更新；定期举办校友聚会，为校友以及在校生与校友之间提供交流平台；举办校友专场招聘会，为校友提供更便捷的服务；定期邀请一些在各行业取得一定成绩的校友，为学生普及行业知识，解答他们的疑问，帮助其明确奋斗目标；对于一些有能力的校友，可以通过自己的社会关系，为母校提供实习、就业信息及平台。除此之外，高校还可以和校友合作建立大学生实习基地，学校及时推荐选拔优秀学生前往实习，实习基地优先向学校及毕业生提供每年的招聘需求信息，并参加学校举办的各种招聘活动，优先录取本校毕业生。通过这种形式，高校可以尝试毕业生订单式培养，与用人单位建立起长期友好的合作关系，从而实现学校毕业生生源优势与用人单位人才需求的有效结合和良性循环，拓展毕业生的就业渠道。

美国高校自哈佛大学首开先河对学生进行职业生涯指导以来，至今已经有近百年的历史。职业生涯发展教育的主要目的是帮助学生树立正确的职业观，促进个体的全面发展，将职业发展作为一项终身的活动来进行。目前，美国高校的职业生涯发展教育体系已经相当完备：有专门的职业辅导机构和专职教师；服务对象广泛，指导内容全面，指导形式多样；职业生涯服务贯穿整个高等教育阶段，并结合学生特点开展有针对性的辅导。由于各高校的规模、水平不同，其职业指导进行的具体方式也不同。像哈佛大学这样的一流高校，其职业生涯发展教育已做到了为学生的发展提供最人性化的服务。职业生涯服务中心的专业工作人员配备齐全，为哈佛大学的所有在校生、教师、校友和雇主提供服务。在大学生就业问题引发社会广泛关注的今天，美国高校的职业生涯发展教育对我国解决大学生就业问题有一定的借鉴作用。

就让哈佛大学现任校长 Drew G. Faust 女士的话来作为本章的结束语："Discover what matters to you and discover what you can do to make a difference in the world. If you combine passion and compassion, you will have a life of meaning and fulfillment."[①]（去发现对你最重要的，去探索与众不同的你。把你的热情和爱心点燃，你会拥有充实而有意义的人生！）

① 卓然：《在这里，倾听内心的声音！》，《大学生》2011 年第 4 期。

第六章

思维拓展：生涯发展教育的德育审思

在教学实践中，课程内容和教学方式上缺少现实载体，偏重理论灌输，往往会导致思想政治教育教学缺乏吸引力和时代感，教学实效难以达到预期目标。为了提高教育效果，当前的思想政治教育的内容板块已经开始作出调整，大学生职业生涯发展教育无疑是大学生思想政治教育内容的有效补充。大学生职业生涯发展教育对学生和教育活动本身而言，都具有突出的现实功能和长远影响，加入职业生涯发展教育无疑丰富了思想政治教育内容的多样性和适应度。

第一节　职业生涯发展教育对“思想道德修养与法律基础”课的内容重构

职业生涯发展教育与“思想道德修养与法律基础”课（下文简称“基础”课）有着教育对象一致性、教育价值相通性、教育内容渗透性、教育作用互补性的关系，“基础”课中适度运用职业生涯发展教育为载体，发挥生涯发展教育功能价值，达到更好的教学效果。

一、职业生涯发展教育和“思想道德修养与法律基础”课的关系

（一）教育对象的一致性

“基础”课与职业生涯发展教育对象均是当代大学生，共同承担着促进大学生全面发展、为社会主义事业输送人才的历史重任。相同的教育对象，让“基础”课与职业生涯发展教育有了借鉴和交流的纽带。教育过程本质上是一种情感的体验过程，无论是“基础”课还是职业生涯发展教育都是人与人之间进行的一种内含生命体验与情感共鸣的生活实践过程。要达到情感共鸣，必须加强对教育对象——当代大学生的研究，体察其内心世界，关爱其内心需要。在这一过程中，“基础”课与职业生涯发展教育可实现信息互补、情感共通。职业生涯发展教育通过引导大学生进行自我探索，可获悉大学生的个人兴趣、爱好、个性特质、内在价值取向及原有知识结构，为“基础”课提供丰富素材；通过“基础”课也可获悉学生思想动态与内心情感，为职业生涯发展教育提供信息资源。

（二）教育价值的相通性

大学教育具有满足主体需要的属性，即价值性。具体而言，可分为社会性价值与个体性价值。马克思曾指出：“统治阶级的思想在每一时代都是占统治地位的思想。”因此，在社会主义中国，处于执政地位的中国共产党必然将体现工人阶级利益的意识形态、思想观念作为社会主导思想，以达到巩固和发展社会主义事业的目的。作为高校思想政治理论课之一的“基础”课也承担了这一重要使命，解决“一定社会、一定阶级对人们思想品德素质的要求与人们实际思想品德水准之间的矛盾”，架起“实然”与“应然”之间的桥梁。

大学生职业生涯发展教育的个体性价值显著。它关注学生的终身发展，从学生个体需要出发，从探索学生内在自我入手，通过引导学生树立科学的世界观、人生观和价值观，指导学生对自己的职业生涯发展进行规划，使学生具备科学的职业规划意识、理念与能力，并努力在大学阶段全面提升个人的综合整体素质，促进个体全面发展。

“基础”课突出的社会性价值与职业生涯发展教育显著的个体性价值是相辅相成，相互融通的。社会价值需依托个体内在需要的发掘与个体价值的发展来实现和推动；个体价值的满足也需在社会集体当中，顺应社会发展需要

及历史发展趋势才能得以实现。

（三）教育内容的渗透性

就业是大学生走上社会实现终身发展的重要媒介，它与个人理想、自身利益有关，也与国家利益、社会需要有关。积极促进大学生解决就业及职业发展问题是“基础”课与职业生涯发展教育所要共同面对的问题。科学的世界观、人生观、价值观和理想信念对一个人成长发挥着至关重要的导向作用，价值塑造和引导是“基础”课程着重涉及的领域，也是进行大学生职业生涯发展教育的支撑点。在职业生涯发展教育中，通过分析社会对职业与人才的需求，引导学生正确处理国家宏观需要与个人自主选择之间的关系，把实现个人的理想、抱负与国家富强、民族兴旺、时代发展联系起来，于潜移默化中实现了“基础”课的内容渗透。在教授“基础”课的过程中，通过思想教育、道德教育及心理教育，解决个人职业生涯发展中遇到的思想困扰，奠定良好的心理基础；通过科学世界观、人生观、价值观教育，引导学生树立正确的职业理想、正确对待择业问题；通过职业道德教育，培育学生的职业道德品质，提高学生整体素质，于无形之中实现了职业生涯发展教育的内容渗透。

（四）教育作用的互补性

马克思主义唯物辩证法认为，矛盾构成一切事物存在、发展的根本，任何事物都是普遍性与特殊性的统一。随着全球经济的发展，社会对高校培养个性化人才的需求愈发旺盛；而大学生个体由于受不同家庭环境、教育背景、社会文化环境影响及本身在兴趣、能力潜质、个性特质等方面存在差异，社会个体之间会客观存在较大的差异性，这就要求高校必须适应社会发展要求，从学生实际情况与个性特点出发来开展个性教育。职业生涯发展教育就恰好满足了高校个性教育的需要，从学生个体的实际情况出发，引导学生在统筹自身各方面的特质因素的基础上制定个性化发展目标与路径，唤醒个体独特的内在潜能与资质，实现自身资源的最大整合。

尽管大学生存在各方面的个体差异，然而其所面临的共同时代际遇与社会环境、所肩负的相同社会使命又使其存在共同之处。对学生在发展过程当中所面临的共性思想问题、价值取向问题、心理问题，“基础”课坚持一元主导，借由社会主义理论，培养思想道德高尚、法制意识强烈的社会主义建设中坚力量。因此，“基础”课与职业生涯发展教育同时满足了社会发展所需的共性教育与个性教育相结合、教育目标一元化与层次多元化的需求，在教育作用上实现有机互补。

二、职业生涯发展教育对“基础”课的价值反思

（一）有助于提高“基础”课的针对性和实效性

大学生职业生涯发展教育关注个体的兴趣、价值观、能力和性格，关注个体内在的潜能挖掘，关注个体在职业环境中的适应度和匹配度，它实质是个体价值和社会价值的有机统一，是个体追求理想目标的过程。也就是说，这里既有职业对人的一般性要求，如职业理想、态度、责任、良心、信誉等；也有特定职业的职业规范对人的特殊要求，如职业技能、纪律等；还有个体特质要适应职业的要求，如兴趣、爱好、能力这三个方面的问题。从这个意义上来讲，职业生涯发展教育的个性化特征能弥补“基础”课普遍号召的不足，提高“基础”课的针对性。此外，职业生涯发展教育可以作为“基础”课的优良载体，紧紧围绕学生在择业、乐业、敬业过程中如何提高综合素质、修炼职业品格来开展，使学生感到“基础”课与日后的职业生涯成功有较大联系，因而更加自觉地学习，从而可以提高“基础”课的实效性。

（二）有助于增强“基础”课的时代感，促使其贴近生活

大学生职业生涯发展教育是“基础”课贴近生活，实现“软着陆”的良好途径，它了解职业及其变化趋势、就业后晋升发展的可能性、所学专业对应职业群的发展及其对从业者素质要求的变化，关注社会热点问题——就业，贴近社会；关心学生的内在需求——求职与发展，予以人本关怀，将教育内容融于实际问题的沟通解决过程之中，增强了“基础”课的时代感。

（三）有助于培育大学生的主体地位，激发学生内在动力

“基础”课在目标导向上强调社会目标，对个人的内在需要与发展要求重视不足；在价值选择上，注重对社会的工具性价值，对受教育者个人的本体价值有所忽视。而高校职业生涯发展教育立足于促进学生全面发展需要，从学生个体出发，帮助树立正确价值观与职业理想，明确职业发展方向，全面提升自身综合素质，实现人生发展目标，恰好满足了受教育者的主体性需求。职业生涯发展教育充分重视学生的主体地位，使大学生成为自我成长、自我设计的主导者，从而产生强大的内在动力与目标导向作用，激发学生将所有能量集中到自定目标的实现上来。

三、职业生涯发展教育在“基础”课中的价值体现

（一）以职业生涯发展教育为优良载体，突出“以学生为本”的教育理念

职业生涯发展教育把人的全面发展作为终极目标，帮助大学生认识自我、认识职业，结合自身特点规划未来，从而实现人与社会的共同发展，这正体现了“以学生为本”的教育理念。职业生涯发展教育中的人职匹配理论与实践，毫无疑问地把人的个性差异凸显出来，让每一个人重新认识自我；职业选择的理论和实践则更加突出人的主体地位，尊重人的职业意向，强调岗位对人的要求和人对岗位的适应能力是否协调一致，保证个人作出最优的职业选择。

高校职业生涯发展教育作为一个双向互动的教育过程，教育效果的实现既离不开教育者主导作用的发挥，又离不开受教育者主体性的激发、自主能动作用的实现。因此，以职业生涯发展教育为“基础”课的优良载体，既能保障教育者在教育过程中的主体主导地位，又能充分尊重受教育者的自主能动性与创造性；在教育实施方法中既能重视从外而内进行教育，又能强调内省、自我实现的自我教育，内外兼施、内外兼修，从两方面共同推进“基础”课目的的实现。可见，以职业生涯发展教育为优良载体，弥补“基础”课教学过程中的普遍号召不足，给予学生以人本关怀，使广大学生更容易接受。

（二）以职业生涯发展教育为优良载体，帮助学生树立良好的职业理想和信念

帮助学生树立良好的职业理想和信念是“基础”课和大学生职业生涯发展教育的共同任务。“基础”课通过职业观、价值观教育，引导大学生树立为国家和人民服务的理想与信念，教学实效有待进一步提升。应以职业生涯发展教育为优良载体，紧密结合学生个人职业的发展内容，用成功案例形象地阐释职业生涯发展教育—职业理想—职业信念—职业成功—人生幸福的因果链条，使学生认识到树立职业理想与信念是人生通向成功的关键环节，帮助学生树立良好的职业理想和信念。

（三）以职业生涯发展教育为优良载体，推动教育资源的整合

高校在进行职业生涯发展教育时，必须有效整合所有的教育资源，调动全部师资力量，为学生的就业和发展提供服务。从学生的自身需求而言，他

们迫切需要学校专业课、公共基础课及辅导员、社团组织等形成教育合力。以职业生涯发展教育为优良载体，也为“基础”课提供了较好的教育资源，推动了教育资源的有效整合。

职业生涯发展教育对“基础”课的内容重构是一个创造性过程，需要巧妙构思、匠心设计，二者可以相互借鉴、相互吸收，“基础”课通过职业生涯发展教育为载体，发挥教育的生活化功能，实现课程的教学目标。

第二节　创业教育之于职业生涯发展教育的价值启示

1989 年末，联合国教科文组织在北京召开的“面向 21 世纪教育国际研讨会”上提出了“大学生创业教育”这一全新概念，初衷是期望通过在高等教育过程中加入大学生创业教育的元素以促进社会就业，尤其是促进大学生就业问题的有效解决。目前，我国经济结构、社会组织形态以及大学生就业的形势已与 20 年前有了明显差异。没有差别的是——教育的本质目标并无变化，大学生就业问题依旧严峻，大学生创业教育的意义和价值依然凸显。

大学生创业教育的价值可以归纳为四个方面：一是培养和训练学生创业技能，使之掌握创业必备的素质和能力，是为工具价值；二是促使学生创业意识的养成，使其形成敏锐的机会意识、独特的首创精神和理性的冒险精神，是为导向价值；三是拓宽就业渠道，解决就业问题，为社会输送合格人才，是为社会价值；四是实现教育的本源宗旨，促使学生的自由全面发展，是为元价值。因而从价值上来看，大学生创业教育其实是大学生职业生涯发展教育的一种延伸和丰富，研究大学生创业教育理论对大学生职业生涯发展教育无疑有着极大的理论启发和实践促进的作用。

一、大学生创业教育与大学生职业生涯发展教育的关系界定

在深入探讨创业教育对大学生职业生涯发展教育的价值之前，有必要辨析大学生职业生涯发展教育和创业教育之间的关系。大学生创业教育与大学生职业生涯发展教育在内容上重叠、在价值上相通，但是，二者在内涵和外延上也同样存在区别。

（一）大学生创业教育与大学生职业生涯发展教育的联系

大学生创业教育和大学生职业生涯发展教育在内容、方法上存在共性，

甚至是重叠。首先在教育地位上，二者都致力于解决大学生就业问题，直接关乎大学生进入社会处理社会关系，尤其是如何处理个体与社会的经济交换关系。有效解决大学生就业问题不仅是一个经济问题，同时还是一个非常重要的社会问题。创业教育帮助大学生形成和提高就业能力，直接促进大学生就业问题的解决。职业生涯发展教育能够使学生形成正确的职业观和职业理想，减少职业选择成本和决策误差，逐步实现职业规划从而实现自身价值，对社会就业问题的解决同样意义重大。

其次，在内容结构上，大学生创业教育与大学生职业生涯发展教育彼此渗透，互相支撑。职业是社会分工的外在表现，是社会劳动的不同形式。创业之于大学生，与其他职业对大学生的意义并无本质区别，都是职业的选项之一。纵观高校开设的创业教育，几乎无一例外地涉及创业者创业轨迹的勾勒、创业目标和成就实现的步骤与环节，这些步骤就是创业者自身的职业生涯发展规划。从这个意义上来讲，大学生职业生涯发展教育是创业教育的一个板块。职业生涯发展教育作用之一就是帮助有创业意向的学生解决创业过程中可能面临的问题。大学生创业教育与大学生职业生涯发展教育的内容有交叉和重叠，只是在侧重点和关注点上存在差别。

再次，大学生创业教育与大学生职业生涯发展教育在教育中采用的方法也大体相同。自然科学的教学方法同样适用于人文社会学科，学科之间不存在教育教学方法的区别，这是由教育教学方法的属性决定的。在教育领域不仅受教育者“有教无类”，只要适用，教育方法也该“有教无类”。

（二）大学生创业教育与大学生职业生涯发展教育的区别

比较这两者是否有差别关键要看各自的研究对象和功能性目标，即区分“研究什么”、“为什么研究”的问题。首先是研究对象。大学生创业教育的研究对象为创业实践，通过大学生创业教育使受教育者了解创业的一般过程、创业者的物质和心理能量储备、创业中的管理实务等。而大学生职业生涯发展教育关注的是大学生职业生涯发展，借助系统的职业规划教育和科学的指导，使学生清楚自己的职业前景，形成清晰的职业发展脉络，明确受教育者实现职业理想需要具备哪些素养、做哪些准备。换言之，大学生创业教育研究的是创业决策和创业管理的能力培养问题，而大学生职业生涯发展教育研究的是职业决策和职业管理的能力培养问题。由此可见，大学生创业教育和大学生职业生涯发展教育在研究对象上有区别。

其次，大学生创业教育和大学生职业生涯发展教育的功能性目的不一样。在此需要说明的是，作为教育形式，都具备同质性的宗旨，但是具体教育形式和学科的直接目的却是存在差异的。大学生创业教育为创业者实施创业构想，从理念、技能等方面提供支撑，帮助受教育者创业成功，而大学生职业生涯发展则是通过职业规划合理化、系统化，实现学生职业上的成功。从以上两个角度不难发现大学生创业教育和大学生职业生涯发展教育在学科上还是存在区别的。

二、大学生创业教育与大学生职业生涯发展教育的价值交集

（一）导向价值：拓宽人的主体价值的实现途径

马克思认为，自由的有意识的活动是人类的特征，[①] 换言之，人类可以按照主观意识去认识世界和改造世界，这是人之为人和人区别于其他任何物种的本质属性。教育有助于帮助人认知人类族群的类特征的同时确认个体的自我价值，是促进个体人社会化、认识和提升主体价值的活动。因此，大学生创业教育与其他任何教育形式一样都有责任帮助学生对人一般属性的确认和强化，使之明确人之所以为人的劳动责任和社会历史使命，树立正确的劳动观念，这是大学生创业教育根本价值的历史性表现。在此基础上，大学生创业教育引导学生通过理性思考，完成一个自我职业生涯发展的认知过程，确定职业理想和职业目标，这是大学生创业教育根本价值的现实性表现。大学生创业教育并不是期望所有接受教育的学生都进行自主创业，它只是为大学生在职业生涯发展规划时多提供一个选择，并为这个选择创造学习条件。人具有一般意义上的共性，而以特殊性存在的个性同样不能忽视。就职业生涯发展而言，个性所起的作用相对更为重要。诸多心理学研究表明，不同的人格特质适宜不同的工作。MBTI、大五模型等心理学模型和理论对人格特质的划分在形式上有所区别，但是均无例外地承认个体人格在客观上存在差别。心理学家约翰·霍兰德提出的“人格—工作适应性理论”更进一步阐明个体的人格特点要与其职业环境相匹配的逻辑关系。[②] 大学生创业教育是一种具有针对性的引导，可以为那些有志于在某领域中获得成就的学生提供系统学习的机会，使得这类学生在学习时接受更为系统、专业的训练，从而帮助这类

① 中共中央马克思恩格斯列宁斯大林著作编译局：《马克思恩格斯选集》（第1卷），北京：人民出版社1995年版，第46页。

② 斯蒂芬·P. 罗宾斯、蒂莫西·A. 贾奇著，孙健敏、李原译：《组织行为学》，北京：中国人民大学出版社2005年版，第113页。

学生在能力、意识上做好创业准备。大学生创业教育的实施有利于进一步厘清生涯发展教育对人主体性觉醒过程中的作用，丰富了大学生职业生涯发展教育的内容，拓宽了人的主体价值的实现途径。

（二）社会价值：促进就业问题解决

随着经济体制改革的深入和职业结构的不断变化，目前，我国就业问题依旧严峻，尤其是近年来，我国高等教育规模迅速发展，大学生就业问题已成为社会关注度较高的社会问题。毕业生就业难问题的成因，究其缘由，可分为两个方面：一方面有经济发展状况与就业环境发生变化、就业体制改革等客观原因；另一方面也有大学生的择业观念偏差、职业规划不清晰、就业准备不充分等主观因素。在此背景下，大学生就业问题的解决，很大程度上，有赖于职业生涯发展教育和创业教育发挥更大作用。

创业教育对解决就业问题，尤其是解决大学生就业难问题，能够产生积极的社会效果。首先，在观念上，大学生创业教育可对学生的职业观念产生影响，概括为两点：一是帮助学生理性认识就业、择业、创业的关系，认识创业这种就业形式对个体职业理想和价值的意义和作用；二是帮助学生厘清职业选择，塑造创业意识和理性风险意识，转变学生群体的择业观念，从寻找就业机会转向自我主动创造就业机会。大学生创业教育不是直接帮助学生去寻找工作岗位，而是重在给予学生创造工作岗位的理念和方法。其次，在方法上，大学生创业教育对学生的方法教育包括创业前期准备教育和创业进程管理教育两部分。其中创业前期准备也就是学生就业机会的主动选择、自我创造以及创业资源储备的过程，着力使学生掌握评估与选择创业机遇、获取和整合创业资源、养成创业素质的原则和方法。创业进程管理教育培养的是学生在创业活动进入实质性阶段后必须掌握的经营管理的方式和方法。最后，在结果上，大学生创业教育帮助一部分学生自主创业，这就相当于增加了大学生的就业机会，从而促使大学生就业分流，推动大学生就业问题的解决。

（三）工具价值：明晰职业决策

职业决策是决定当事人从事什么职业的理性思维过程。在这个思考过程中，大学生要受到内部和外部两类因素的影响，需要思考自己“能做什么”和“想做什么”这两个基本的问题。其中，“能做什么”指的是大学生职业资源储备情况，包括能力条件、物资条件、环境条件等，具有客观性；而“想做什么”更多是指职业理想、职业兴趣、职业预期等，主观色彩十分明显。无论是大学生职业生涯发展教育还是大学生创业教育，都会引导学生采用SWOT分析或类似的分析方法对自身的优势和不足进行客观定位。职业选择其实就是一个平衡“能做什么”和“想做什么”的过程。“能做的”和“想做的”往往存在着现实冲突，所以职业选择可视为职业“试错”的过程。在高校就业指导中流行过“先就业、再择业”的理念恰恰是解决这种冲突的手段之一。“先就业”往往是引导学生做那些自己能做的工作，并非是学生愿意从事的工作。这样的做法优点在于可以使学生获得一定的工作经验、积累一定的工作心得，逐渐清楚自己的职业取向。缺点是一旦学生从事的工作是盲目的，就可能产生相对消极的职业观，对其职业发展影响深远，成本较大。因此，笔者认为，大学生作出职业决策之前应该有明晰的前馈分析，客观评价自身条件和主观意愿，形成宏观的职业方向和阶段性的职业构想。在职业探索中“试错”固然有一定的合理之处，然而，在职业“试水”前多做理性分析和职业准备更是良性之举。职业分析可以使进入职业决策误区的大学生“知难而退”，另寻适合自己的出路，同样可以使找准职业方向的大学生“迎难而上”，坚持自己的职业探索。

当下，为了促使大学生就业问题的有效解决，党和政府大力倡导大学生自主创业，并给予物质和政策支持，高校对大学生自主创业的力度也在不断加大。这就使得自主创业这种就业形势受到了空前的重视。我们必须清醒地认识到，创业只是就业的形式之一，不是所有的大学生都适宜从事创业活动。实施大学生创业教育积极的功能是帮助大学生了解创业活动的意义、价值、要求以及实现的途径和方法。通过大学生创业教育，培养学生在就业岗位稀缺的条件下，形成创业精神和意识，获得创业能力，实现职业理想和人生价值。大学生创业教育的积极功能是修正那些从众的、缺乏创业条件的大学生盲目的创业冲动，在一定程度上使受教育者自我反省职业理想，使之走出对创业的认识误区，找到适合自己的职业生涯。总之，大学生创业教育可以使大学生客观评价自身职业现状，找寻职业理想与职业现状之间的差距，从而重塑或强化职业决策，提高职业决策的合理性、科学性、客观性。

三、大学生创业教育之于大学生职业生涯发展教育应注意的问题

近年越来越多的社会力量在极力倡导、研究与推动大学生创业教育和职业生涯发展教育，以期促进大学生群体就业问题的有效解决。通过职业导向教育促进社会就业的做法本身没有问题，但是在观念上将创业教育和职业生涯发展教育仅仅归类为就业教育实为欠妥。创业教育和职业生涯发展教育在

理论上存在互相呼应的必要性和可能性，但是一定要在回归教育本源的前提下看待二者关系，规避功利趋向。在推进创业教育与职业生涯发展教育的有机融合的过程中需注意防范以下几种情形：

（一）教育内容上的工具性趋向

从职业生涯发展教育及创业教育的起源可以看出，这类教育形态本身具备现实性和实用性，原初使命是为了改善大学生就业的处境。培养大学生适应社会生存能力、提高职业选择能力和职业决策能力是创业教育和职业生涯发展教育的内容和主题，是知识和技能的传授和接受过程。在实际教学的内容上，创业教育和职业生涯发展教育往往会演变成职业、创业技能的训练场，将创业、职业生涯发展教育视为实现短期功利目标的工具。这些将大学生创业教育工具化的理解，使得创业活动驻留在个体获取利益、创造财富和利润的功利性层面，没有上升到以社会责任为己任来开创事业的理性层面和价值论高度。长远观之，这种局限于操作层面的狭隘认识势必会对社会、受教者、创业教育及职业生涯发展教育本身均产生消极影响。

（二）教育导向上的盲目性趋向

将创业教育纳入大学生职业生涯发展教育内容能够有效丰富职业生涯发展理论体系，使得职业生涯发展理论的视角更加多元，但是必须避免在职业引导上过分强调创业教育。创业是一种就业形式，相对而言，这种就业对人格特质、心理素质、技术物质能量等多方面的要求较高，因此并不是说任何人都具备创业的意愿和能力基础。在职业生涯发展教育中，施教者和受教育者对此都必须有一个清醒的理性认识。职业选择应该将眼光投射到时代背景中，考虑政治、经济、文化、技术现状和发展趋向带给职业发展的机会和挑战，同时在微观上还需考虑人格特点和职业匹配的关系。了解外部职业环境、职业现状和发展趋势，进而分析自身职业潜质和能力状况，最后选取适合自己的职业才是正确的职业决策的一般逻辑。前文已述，创业是择业的一种形式，创业者也必然经历初创期、稳定期、成熟期甚至是衰败期。如何适应创业的这几个阶段就成为创业者必须面对和解决的发展问题，需要创业者从职业生涯发展规划中找寻答案。创业教育和职业生涯发展教育必须回归教育本身，以职业引导为主题，不能盲从市场，应秉承育人为先理念，防止教育导向上的盲目性趋向。

（三）教育规划上的短视性趋向

创业不仅仅指事业从无到有的创造过程，也包括企业从小到大、从弱到强的发展过程，以及如何避免事业从有到无的过程。因此在创业教育中，不能只关注如何开创事业这一问题，同时对如何经营、维持事业给予足够的关注；不能只关心学生的职业分析、职业决策、就业技能等能力的培养，还要放眼长远，关注大学生的职业维护和持续发展。创业教育和职业生涯发展教育应该关注的是生涯教育，教会学生如何对整个职业生命实施自我关怀和主动管理。因而创业教育和职业生涯发展教育在规划上必须和大学生整个职业生命紧密相连，避免只关心短期效果和目标的短视性趋向。

总之，大学生创业教育是培养人的创新性、创造性能力的教育形式。这种创新性、创造性能力必须通过专业知识和人文精神的熏陶和激发才能生成，它不单单是一种技能的训练。大学生创业教育与职业生涯发展教育之间存在价值上的交集，在教育实践中也有相同之处和彼此借鉴价值。因而需要研究者和实践者正视大学生创业教育的价值和意义，正确处理好大学生创业教育与职业生涯发展教育的关系，更好地发挥大学生职业引导教育在学生培养中的作用。

第三节　商科教育中德育的重要性——基于国际金融危机的视角

美国次贷危机引发的国际金融危机仍在持续蔓延，由此带来的消极影响尚难全面预料。危机发生后，一些专家和学者重新审视美国乃至全球的金融体系，分析诱发国际金融危机的各种因素，多数学者从金融的行业规则和市场环境的角度进行反思，而对金融业从业者的关注不够。思考此次金融危机的成因可以跳出金融领域甚至经济领域，从多学科角度思考诱发金融危机的成因。本节将以金融危机为背景重新审视我国商科教育中德育的重要地位和作用，以引起更多人的关注。

一、对商科教育中德育的价值反思

我国商科教育中的德育指的是在包括财经类、经济管理类等专业的商科教育中进行的非智力因素的培养和教育，涵盖对商科学生的思想教育、政治教育、道德教育、心理健康教育、生涯发展教育等。商业教育培养的未来从业人员的道德水平将直接影响社会主义道德建设以及社会主义市场经济的发展。本节所论述的商科教育中的德育仅包括对商科学生的道德教育、心理健康教育、生涯发展教育三方面。

国际金融危机爆发所暴露出商科教育中德育缺失的问题值得深思。从我国商科教育的角度反思此次金融危机，商科教育中“一手硬”与“一手软”的现象必须有所改变，不能仅仅强调对商科学生进行基础教育、技术教育和创新能力培养，同时也必须加强非智力因素的培养和教育，即加强商业教育的德育权重。如果仅注重专业技能的训练和行业规则的教育，忽略了职业道德素质的培养，势必会使商科学生形成以自身利益和个体利益至上的价值取向，因而，在我国商科教育体系中加强德育培养是必要的。

（一）加强商科教育中的德育是造就社会主义市场经济秩序人才的需要

自由市场的运行机制具有自身局限性，一个真正能产生效率的自由市场制度，除需要有效的成文规范保障之外，还需要诚实、公正、公平、有良好道德的从业者去操作这个市场。遵从规则、诚实守信的商业行为有助于商业主体降低交易成本、提高市场效率。此外，自觉自律地履行社会责任、恪守商业道德的商业主体，虽有可能失去短期利益，但从长远来看，则提高了其社会声誉，获得了更多公众的信赖，其发展态势将会是持续性的。只有在商科教育中加强德育培养，提高商业主体的道德素质、心理素质、职业素质，使企业懂得什么商业活动是正当的，什么是非道德的，才能有效克服市场所带来的局限性和消极性，维护社会主义市场经济秩序，增强以德经商的自觉性。

（二）加强商业教育中的德育是丰富商科教育内容、完善商科学科体系的需要

商业教育只有随着商业的发展而不断丰富其内容，才能适应形势的动态需要。商业的全球化已成为趋势，在商业经营的环境、理念、内容和方式等发生了深刻改变的同时，从业者的道德情操、心理素质、职业观念也成为商业活动的取胜之匙。因此，我国现代商科教育必须及时适应市场要求，把商业德育培养纳入学科的内容体系，才能使商业学科得到完善和发展，真正实现商业教育的目的。

（三）加强商科教育中的德育是提升学生的道德素质、心理素质、职业素质的需要

商业从业人员的道德素质、心理素质、职业素质的提升，能有效地提高市场服务和商品经营的效益，促进市场交换行为的持续进行。商业教育的对象是未来的商业从业者，其道德素质、心理素质、职业素养整体水平关系到我国商业行业的经营水平、服务质量、行业道德，以及我国在国际市场上的整体竞争力。我国商业教育要关注商科学生规则意识的养成，不断提升其道德素质；培养学生拥有健全的人格和较强的心理调试能力，完善其心理素质；培养学生诚实守信、公平竞争、义利并重的职业素养，使其拥有正确的商业价值观取向，成长为具有较强经营能力和较高道德修养的现代商人。

二、商科教育中德育存在的问题及归因

（一）商科教育中德育存在的问题

商科教育不能忽略对商科学生的道德引导，以便发挥道德在商业活动中的规制功能。事实上，我国当前的商科教育实践中存在德育空位等问题，这些实然存在的问题在一定程度上阻碍着商科教育的实效。

1. 商科道德教育不足

首先，在目标体系方面，商科教育往往只重视培养学生的知识和技能，而忽视了其道德的培养。其次，在内容体系方面，商科教育往往把目标定位于培养“懂经济、善经营、会管理”的、从事现代宏观经济管理和微观企业经济活动的未来商务人才，在增加他的“长度”（终身教育、继续教育）和“广度”（大教育、泛教育）的同时，丧失他的“深度”（对人生的关怀、对人性的提升）。再次，在方式途径方面，商科教育中的德育培养方式枯燥单一，与实际联系少，空洞说教较多。最后，在课程体系方面，我国不少商业院校并没有设置商业伦理道德相关课程，专业教学中道德教育渗透作用不强。

2. 心理健康教育匮乏

社会对于商科类大学生心理素质要求具有本身特殊性，如要求良好的人际建设与协调能力、良好的职业操守、积极的竞争心态和合作意识等。当前我国商科教育在理念上也关注心理健康方面的教育，但教育实践在施教内容上缺少侧重点，预防心理疾病和提升心理素质成为心理教育的基本取向，教学也大多是采用课堂教学、个别咨询、专家讲座、团体训练等形式，同质化

特点明显。此外，心理健康教育还存在着重诊治、轻预防，重知识、轻素质，重测评、轻规避等问题。[1]

3. 职业生涯发展教育缺失

我国商科教育在课程导入环节中很少能系统地介绍课程所讲述的专业领域内的职业岗位、此类岗位对教育背景的要求、发展方向、职业生涯特征等内容。商科类学生在学习之初也就不能清楚地了解这一领域是否适合自己、该领域内有哪些工作机会、成长性如何等。商科教育中职业生涯发展教育的缺失，造成商科类学生的职业观、择业观、就业观存在严重误区。在职业价值观上，求稳求大，追求高收入、高稳定性、高社会地位的工作；在择业期望值上，好高骛远，缺乏务实的精神；在追求价值实现过程中，急功近利等等。如何让商科类大学生正确认知自我，摆正就业心态，积极提升能力，选定目标行业等，都需要职业生涯发展教育进一步思考。

（二）商科教育中德育存在问题的归因

商科教育中的德育培养遭遇困境有多方面的成因，社会环境的影响、认识层面的偏差、教育价值取向的错位以及教育者素质的局限等都在一定程度上成为削弱德育在商科教育体系中的地位的重要因素。第一，社会环境的影响。我国现在正处于市场经济转型时期，市场经济体制改革带来经济的高速发展，而人们价值观和道德观的调整却相对滞后。在打破旧的价值观和道德观的同时，新的价值观和道德观体系未能及时树立起来，道德的规范作用发挥不够充分。第二，认识层面的偏差。在我国传统社会中，“无商不奸”是人们对商业的普遍认识。商科教育中教育者也常常用“在商言商”、“商场如战场”等理念来教育学生，这就造成了教育的功利性趋向，对商科教育的价值塑造重视不足的普遍现象。第三，教育价值取向的错位。在学校教育方面，将学生的成绩作为主要的考核标准，“重智轻德”的观念根深蒂固，使非智力因素教育没有受到应有重视。长期以来，教育的目的定位于为现时社会的政治、经济服务，为个人谋生、就业做准备；教育实践的重点在科学教育和专业教育上，忽略了教育的终极目标——人格完善和综合素质的全面发展。我们应当清楚地认识到教育的目标是“育人”，而非“制器”。同时，我国商科教育中还存在着重知性德育而轻生活德育的倾向。第四，教育者素质的局限。商科教育者的道德层次也会直接影响德育活动实施结果，因此商业教育者是

---

① 姜微微：《以发展模式构建大学生心理健康教育体系》，《黑龙江教育（高教研究与评估）》2008 年第 6 期。

否重视德育，能否对德育进行专业化教学与科研也是制约商业德育发展的主要因素之一。

（三）改善商科教育中德育缺失现状的途径

我国商科教育领域中德育的现状是多重原因综合导致的，因而改善德育在商科教育的处境也不能一蹴而就，需要从多角度着手，形成合力。商科教育者需要转变传统观念，形成正确的教学思想，既要遵循教育规律又要面向社会整合教育资源，改变现有的教育方式和方法。

1. 加强商业道德教育

商业道德，是职业道德的子集，是社会规则和规范在商业交往中的集中体现和要求。在商科学生的教育中重视商业道德，使学生在学习商业知识的同时，塑造道德品质和职业形象，对个体的职业理想的实现、商业的持续良性发展以及社会的全面进步，无疑都是有积极意义的。

（1）构建目标体系，提高道德素质。商科教育培养的学生不仅仅应该是知识型和技能型的，更应该是道德型的。我国商业德育需要在以下方面不断加强：在价值观层面上，既要培养学生的竞争观念，又要进行道德塑造，使其追求个人利益的同时承担必要的社会责任，实现个人利益与集体利益的相互促进、相得益彰。在知识层面上，使学生系统掌握商业道德知识、职业道德规范，并在教育互动中内化于心，在商业实务中外化于行。换言之，即要让商科学生懂得道德规范，要促进其积极转化道德意识，使其商业活动具有道德性。在技能层面上，培养学生的道德思维能力和行为能力，使其行为具有道德属性。

（2）创新内容体系，提升精神境界。大学教育除了传递和探索人类知识之外，还承担学生社会化、道德化教育的责任，如独立思考、心境澄明、想象力、领导能力、决策能力、个人责任感、社会良知、同情心等。[①] 大学生不仅要掌握较高的文化科学技术知识，还要具备较高的社会觉悟和良好的现代文明素养。重视商业道德教育中的人文教育，有助于培养学生的社会责任感、有助于完善学生的人格、有助于提升学生的精神境界。

（3）丰富活动形式，端正价值取向。商科院校应该通过开展多样的活动来实施道德教育。通过开展多样的校园文化活动，如商务谈判模拟、案例研讨等对学生进行价值澄清，提高学生的商业道德素质。学校进行专业实习或

① 郎禹颃：《浅谈高职学生人文精神的培养》，《辽宁行政学院学报》2007 年第 9 期。

社会实践时，在商业实践中积极加深学生对商业道德的认识，有效影响学生的价值取向，使之形成合乎道德的思维方式和行为规范。

（4）完善课程体系，形成中国特色。在专业理论课的教学中，国外的商科教育很重视给学生渗透商业道德观念。这种具有远见的做法，值得我们借鉴。我们在培养和塑造学生职业道德操守时，也应以传统美德为基础，融入西方现代管理理论所倡导的商业道德意识，培养具有跨文化、跨地域道德意识的人才。同时，也应该编写适合我国国情的教材。在适当的章节中，编入相关案例和思考题，形成具有中国特色的商科教育课程体系。

2. 重视心理健康教育

构建我国商科教育中的心理健康教育体系的前提是立足当下社会发展的需求，采用形式多样的心理健康教育实践方式，不断丰富教学内容，提高心理健康教育的实效性，最终实现商科人才核心心理素质的实质性提升。

（1）拓展教育内容，加强人格塑造。商科教育中的心理健康教育应该着眼商科人才心理素质的核心指标展开，既要普及一般性心理健康理论和心理疾病预防知识，又要注重对人格的塑造，着力培养商科大学生的社会责任感，养成其积极的意志品质，提高其情绪管理能力，使之具备强烈的社会责任感和高效的规则执行力。

（2）形成健康心态，提升适应能力。商科大学生未来就业的方向要求其必须具备良好的心理素质，原因在于他们在商业活动中无法避免接触不同的市场主体，挑战和压力无处不在，较高的专业素养并不能保证其成功扮演商业角色，良好的心理素质是商科学生成功的关键因素。在商科教育中，情境展现可以给学生以真实的感受和体验。以交际模拟为例，可模拟人际交往情境帮助学生获得人际交往的知识和技巧，减少交际不善带来的心理压力。此外，商业活动追求创新，而创新需要正确的认知导向。能力和思维的创新也有赖于认知能力训练，认知能力的培养理应属于心理健康教育的范畴。通过情景模拟不仅可以实现知识、方法内化和迁移，也能使学生体验角色规范，增强其适应规则的能力，积极的社会体验能帮助商科学生形成健康的心态。

（3）重视集体教育，抓好针对性教育。心理健康理论教育主要通过课堂学习来实现，不可否认，直接的心理健康知识的传播作用十分重要，但是仅仅通过这种形式单一施教，教学难免缺乏弹性和张力。因而可以尝试对各专业特性和学生特点开设“人际交往心理学”、“商业心理学”等课程，将心理健康教育放在某一学科领域有针对性地开展，提高心理教育的实效性。在学生心理干预方面，教育活动要做到以防为主，防治结合，关注个体教育的同时也要注意个体心理问题的治疗。例如借助心理调查、心理咨询及心理危机干预等形式，及时发现潜在心理问题并给予适度干预，以避免不良后果的出现。

（4）采用企业培训形式，转变现有教育模式。商科心理健康教育应适时引入企业培训方式。从个体发展来说，商科类学生的就业领域主要是各种类型的营利性社会组织，这些组织也会对组织成员实施职业教育。教育内容除了职位信息之外，也会涉及组织文化、规章制度等相关内容，帮助新老员工适应工作，扮演好组织中的角色。职业培训的内容和形式相对学校教育而言针对性更强、效果更为显著，其多样的培训形式对高校心理健康教育工作有重要启示意义。

3. 拓展职业生涯发展教育

以职业为主线的生涯发展教育能够引导学生根据个人的特点、兴趣和能力，结合社会发展需要，自主规划自己的大学生活及职业生涯。职业生涯发展教育能够启发学生完善自身知识结构，提高实践能力和综合素质，树立正确的价值观念和培养良好的职业道德，为今后的职业生涯发展打下基础。

（1）正确自我认知。认识自我是做好职业生涯规划的第一步。正确地认识自我，实事求是地评价自己，是自我调节和人格完善的重要前提。在大学期间注重提高目标行业所需的综合素质，准确认识自己，客观进行自我定位，找出差距，有准备、有计划地提高综合素质的能力，是应对危机的最好选择。作为商科类专业的大学生要不断增强自身素质，才能在面对危机时，及时化解危机。

（2）树立科学观念。职业生涯发展教育必须立足宏观社会环境，尤其是经济环境，只有正确审视外部环境，形成科学的职业观念，才能正确引导职业实践。当下经济环境的多变性加大了商科学生未来的职业难度，这对商科学生的能力养成和职业教育都提出了更高要求。然而就我国现状而言，宏观经济环境相对稳定，经济增长的动力和势头依然强劲，整体经济实力稳步提升，商业前景广阔，就业市场对商科类专业学生的需求逐步加大，这为商科大学生提供了广阔的就业空间。因而，在职业生涯发展中必须认识到就业难度固然存在，但不宜对国内就业形势持过分悲观的态度。

（3）积极提升能力。双向就业选择是人才市场的基本规则，但是大学生由于缺乏工作实践经验而在双向选择中处于相对弱势地位。商界尤其是金融、贸易、会计类企业以工作经验为标准确定职位与薪金已是业内惯例。因此，商科类专业的学生在夯实专业知识的基础上，应将学习、见习、实习、实践作为大学期间职业生涯规划的内容，利用寒暑假主动找单位实习，积极参加学校安排的各种专业见习、实习，有效利用专业实习的时机，在实习岗位上把系统的专业知识逐步转化为在岗工作能力，提高就业竞争力。

（4）选定目标行业。商科类大学生应结合自身职业愿景和宏观经济趋向，有针对性地选择目标行业，确定职业锚。商科学生的职业生涯发展目标需要处理好目标行业与目标地域、近期职业目标与长期职业目标的关系，在职业生涯规划中从多角度综合权衡目标行业、目标地域的搭配，确定求职预期。商业教育中的职业生涯发展教育要正确引导学生的择业取向，商科教育的终极目标是个人职业生涯发展目标的综合实现和社会宏观职业结构的优化配置。对商科学生而言，选定目标行业时既要考虑优化从业的外在回报组合，又要兼顾内在的价值实现。

温家宝2009年2月在英国剑桥大学的演讲中指出："道德缺失是导致这次金融危机的一个深层次原因。一些人见利忘义，损害公众利益，丧失了道德底线。""有效应对这场危机，就必须高度重视道德的作用。道德是世界上最伟大的，道德的光芒甚至比阳光还要灿烂。"金融危机引发了人们对商科教育中德育培养的思考，加强我国商科教育中的德育任重道远。

第四节　大学生志愿服务中的生涯发展教育功能——以深圳大运会志愿服务为例

深圳成功取得了2011年第26届世界大学生运动会（以下简称大运会）的主办权。大运会期间深圳的志愿者人数从25万激增为127万多人，超过80%的在校大学生都报名参加了大运会志愿活动。大学生志愿者作为一个特殊群体，在服务期间表现出了令人称道的一面，是社会大众首肯的一群可爱的人。大学生志愿者铸就了深圳的"精神雕塑"，也感动了整座城市。在大运会期间，他们默默奉献，风雨无阻，形成了一道道亮丽的风景线。

大学生志愿服务是适应社会需求而产生的一项服务社会、奉献爱心、升华价值观的服务，是职业生涯发展教育良好的实践途径。大学生志愿者服务践行"奉献、友爱、互助、进步"崇高精神和接受社会教育的锻炼形式，在培养和提高大学生的品质、素质、能力等方面发挥着重要的作用，在当前职业生涯发展教育工作中处于不可替代的地位。下文以深圳大运会志愿服务为例，介绍大学生志愿服务中的职业生涯发展教育功能。

一、职业风貌体验功能

对现代职场人士而言，拥有丰富的礼仪知识以及能够根据不同的场合应用不同的交际技巧，这对事业将会产生无形的助力。大学生志愿者通过一系列的礼仪培训，服务态度、观察能力、口语表达能力以及事件处理能力都得到了锻炼和提高，无疑给自己今后的职业发展带来了正面的影响。

为了完成服务工作，志愿者必须熟悉一些基本的礼仪礼节常识，包括日常文明用语、行为规范以及文明观赛的礼仪知识和要求。有些志愿者还要了解专业礼仪知识和行为规范，包括礼宾接待、公关规范以及各项比赛志愿者的规范及要求。以深圳大学为例，在大运会期间，组建了一支由相关领域专家、院系党团工作骨干教师组成的大运会志愿者培训讲师团，邀请优秀教师讲授示范课程并录制系列教学视频作为重要培训资料；在通识课程基础上，结合学校工作特点和志愿者工作需求，开发实施了一系列特色培训课程。通过专业知识和岗位知识培训，大学生志愿者掌握了与服务岗位相关的岗位职责、工作任务、业务流程、作业标准等知识和技能；通过为服务各国代表团、FISU 大家庭和重要贵宾而开展的专项培训，大学生志愿者提前熟悉了服务对象所在国家和地区的文化习俗、风土人情，提高了服务的互动性，促进服务双方建立友好关系，提升了服务效果；通过对竞赛组织、语言服务、体育展示、颁奖仪式、信息技术、新闻服务等关键岗位的人员培训，反复训练，保证了赛时工作达到“零失误、高水平”。志愿服务与文明礼仪、参赛国文化礼仪知识、文明礼仪和沟通技能等培训内容对于大学生志愿者积极体验职业风貌，提高自身修养具有积极意义。

大学生志愿者的任务不仅仅只是完成自己的岗位工作，更重要的是承载着语言沟通、文化交流的任务。他们为服务对象服务的过程就是宣传整个城市的形象的过程。志愿者的仪容美、服饰美、仪态美和语言美为活动主题营造了温馨和谐的气氛，对大学生的自身修养和未来发展也颇有益处。

二、职业角色识别功能

职业兴趣是职业选择中最重要的因素，是一种强大的精神力量。职业兴趣测验可以帮助个体明确自己的主观性向，从而能得到最适宜的活动情境并给予最大的能力投入。美国心理学家霍兰德认为人的人格类型、兴趣与职业密切相关，兴趣是人们活动的巨大动力，凡是具有职业兴趣的职业，都可以提高人们的积极性，促使人们积极地、愉快地从事该职业，且职业兴趣与人格之间存在很高的相关性。根据霍兰德的理论，个体的职业兴趣可以影响其对职业的满意程度。当个体所从事的职业和他的职业兴趣类型匹配时，个体的潜在能力可以得到最彻底的发挥，工作业绩也更加显著。在职业兴趣测试的帮助下，个体可以清晰地了解自己的职业兴趣类型和在职业选择中的主观倾向，从而在纷繁的职业机会中找寻到最适合自己的职业，大大降低了职业选择中的盲目性。尤其是对于大学生和缺乏职业经验的人，霍兰德的职业兴趣理论可以帮助其做好职业选择和职业设计，成功地进行职业调整，从整体上认识和发展自己的职业能力，职业兴趣也是职业成功的重要因素。

在深圳大运会期间，共有2.2万名赛会志愿者、4万名城市志愿者和10万名社会志愿者投身大运会志愿服务，超过80%的高校学生申请做大运会志愿者。在赛会期间，他们提供礼宾接待、语言翻译、交通运输、安全保卫、医疗卫生、观众指引、物品分发、沟通联络、竞赛组织支持、场馆运行支持、新闻运行支持、文化活动组织支持等；在比赛场馆外围及城市重点区域，他们热情服务，提供各种信息咨询、应急、语言翻译等服务；在社区，他们传播大运会文化理念，维护社会秩序，优化城市环境，倡导文明行为，促进社区和谐。志愿服务是职业选择的实验和预演，大学生参加志愿活动的过程也是检验和反思自己职业能力和职业目标的过程。原因在于，志愿者服务需要一般职业的需求特征，志愿者在服务过程中会不断接收到来自外部的反馈。例如，一个愿意从事操作性工作、动手能力强但不善交际的志愿者可能在做公关工作中得到的积极评价甚少，而在设备维护方面则可能得到极高的评价，该志愿者很可能会进一步考虑自己未来的职业是否转向技术性领域。

从事不同类型的志愿服务，有助于大学生志愿者自身职业角色的识别，了解职业人在社会中所扮演的角色及承担的义务，主动调整自己的角色，全面认识自我及社会，找出自己在知识、能力等方面与职场要求的差距，进而帮助大学生理性选择职业生涯发展道路。

三、职业能力养成功能

职业能力是一种与职业相关的综合能力，是一种具有适应性和灵活性、涉及能力本身、通过知识的学习和素质的开发而形成的能力，这种能力可以在后天被塑造和培养，既包括人的一般能力也包括工作中需要的特殊能力。

大运会是一个全球的大舞台，大运会志愿者参与其中，能够亲身体验世界多元文化的魅力，对志愿者建立全球视野、跨文化视角，深化对社会的认识以及未来角色转换等无疑都是一次良好的学习机会。此外，大运会的举办涉及社会的各个领域，其工作任务纷繁复杂、组织体系严密、工作机制多样，参与到这样庞大的系统工作中，在观察、思考中实践着，显然十分有利于大学生志愿者提高自己的责任感、创新素质、沟通技巧、合作精神以及对合作伙伴和服务对象的深入理解。大运会志愿服务这一平台，为大学生志愿者提供了一个观察职业世界、提高职业能力的机会。

一是学习实践能力。从报名之初，大学生就进入了一个不断学习新知识、新方法、新技能的过程。从培训到服务，由被动学习为主转为主动学习为主，大学生的学习能力，尤其是自主学习的能力得到显著提升。同时，大运会志愿服务为大学生提供了充分发展其实践能力的平台。通过大运会服务工作，大学生在实践中发现问题、分析问题、解决问题的能力得到了训练和提高。

二是业务运用能力。大运会对人才需求的多样性使得大学生的多种专业知识有了用武之地。专业志愿者从事着与自身专业相关的服务工作，如语言类、竞赛类、医疗类、媒体运行类等志愿服务，专业的服务提升了大学生的业务运用能力。通用志愿者或是城市志愿者、社会志愿者，在岗位培训和岗位工作中，同样也获得了相应岗位的业务运用能力。

三是人际交往能力。大运会志愿服务是一个庞大的工程，每名志愿者都要面对复杂的人员和事件。为了完成一个任务，志愿者往往需要与诸多不同的人打交道，包括各种各样的服务对象、各个部门或环节的工作人员、各个层面的志愿者管理人员以及各种类型、各种岗位的其他志愿者，由于服务期间的人际交流沟通活动频繁且丰富，大学生的人际交往能力得到显著提高。

四、职业价值澄清功能

职业价值观是指一个人对职业的认识和态度以及他对职业目标的追求和向往，即对工作的“欲求”和“动机”。它的形成与个人的生涯经历有关，又影响着个人对工作不同的特定层面，如收入、工作时间、独立性、助人性、社会地位等等的需求。每个人在选择职业时由于其职业价值观的不同，将会关注工作的不同层面。

稳定的职业价值观决定着人们行为的取向，决定着人们以什么样的心态和旨意去开创自己的职业生活，因而它对于个体能否获得满意的职业生活具有根本性的引导意义。价值观可分为“工具性”和“终极性”价值两大类。金钱、权利、身份地位和安定感等是工具性的，而爱、智慧、自由等是终极性的，即存在就是目的。从个人生涯发展的观点来看，工具性价值观在职业价值观中固然重要，但往往随着个体的年龄、心境、外在刺激或生涯发展的阶段变化而发生变化，它只能作为工具，目的是不断为自身需要实现的终极价值而服务。

“奉献、友爱、互助、进步”的志愿者精神正是终极性价值的体现。通过参与各类志愿服务，志愿者能够培养高尚的道德情操，塑造健康的心理与坚强的意志，形成团队协作意识，从而在无私奉献中，进一步获得心灵的净化与精神的升华。志愿服务已成为广大青年展示自我、回报社会的重要途径。当代大学生充满理想和激情，富有社会责任感，他们的报国之志可以通过各种途径实现，但是，能够不分地域、共同参与的，就是志愿服务。志愿服务已成为弘扬社会主流价值观的重要载体。社会文明发展到一定程度，社会成员对主流价值观越是认同，社会凝聚力就越强。志愿服务开辟了倡导和彰显社会主流价值观的崭新途径，通过千千万万志愿者的行为，引导全社会形成新的道德风尚，建立良好的人际关系，促进社会主义精神文明建设，成为社会主流价值观的风向标。

五、职业决策导向功能

在生涯发展的过程中，每个个体都要作出决策，选择主动决策是对自己的生涯发展负责的一种表现。职业决策是职业生涯规划中的前导部分，决策制定的可行性与否，直接决定着职业生涯规划是否成功。个体希望获得最理想的职业发展目标，就需要认真、完全地剖析自己，明晰自己希望得到什么，应该在这个社会里获得什么，这就需要认真制定职业决策。职业决策是一个复杂的认知过程，通过此过程，决策者组织有关自我和职业环境的信息，仔细考虑各种可供选择的职业前景，做出职业行为。

目前，大学毕业生在就业过程中存在不少认识误区，如“求大慕名”，非大城市、大公司、大单位不进，以致造成当前高校毕业生面临结构性就业难题：东部沿海发达地区和大中城市就业岗位相对饱和，而西部地区则人才紧缺。志愿服务可以培养大学生的奉献精神，激励他们立志投身西部、投身基层、投身祖国和人民最需要的地方。据共青团中央青年志愿者行动指导中心与中国青少年研究中心开展的“大学生志愿服务西部计划”调查，志愿者认为“西部计划”引起大学生就业问题的主要变化是：形成了新的大学生就业方式（48.1%）、改变了就业观念（45.4%）和促进了人才合理流动（42.1%）。在2004年的应届毕业大学生中，有72.2%的人表示将报名参加

“西部计划”[①]。

大运会志愿活动也将成为引导大学生面向基层就业的导向和有效途径，势必会在广大大学生中产生积极作用。志愿者在志愿服务期间，立足岗位，了解国情，增长才干，奉献社会，同时职业抉择的观念也会发生转变。通过志愿活动，大学生志愿者的爱岗奉献精神得到了培养，今后职业方向、职业目标、职业路径的抉择得到较好导向。

六、职业责任塑造功能

职业责任是指人们在一定职业活动中所承担的特定的职责，它包括人们应该做的工作和应该承担的义务。职业活动是人一生中最基本的社会活动，职业责任是由社会分工决定的，是职业活动的中心，也是构成特定职业的基础。

大学生参与志愿服务，能够体现中华民族助人为乐和扶贫济困的传统美德，同时，又展现了当代青年与时俱进的精神和与世界接轨的愿望，这也是青年责任心的体现。大运会志愿者根据服务工作的需要被分配到不同岗位上，承担着一定的岗位职责，这对于大学生志愿者职业责任的塑造十分有益。通过专业工作的培训和实践，为大学生志愿者今后的成长成才，特别是职业责任感的培养，提供了有力的支撑。大运会的大学生志愿者们以全新的面貌向世界展示了中国青年的朝气蓬勃、意气风发、勇敢无畏和积极进取，向世界展示了中国青年一代的新风采。积极参与志愿服务是深圳青年展现主人翁责任感的重要表现。无私奉献，与人为善，平等尊重，相互帮助，志愿者每一个细小的举动，无不是爱心的体现，而这种爱世人的表现，其本身就是责任意识的外化。

---

① 邓希泉、曹凯：《“大学生志愿服务西部计划”调研报告》，《中国青年研究》2004 年第 9 期。

第七章

价值诉求：生涯发展教育的价值取向

职业生涯发展教育绝非仅涉及职业选择、发展技能方面的内容，它同样十分关注职业价值的教育。这就要求在实施职业生涯发展教育的过程中，坚持正确的价值导向，给予大学生积极的引导。

第一节　职业生涯发展教育的“真善美”意蕴

大学生职业生涯发展教育关注学生的终身发展，立足于开发学生的自主规划与管理意识，培育学生主体地位，是对传统就业指导思想的超越，丰富了大学生成长辅导的内涵，是大学生思想政治教育的优良载体。真善美是大学生职业生涯发展教育的永恒追求。

一、“真”的维度：追求大学生职业生涯发展教育的规律性

真，即合规律性，反映人同世界的认知关系，是人们对于客观事物及其规律的正确反映。大学生职业生涯发展教育体现真，就是在新的历史条件下，其目标合乎当代社会的要求、符合客观规律，其内容体现时代精神、符合历史发展规律，其方法体现互动性、符合人类认知规律。

（一）大学生职业生涯发展教育目标的社会性

教育是人社会化的过程，其目标是塑造人的社会性，大学生职业生涯发

展教育的目的不外乎于此。回顾新中国成立后大学生职业生涯发展教育历史，可发现其产生源于促进国家经济发展、维护社会稳定的需要。尤其是20世纪80年代随着以城市为中心的经济体制改革的逐步推行，大学生开始实施毕业生自主择业、用人单位择优录取的“双向选择”制度，就业制度发生根本变化。为适应这一改革趋势，大学生就业指导工作全面推行，工作的重点是对学生进行就业政策的宣传、择业观与职业道德教育。但随着短程性就业指导弊端的显现，职业生涯规划引入中国并在大学生中开始推行。它从大学生个体出发，力求帮助大学生找到与自己兴趣爱好、能力性格相匹配的职业事业。由于人本主义思想的影响，职业生涯发展教育对个人发展方面给予了充分的关注。

综观我国大学生职业生涯发展教育目标的发展，新中国成立初期的大学生职业生涯发展教育以远期目标代替阶段性目标，造成目标的“高不可攀”；改革开放初期的目标有急功近利、脱离现实生活的偏差；新时期的目标，坚持马克思主义关于人的全面发展的理论，坚持科学发展观，做到以人为本，构建大学生共同的精神支柱，让大学生丰富生动的个性、创造性得到充分的展示和发挥，全面提升其知识、能力等综合素质，实现人的全面发展。由此可见，我国大学生职业生涯发展教育的目标在发展过程中不断适应人才发展的需要，符合客观规律。

（二）大学生职业生涯发展教育内容的时代性

教育内容是教育学科体系的核心。清晰的教育内容是实施教育教学活动的前提条件，也是实现教育目标与教育任务的重要保证。改革开放后，毕业生与用人单位双向选择、合理流动的模式给大学生职业生涯发展教育带来了发展契机。为适应社会需要，各高校开始针对应届毕业生提供就业指导服务并建立起相应的就业指导机构。教育主管部门也要求全国高校在高年级学生中普遍开设就业指导课程，并加强相应教材的编写工作。大学生职业生涯发展教育的内容愈发丰富。

随着就业指导工作与课程教学的推行，仅仅针对毕业生开展的意在帮助学生顺利就业的课程教学及服务指导工作，对于促进大学生短期内就业有指导作用，但是对大学生全面持续发展的成效有限。原因在于，大学生价值观的形成、职业目标的确立、职业素质的培养、就业心理的塑造需要一个长期教育与培养的过程，不能一蹴而就。2007年教育部办公厅在《关于印发〈大学生职业发展与就业指导课程教学要求〉的通知》中指出，从2008年起提倡所有普通高等学校在课程设置中添加就业与职业发展指导类课程，并以公共课的形式纳入专业教学计划之中，贯穿于大学生从入口到出口的整个人才培养过程，并要求经过3～5年的发展完善后，全部过渡到必修课纳入教学计划，同时对大学生职业发展与就业指导课程的课程教学内容等方面作出明确规定。

在高等教育中持续以职业生涯发展教育为着力点，不断激发大学生职业生涯发展的自主意识，使之树立正确的职业观和就业观，从而能够理性地规划自身未来，努力在学习过程中自觉地提高就业能力和生涯管理能力。类似举措立足社会实际，遵循教育本质要求，合乎教育规律。

（三）大学生职业生涯发展教育方法的互动性

教育方法是教育过程中教育者为达成教育目标、实施教育内容所采取的方式与手段，是联系教育主客体的桥梁，对教育目的的达成、教育效果的显现有重要作用。我国职业生涯发展教育在引进西方理论方法的同时，结合了中国国情及人文传统进行本土化创新，借鉴吸收灌输教育法，引导大学生将个人命运与祖国前途联系起来，在职业发展过程中始终将个人需要与社会需要结合起来考虑，从而获得个人的全面发展。在现代社会环境下，随着互联网时代的到来、全球化步伐的加快，人们的主体意识觉醒，思想活跃开放并朝多元化方向发展。在多元文化与价值取向背景下进行灌输式理论教育，虽然解决了个人内部无法自发产生社会需求的问题，坚持了一元价值的主导，但不尽完美。灌输所具有的直接性、单向性、强制性特点，使其无法满足教育对象的个性化需求，在教育效果上备受非议。因此，大学生职业生涯发展教育大力借鉴了渗透式理论教育法，运用现代科学技术，采用喜闻乐见的方式，将所需传授的教育内容渗透入学生的日常学习、工作、生活，在潜移默化中实现观念及价值引导、知识传授、技能训练的目的。

大学生职业生涯发展教育作为一个双向互动的教育过程，教育效果的实现既离不开教育者主导作用的发挥，又离不开受教育者主体性的激发、自主能动作用的实现。因此，大学生职业生涯发展教育在教育方法上，既重视从外而内进行教育，又强调内省、自我实现的自我教育，内外兼施、内外兼修，从两方面共同推进职业生涯发展教育目的的实现，符合人类认知规律。

二、“善”的维度：追求大学生职业生涯发展教育的价值性

善，即合价值性。大学生职业生涯发展教育向善，即大学生职业生涯发展教育追求个人发展与社会发展同步、教育引导与自我教育结合、工具理性

与价值理性整合。

（一）大学生职业生涯发展教育的目的维度：个人发展与社会发展同步

大学生职业生涯发展教育的目的维度理应包括两个方面，一是大学生个体的全面发展，二是社会的持续进步。首先，大学生职业生涯发展教育的目标群体是大学生，应立足于促进大学生全面发展需要，从学生个体出发，帮助树立正确价值观与职业理想，明确职业发展方向，全面提升自身综合素质，实现人生发展目标，满足受教育者的主体性需求；应充分重视学生的主体地位，使大学生成为自我成长、自我设计的主导者，从而产生强大的内在动力与目标导向作用，激发学生将所有能量集中到自定目标的实现上来；应把人的全面发展作为终极目标，帮助每一个大学生认识自我、认识职业，结合自身特点规划未来，从而实现人与社会的共同发展，体现“以学生为本”的教育理念。从而使得大学生职业生涯发展教育在实效上利于大学生就业、利于大学生创业、利于大学生个人成长。这是大学生职业生涯发展教育的“善”的集中体现。

另外，培养合格的社会成员是社会化活动的直接目的，这就要求大学生职业生涯发展教育要把塑造合格的社会成员作为己任。职业生涯发展教育的目的不单单是实现个体全面发展，而且任何时代个人的发展都不可能凌驾于社会发展之上而独立存在。社会作为一个有序群体，必然需要依靠个体社会成员的力量形成前进合力。大学生是未来社会的重要推动力量，这种独特的群体特征要求对其进行职业生涯发展教育时，还要使他们正确理解未来要承担的大学生职业生涯发展教育内容包括的社会历史责任。实现个人与社会同步发展才是大学生职业生涯发展教育的目标，才符合“善”的内涵。

（二）大学生职业生涯发展教育的方法维度：教育引导与自我教育结合

大学生职业生涯发展教育作为一个双向互动的教育过程，教育效果的实现既离不开教育者主导作用的发挥，又离不开受教育者主体性的激发、自主能动作用的实现。自我教育法对受教育者主体地位的重视与强调正契合了高校职业生涯发展教育激发受教育者主体意识的教育目标。它关注的是人的自觉行为，其本身即是以人为本的教育理念，也只有随着大学生群体情况的发展而发展才能具有生命力。因此大学生职业生涯发展教育只有依靠大学生，发挥大学生自我教育的能力，只有在贴近实际、贴近生活、贴近大学生的教育过程中，随时发现新情况，解决新问题，调整教育思路，改进教育措施，才能保证职业生涯发展教育的有效性。因而，在教学方法上，既要关注教育引导的价值，又要发挥大学生在自我教育中的作用，不可偏废。

（三）大学生职业生涯发展教育的内容维度：工具理性与价值理性整合

实施大学生职业生涯发展教育过程，在内容维度上需要有工具理性和价值理性两个方面的取向。首先，针对择业、就业能力和技巧方面，加强技能养成。高校宜将职业生涯发展教育纳入课程设置，编撰针对性教材，培养专职教师，系统全面地实施职业生涯发展教育。组织职业辅导讲座、提供有针对性的就业指导服务等。这些举措有助于学生掌握择业、就业能力，使学生更深入了解自己、了解企业、了解社会，更明确今后的学习发展方向，从而缩短成才周期与社会适应期，促进社会与个体长期共同发展。

其次，在大学生职业生涯发展教育中必须包含价值教育。当前多元化的价值观对当代大学生必然会产生潜移默化的作用，这就要求在职业生涯发展教育的实践中，重视对大学生价值观的正确引导和塑造。功利化的指导只提供了职业发展的工具和方法，能在一定程度上解决短期内的大学生就业问题，但对大学生处理个人与职业、个人与环境、个人与社会等关系中出现的问题作用是有限的。因此，在大学生职业生涯发展教育中需要加入价值理性因素，帮助大学生形成正确的价值观念和优良的品行。

三、“美”的维度：追求大学生职业生涯发展教育的和谐性

美，即合理想性。大学生职业生涯发展教育尚美，集中体现为实现学生全面发展、实现高校和谐发展、实现社会和谐发展的美好理想目标。

（一）大学生职业生涯发展教育有利于学生全面发展

关注人、培养人、发展人是大学生职业生涯发展教育的根本，实现大学生的全面发展是大学生职业生涯发展教育的美好追求。促进个人自由而全面的发展，切入点是关注个体的需要，还原主体的价值结构和价值标准，激活人在自我价值实现中的潜能。回归本论题，大学生职业生涯发展教育必须以正视受教育者的主体地位为前提，以激发大学生自我教育的积极性为动力，以促进个人主体意识的觉醒为关键，以培育大学生自主规划、自主学习、自主管理的能力作为主导价值目标，推进个人的自由发展。大学生职业生涯发展教育承担着促进角色转换、增进个体适应性的重任，在学生入学之初，就开始培养学生的主体地位与自主规划意识，使学生摒弃在基础教育阶段所形成的依赖性与盲目性，激发学生今后学习工作生活的原动力，实现个体的全面发展。

（二）大学生职业生涯发展教育有利于高校和谐发展

在大学生就业问题日益引发社会广泛关注的今天，从主观因素入手，立足于激发学生主体意识、培育学生自我管理与发展的能力、切实提高大学生的综合竞争力的大学生职业生涯发展教育，适应了社会发展趋势与要求，对高校实现人才培养目标意义重大。大学生就业成了检验学校质量的试金石。这不仅反映在大学生的就业率方面，同时，更重要的是它还反映在一个学校的学生的职业发展方面。因此，高校开展职业生涯发展教育有利于大学生顺利就业，有利于高校品牌、信誉的建立，有利于高校的和谐发展。

（三）大学生职业生涯发展教育有利于社会和谐发展

和谐是一种均衡状态，一个社会处于和谐状态必然包括人与自然和谐、人与社会和谐、人与自身和谐三种状态。人与自然的和谐侧重指人类生产活动中的均衡，与社会的和谐更多指社会关系均衡，而人的自身和谐是指人对自我的认知状态。自我认知和谐处于社会和谐的内核地位，处理好自我认知的问题是处理其他社会问题的前提。在此基础上，正确处理与自然、与社会的关系，达到和谐均衡状态，“使社会的每个成员都能完全自由地发展和发挥他的全部才能和力量”①。人的全面、自由、和谐发展是人类社会发展的最高目标。随着社会主义市场经济的深入发展，我国已进入改革发展的机遇期和挑战期，取得成绩的同时，也面临着前所未有的挑战。经济体制和社会结构正在经历着深刻变动，利益格局调整反映在思想观念上的深刻变化正在影响着社会生活的方方面面，对大学生的就业环境也产生了深刻的改造作用。外部就业环境的改变必然对大学生的就业心理产生冲击，一旦职业预期不能实现，那么大学生的自我职业认知和态度将会面临着失衡局面，就有可能破坏大学生与自然关系、与社会关系的和谐状态。因而加强和改进大学生职业生涯发展教育，有利于社会的和谐发展。

第二节　职业生涯发展教育的非功利价值取向及审思

大学生职业生涯发展教育践行的价值取向势必影响大学生未来的生涯发

---

① 马克思、恩格斯：《马克思恩格斯全集》（第42卷），北京：人民出版社1979年版，第370页。

展方向。在大学生职业生涯发展教育的现实推行中，已见功利主义端倪，这种倾向在短期内会有利于大学生择业就业问题的解决，但是从长远来看，并未充分实现大学生职业生涯发展教育的使命。践行非功利价值取向，是指强调对精神生活的重视、对真善美的崇尚和追求、对人间真情的珍视和热爱，理应是大学生职业生涯发展教育积极寻求的和谐之道。以人文性为特征和志向的非功利价值取向是教育研究、教育实践的新境界和新理念。它试图突破功利价值取向的藩篱，恢复人与自然万物之间的原初亲缘关系，探寻“真”、“善”、“美”，从而使其回归到本源，促进学生全面自由的发展。

一、非功利价值取向的研究背景和意义

要探寻大学生职业生涯发展教育的和谐之道——非功利价值取向，提出改善大学生职业生涯发展教育现有价值取向的实现路径，进一步促进学生全面的成长和发展，必须首先明晰非功利价值取向的研究背景和意义。

（一）研究的理论背景

在计划经济体制影响下，由于我国高校长期按照统包统分的方式安置毕业生，因此高校毕业生逐步走向市场参与双向选择的就业形式，以及与之相关的大学生职业生涯发展教育的实施和研究的推进进程出现得相对较晚。因此，我国职业生涯发展教育在起点上不可避免地存在理论基础薄弱、本土化研究不足等问题。需要注意的是，大学生职业生涯发展教育在实施上尚难以摆脱大学生就业这一现实使命的影响，大学生的职业生涯发展教育在内容和施教方式上往往具有功利倾向，这一现象已经引起相关学者关注。

首先，国内学者针对教育价值功利问题已经进行了深入的研究和讨论。袁贵仁在《价值学引论》中对价值的本质、社会作用等从哲学、社会学角度进行了系统而深入的思考，对价值与文化、价值与规范等关系作了逻辑学、语义学的分析和研究，并对功利、人的价值以及价值观念等作了人类学、心理学的探讨[①]。该著述是从哲学意义上对价值进行的系统反思，为职业生涯发展教育的价值观反思提供了方法论和逻辑基础。此外，俞吾金等的《为功利主义伦理观辩护》（1995）、刘明的《从追逐功利到回归自然——科学价值观反思》（1997）、肖绍清的《功利主义的张扬和批判》（2000）、杨长春的《大

① 袁贵仁：《价值学引论》，北京：北京师范大学出版社 1991 年版，第 350 页。

学生价值取向功利化倾向的理论分析》（2006）、张兴峰的《教育功利化现象审视：工具理性的视角》（2008）等从不同方面对教育的功利问题、价值问题进行了分析和研究。

上述研究的主要观点可概括为：①对功利及功利主义弊端的批评，主张“由追逐功利到回归自然”[①]。②肯定了“功利”的合理性，认为功利是一种价值[②]；认为不能用自然主义的态度去看待功利主义，主张“确立以功利主义为主导的伦理体系”[③]。③肯定功利的价值，认为功利主义不仅仅是一种道德哲学，而且有丰富的经济学思想。同时又强调功利不是目的，而是社会进步的工具和手段[④]。

其次，国内学者针对大学生职业生涯发展教育价值的研究和论述。对大学生职业生涯发展教育价值的研究将视野聚焦在大学生职业生涯发展教育的价值取向上，其中刘建新、费毓芳的《大学生生涯辅导》（2006），翟惠根的《职业素质教育论》（2006），陈德明、祁金利的《大学生生涯规划与管理》（2008），程宏伟、周斌的《大学生职业素养开发与职业生涯规划》（2008），闫振华等的《大学生职业生涯规划》（2010）等著作对职业生涯规划、生涯辅导论述较深刻、精辟和透彻。与此同时，一些国内学者对大学生职业生涯发展教育现有价值取向也进行了现状描述和反思。如张豪锋的《当代大学生价值取向及其引导》（1995），马军腾、李化树的《高校大学生职业价值观教育的对策探讨》（2008）、潘伟的《当代大学生个人价值取向对择业观的影响》（2009）等对大学生职业生涯发展教育的价值取向进行了思考，特别是对极端功利价值取向进行了分析和描述。

上述研究的主要观点可概括为：①内容研究。这一类型的成果更多是系统梳理大学生职业生涯发展教育的课程体系和知识结构，将大学生职业生涯发展教育纳入多元学科研究范畴，涵盖教育哲学、管理学、伦理学、思想政治教育学等多学科视角，以学生素质养成和职业持续发展为目标，把相关知识有机嫁接到大学生职业生涯发展教育的学科知识结构中。②方法研究。该类成果聚焦社会需求进行学生职业辅导，注重职业技能培训，侧重大学生职业生涯发展教育的实用性和操作性。③对策研究。针对大学生的择业观、就业观、职业观进行系统而科学的研究，分析大学生的职业发展环境等外部影

① 刘明：《从追逐功利到回归自然——科学价值观反思》，《浙江社会科学》1997 年第 2 期。
② 袁贵仁：《价值学引论》，北京：北京师范大学出版社 1991 年版，第 350 页。
③ 俞吾金、曾凡清：《为功利主义伦理观辩护》，《探索与争鸣》1995 年第 2 期。
④ 郝清杰：《功利主义的张扬与批判》，《天津社会科学》2000 年第 5 期。

响和大学生职业生涯发展规律，引导学生有选择、有步骤地实现职业理想和社会价值。

综上所述，在市场经济条件下，重视功利积极意义的同时必须对价值本身要有一个正确的分析和认识，既要注意发挥功利的正向价值，又要警惕功利的负向价值。针对教育价值的研究是研究大学生职业生涯发展教育的逻辑起点，大学生职业生涯的发展教育是教育的一种形式，很难想象在教育的根本取向和根本观点上犯错误的人，能够实现培养社会需要的人才这一目标。对教育功利倾向的研究是研究大学生职业生涯发展教育的基础。

（二）研究的实践来源

近年来，高等教育已经由过去的“精英教育”发展为“大众教育”，大学生群体人数骤增，与此同时，就业体制也发生了实质性变革，高校毕业生就业方式由过去的“统包统分”发展为“双向选择”，加之世界经济环境竞争日趋加剧，使得目前高校毕业生就业形势日益严峻。总体观之，影响高校毕业生就业的有社会经济、教育文化和学生自身素质等多方面的因素。大学生就业问题的有效解决，既有利于实现社会人力资源的整合与开发，又有利于大学生群体价值和个体价值的实现和持续发展，影响深远。

作为促进当代大学生职业生涯发展的教育形式，大学生职业生涯发展教育要具有与自身相符合、能促进教育发展和完善并有助于增强教育实效性的主导价值取向，使得大学生职业生涯发展的使命回归教育本源，促进人的自由发展而不是仅仅为了解决学生就业问题，即非功利价值取向，而在现实教育实践中，实际发挥作用的则是具有功利性特点的价值取向。大学生职业生涯发展教育的功利价值取向，虽然暂时满足了大学生就业、择业的要求，但是并未涵盖大学生职业生涯发展教育的全部内涵，与职业生涯发展教育的系统性、全面性、持续性还有很大差距，应引起教育研究者和实践者的重视。

（三）研究意义

目前，学者对大学生职业生涯发展教育进行了许多研究，但对于现有大学生职业生涯发展教育的价值取向还有很大的研究空间。近年来，大学生道德冷漠现象和价值缺位现象日益严重，他们没有树立科学的职业观、择业观和就业观，需要正确价值取向的教育和引导。在此背景下，探求生涯发展教育发展规律，寻求生涯发展教育的和谐之道，就显得很有必要。

非功利价值取向强调对精神生活的重视、对真善美的崇尚和追求、对人间真情的珍视和热爱等，正是生涯发展教育应当积极寻求的和谐之道。从理论上看，研究大学生职业生涯发展教育的价值取向，不仅可以深化人们对大学生职业生涯发展教育属性的认识，进一步明确职业生涯发展教育在经济发展和社会发展中的实际地位和功用，有利于推进职业生涯发展教育研究的本土化、完善大学生成长辅导理论体系以及促进高校人才培养的理论深化；同时，还可以深化对高等教育规律的认识，有利于进一步深化和丰富思想政治教育理论领域的内容，有利于引导我国高等教育的健康发展。

从实效上看，目前，在约束机制还不健全的情况下，趋利显得过急、过快，各种失范的急功近利行为，大量涌进大学，扰乱了正常的办学秩序。极端化的功利意识侵蚀着大学机体，在一定程度上导致了大学风气的恶化，也冲击着大学生职业生涯发展教育。通过对大学生职业生涯发展教育价值取向的研究，在一定程度上，可以引起全社会对大学生职业生涯发展教育现有价值取向的重视，特别是引起生涯发展教育自身对现有价值取向的重视，遏制生涯发展教育功利性行为的过度扩张。在面对极端化功利思潮的袭击和功利行为的大量涌现时，能坚守生涯发展教育的操守和良知，并不断提出相应的对策，从而防微杜渐，有效遏制生涯发展教育功利现象的恶性泛滥，避免因功利而诱发的负面效应和其他道德问题。同时对社会职业氛围的形成、学校职业生涯发展教育的开展和学生自身职业素质的提升都有十分重要的影响。

二、大学生职业生涯发展教育与非功利价值取向

大学生职业生涯发展教育是贯穿个人职业生涯发展的始终，致力于让受教育者更好地度过职业生涯而开展的，涉及意识、知识、技能、态度、价值观等内容，有计划、有组织的教育实践活动。作为一种教育活动，大学生职业生涯发展教育必然受到一定价值取向的影响与指导，而只有正确的价值取向才能帮助大学生职业生涯发展教育积极健康地发展。因此，开展这项教育时必须首先考虑的问题，是哪种价值取向可以成为大学生职业生涯发展教育的主导价值取向。

大学生职业生涯发展教育的定义揭示了两个重要内容：第一，大学生职业生涯发展教育的特点具有全面性、发展性和持续性；第二，大学生职业生涯发展教育的目的是促进学生的全面成长。下文将从这两点出发，对大学生职业生涯发展教育应有的价值取向进行初探。

第一，大学生职业生涯发展教育的特点与非功利价值取向。职业生涯发展教育具有长期性，有自身特有的发展规律，要经历较长发展过程和阶段后才可能达到较好的状态。它既不可能如同知识学习一般在短期内有较多的积

累，也不可能像技术学习那样能较快地掌握。大学生职业生涯发展教育目标的实现不是一下子就可以完成的，而是需要一个较长的、连续不断的发展过程。职业生涯发展教育具有全面性、发展性和持续性等特点，其结果通常具有延时性，这就决定了大学生职业生涯发展教育的效果不可能立刻显现，同时也决定了大学生职业生涯发展不是以追求结果为主的，而是要时刻关注教育过程、关注学生的成长与发展。很显然，大学生职业生涯发展教育是一项以学生为直接教育对象的、重过程的、具有发展性的、以学生为本的长期教育形式，这与非功利价值取向所倡导的对事物本真的尊重及其超越特性相符合。

第二，大学生职业生涯发展教育的目的与非功利价值取向。大学生职业生涯发展教育的最终目的是促使大学生自由全面的发展，这一目的含有丰富的“利他”思想，具有非功利色彩。这就要求在进行大学生职业生涯发展教育过程中应当求真务实，不应急功近利。大学生职业生涯发展教育只有真正地做到认识学生、尊重学生、从学生的实际需要出发才能最终实现促进大学生自由全面的发展这一目的。

可见，非功利价值取向与大学生职业生涯发展教育应有的价值取向具有关联性，是大学生职业生涯发展教育应当寻求的和谐之道。要开展真正意义上的大学生职业生涯发展教育，就应以非功利价值取向为主导。

三、大学生职业生涯发展教育现有价值取向误区的审思

从理性的角度来看，非功利价值取向应该成为大学生职业生涯发展教育积极寻求的和谐之道，但现实与理想之间总有差距，大学生职业生涯发展教育在开展过程中存在着应然与实然之间的矛盾。在此，有必要对大学生职业生涯发展教育现有价值取向进行系统、全面的分析，以期发现问题并解决问题。

（一）大学生职业生涯发展教育现有价值取向的误区

伴随着我国教育改革的深入开展，大学生职业生涯发展教育价值取向日益成为一个引人注目的问题。学者们从不同的角度对大学生职业生涯发展教育的价值取向进行了相关的研究。多数学者认为功利价值取向是当前大学生职业生涯发展教育存在的、较为突出的价值取向的误区。有些研究基本上对大学生职业生涯发展教育价值取向误区作了定性分析，本书基本认同并援引相关论述。

1. 诱因：包括物质因素和个人职业选择因素

“大学生在选择职业时优先考虑的因素主要有两类，物质因素排在首位，包括经济收入、物质待遇、工作环境等；第二类因素为个人职业发展因素，包括个人兴趣、专长的发挥、自我价值的实现、工作发展前景、单位前景、晋升机会、发展机会、社会地位等。说明大学生的价值目标已由理想主义向现实主义转变。这进一步影响了大学生的择业观，是导致就业困难局面的一个重要因素。”[①]

2. 目标：弱化社会责任，强化个体目标

有学者主要从“目标选择功利化”、“目标实现途径化”两方面论证了大学生职业生涯发展教育功利的价值取向，“由‘老三去’（到边疆去、到基层去、到祖国最需要的地方去）向‘新三去’（到国外去、到公司去、到挣钱最多的地方去）的转称。反映在专业选择上则导致外贸、金融、建筑等热门专业和教育、哲史以及师范、农林等冷门专业的泾渭对比。大学生的这种价值取向还表现在对政治热情的冷漠上，代之以对经济生活的强烈关注，这一现象在沿海开放地区尤为明显”[②]。在目标实现过程中“更注重结果和实效，尽可能地缩短因果距离，将目标实现途径化”[③]。

3. 方法：教育强调工具理性，忽视价值理性

有学者从工具理性的视角审视了教育功利化现象，认为教育功利化现象表现在“教育目的、教育方法、教育内容及教育评价方面”[④]。

（二）大学生职业生涯发展教育功利价值取向的表现类型

无须回避，大学生职业生涯发展教育有责任促进大学生就业问题的解决，前面也有谈及，通过职业导向教育促进社会就业的做法本身没有问题，但是在观念上将大学生职业生涯发展教育工具化、盲目化、功利化，将大学生职业生涯发展教育混淆于或等同于就业指导对大学生的健康成长及大学生职业生涯发展教育本身均会产生消极影响。功利主义价值取向在推进大学生职业生涯发展教育方面的表现类型是多样的。

---

① 潘伟：《当代大学生个人价值取向对择业观的影响》，《教育探索》2009 年第 4 期。

② 张豪锋：《当代大学生价值取向及其引导》，《河南师范大学学报（哲学社会科学版）》1995 年第 2 期。

③ 张豪锋：《当代大学生价值取向及其引导》，《河南师范大学学报（哲学社会科学版）》1995 年第 2 期。

④ 张兴峰：《教育功利化现象审视：工具理性的视角》，《教育发展研究》2008 年第 21 期。

1. 内容上奉行实用主义

众所周知，大学生职业生涯发展教育的原初使命就是为了改善大学生的就业环境，促使大学生就业问题得到积极解决，这与教育的根本目的并不相悖，知识培养、技能培养和观念培养在目的上是一致的。大学生的培养必须以专业为依托，以专业学习为途径，以掌握专业知识、技能为目的，这些需要在专业学习中获得。另外，学习是一个过程，而不是目的，经过专业学习之后，大学生必须投身社会，参加社会劳动。因此大学生应该具备适应社会、融入社会的能力，具备职业选择、职业决策等职业管理能力，而这些能力的养成就需要职业生涯发展教育来发挥作用。但是大学生职业生涯发展教育并非传统意义上的“职业技能教育”，应该是获得“职业管理能力”的教育，职业生涯发展教育涉及就业择业的问题，但是时下一些高校在职业生涯发展教育时仅仅强调就业择业技巧、观念的引导，缩小了职业生涯发展教育的内涵和外延，奉行实用主义，主观上认为有用的知识就涉及，认为不能解决就业问题的知识就选择性忽略。这些对大学生职业生涯发展教育内容进行工具化的理解，只局限于操作层面的大学生职业导向教育，势必阻碍大学生职业生涯发展教育在个体生涯中发挥应有作用。

2. 规划上短视性特点突出

大学生职业生涯发展教育本身的使命不仅是使学生掌握就业技巧解决就业问题，解决的不仅仅是如何使学生成功“走进”就业市场的问题，还要培养学生的职业管理能力和观念，要解决学生如何在职业生涯中“走好”的问题。前面谈到创业教育时，我们同样谈及创业不仅仅指事业从无到有的创造过程，也包括企业从小到大、从弱到强的发展过程，以及如何避免事业从有到无的局面的过程。因此在创业教育中，不能只关注如何开创事业这一问题，同时也应对如何经营、维持事业给予足够的关注；不能只关心学生的职业分析、职业决策、就业技能等能力的培养，还要放眼长远，关注大学生的职业维护和持续发展。创业教育和职业生涯发展教育应该关注的是生涯教育，教会学生如何对整个职业生命实施自我关怀和主动管理。同理，大学生职业生涯发展教育在规划上必须和大学生整个职业生命紧密相连，既要关心学生如何获得专业知识、如何有意义地度过大学生活、如何获得就业机会等问题，更要关注学生走出校门后如何持续有效地促进自身职业生涯向前发展。倘若职业生涯发展教育只关心短期效果和目标，那这样的做法就是非常短视的。现实中，大学生职业生涯发展教育更多的是关注大学生在校时急需解决的问题，对学生走出校门之后的职业生涯发展教育涉及不多，大学生生涯发展教育在规划上缺乏长期性。

3. 功能上工具性趋向明显

大学生职业生涯发展教育与其他专业科目一样，力求提高大学生某一方面的知识，培养大学生某一方面的能力。大学生职业生涯发展教育是一种职业启发和引导，帮助大学生确定职业锚点，属于职业引导教育，它具备大学生就业、职业指导作用，但是它不必然承担解决大学生就业、职业问题的责任。以创业教育为例，创业教育可以帮助那些立志创业的大学生找寻创业灵感、训练创业思维，但是创业教育不能够保证创业成功。就业问题、职业问题的解决受制于诸多因素，宏观因素一般包括经济形势、政治局势、文化背景、社会需要等，微观因素包括专业特点、学校、专业、学生能力等。大学生职业生涯发展教育只能从微观要素入手，整合学校、专业及个人能力在就业中的作用，它只能为学生指明各种要素在未来就业、职业中的地位和作用，帮助学生树立职业目标，帮助学生将目前能力、知识与职业目标进行比较，以此客观定位、激发学习动力，借由个人努力实现职业理想。从功能上看，职业生涯发展教育可以使个体的职业目标更为明晰，但是仅仅经过职业生涯发展教育根本不可能实现职业目标，更多要依赖个人专业知识、能力等多方面积淀，共同发挥作用方能实现。

四、归因与思考

目前对功利价值取向盛行的原因研究可归纳为以下两类：有的从社会、学校、家庭及学生自身四方面分析探讨大学生择业价值取向的影响因素；有的学者单单从一方面来考虑造成功利价值取向盛行的原因。例如有学者将原因归结为：社会与经济体制的变革；多元文化思潮的冲击；职业价值观德育的滞后；家庭教育缺失的影响。[①] 有学者将原因归结为：市场经济等价交换原则对大学校园的辐射；社会不良风气对大学校园的污染；西方实用主义和个人主义价值理念对大学校园的渗透；大学生自我意识的过度膨胀。[②] 另有一些学者则从单一方面来考虑归因。例如有学者认为是历史上功利主义文化的再

① 杨长春：《大学生价值取向功利化倾向的理论分析》，《江汉大学学报（社会科学版）》2006年第2期。

② 谭敏达：《当代大学生价值取向功利化的文化历史探究》，《山东省青年管理干部学院学报》2010年第3期。

现与蔓延造成的[①]，有学者将此现象归因为大学德育关注点的偏离[②]，有学者从工具理性的视角来审视[③]。不难看出，学者们分析造成大学生职业生涯发展教育功利价值取向盛行的原因是从不同价值主体的横向视角，多维度观察大学生职业生涯发展教育的多元价值环境，探讨大学生职业生涯发展教育功利价值取向的影响因素。根据上述的分析，我们可以试图从哲学、教育学以及社会背景这三个角度进行深入的探讨，试图发掘大学生职业生涯发展教育功利价值取向盛行的深层原因，以期为实现非功利价值取向提供依据和启示。

学者在分析功利价值取向盛行的原因之后，多数都会把关注的目光聚集在寻求树立正确价值取向的途径和对策上。有学者谈到引导当代大学生形成正确价值观应采取以下对策：“构建社会主义核心价值观体系，有效引导大学生的思想和行为；建立有效激励大学生形成正确思想观念和行为方式的评价体系；营造有利于当代大学生形成正确价值观的软环境；改革和创新教育模式。”[④] 有学者指出要“从大学文化建设层面、人的精神生活层面和人生意义层面等更高、更广的层面上，采取立体交叉式的大格局教育引导措施才能起到事半功倍的理想效果”[⑤]。还有学者认为要“社会、学校和家庭共同努力，密切配合”[⑥]。

哈佛大学前校长德雷克·博克（Derek Bok）在《回归大学之道：对美国大学本科教育的反思与展望》一书中写道：“大学教育的基本目标应该囊括：表达能力、批判性思维能力、道德推理能力、公民意识、适应多元文化的素养、全球化素养、广泛的兴趣、为就业做准备。”[⑦] 在谈到其中目标之一——为职业生涯做准备中，他指出：“如何正确对待学生的职业需求是高等教育所遇到的一个难题，至少在可预见的未来，这个问题将一直困扰着大学。”[⑧] “教授们不能专注于技能的传授，因为学生完全可以在工作场所中更好地练习这

① 谭敏达：《当代大学生价值取向功利化的文化历史探究》，《山东省青年管理干部学院学报》2010 年第 3 期。

② 纪德尚：《反思当代大学生价值取向的功利化倾向》，《河南教育（高校版）》2009 年第 10 期。

③ 蔡文兰：《职业教育功利化现象审视》，《宁波大学学报（教育科学版）》2010 年第 2 期。

④ 陈兰、刁目广：《当代大学生价值观及价值取向的成因与对策研究》，《理论与改革》2010 年第 6 期。

⑤ 朱秋：《引导当代大学生树立正确价值取向的措施》，《理论与改革》2011 年第 2 期。

⑥ 张继延：《大学生职业价值观教育路径》，《思想教育研究》2010 年第 9 期。

⑦ 德雷克·博克著，侯定凯、梁爽、陈琼琼译：《回归大学之道：对美国大学本科教育的反思与展望》，上海：华东师范大学出版社 2008 年版，第 40—47 页。

⑧ 德雷克·博克著，侯定凯、梁爽、陈琼琼译：《回归大学之道：对美国大学本科教育的反思与展望》，上海：华东师范大学出版社 2008 年版，第 186 页。

些技能。同时，教授们也不能局限于培养学生具体岗位所需要的能力，虽然这可能与学生的第一份工作息息相关，但很快便会被时代所抛弃。无论是什么行业的工作，无论是职业教育还是自由教育，批判性思维能力对学生的发展尤为重要，因此教师应强调批判性思维能力的培养，采取积极的教学方法，并给予学生一定的反馈。此外，职业并不意味着狭义的赚钱，职业教育应拓宽其内涵和外延，向学生提供多方面的课程，向学生介绍某一职业发展的历史，它在当今社会中的地位，其从业人员所面临的道德两难问题等。这些课程将赋予学生全新的视角，使他们更好地理解将来所要从事的职业。最后，与其他所有的专业一样，职业教育也应该包括一些带有学究性质的课题，通过对这些课题的深入探究，学生的推理能力和分析能力将得到很好的发展。”① 他认为，作为高校教育者，不能紧紧围绕促进就业这个目标展开教育教学。如果这样，大学将沦为功利场，而丧失科学与人文的崇高性。“真正优秀的大学，除了关注本科生的就业问题，更需要有教育理想和社会责任的担当。”②

尽管学者们已经开始对大学生价值取向这一命题进行反思，为我们寻找非功利价值取向的实现路径提供了有力的参考依据和思路，然而目前国内对大学生职业生涯发展教育非功利价值取向进行思考的研究还很少。如何吸取现有研究中的优秀成果，并在此基础上促使其不断向前发展，正是需要我们不断努力探索的一个过程。

---

① 德雷克·博克著，侯定凯、梁爽、陈琼琼译：《回归大学之道：对美国大学本科教育的反思与展望》，上海：华东师范大学出版社 2008 年版，第 179 页。

② 陈华文：《给美国高等教育敲警钟》，《深圳特区报》2012 年 12 月 28 日。

附 录

“深圳特区‘90后’大学生职业观现状分析”调查问卷

亲爱的同学：

您好！

本问卷是针对当前深圳地区“90后”大学生群体的职业观问题而编制的，其用意在于了解您在职业观方面的真实想法，以供研究。本问卷仅供研究参考，绝不涉及您的隐私及利益，请您坦率真诚地回答问题，谢谢！

1. 您的性别______

A. 男　　B. 女

2. 您的年级______

A. 大一　　B. 大二　　C. 大三　　D. 大四

3. 您的出生年份是______

4. 您成长于______

A. 深圳市内

B. 广东省内除深圳以外的其他地区

C. 广东省外

5. 您是否为独生子女______

A. 是　　B. 否

6. 您的家庭经济状况是______

A. 富裕　　B. 一般　　C. 贫困

7. 您父亲的职业类型是______
A. 国家公务员　B. 事业单位工作者
C. 企业员工　D. 工厂工人
E. 农民　F. 待业　G. 退休
8. 您母亲的职业类型是______
A. 国家公务员　B. 事业单位工作者
C. 企业员工　D. 工厂工人
E. 农民　F. 待业　G. 退休
9. 您的专业是______________
10. 您对自己的专业感兴趣吗______
A. 非常感兴趣　B. 感兴趣　C. 一般　D. 不感兴趣
11. 您是否愿意从事与所学专业相关的工作______
A. 愿意　B. 不愿意　C. 视情况而定　D. 不清楚
12. 您毕业之后的打算是______
A. 就业　B. 创业　C. 读研　D. 出国
E. 其他______
13. 在校期间您会做哪方面的准备______
A. 尽量多考些相关证书
B. 利用课余时间做兼职获取社会经验
C. 博览群书
D. 积极参加学生会和社团组织锻炼能力
E. 主攻专业知识
F. 其他______
14. 以下三种职业您最倾向于选择哪一种______
A. 收入不高但工作轻松
B. 收入高，工作紧张，需全力以赴
C. 收入很高，工作很紧张，不胜任会被解雇
15. 您在选择职业时最倾向于听谁的意见______
A. 父母　B. 朋友　C. 老师　D. 自己
E. 恋人　F. 社会舆论
16. 您认为工作的目的是______
A. 保证衣食住行的基本生存资料
B. 不仅满足物质生活也要满足精神生活
C. 满足人们身心的发展需要

17. 您理想的就业单位类型是______

A. 国家机关　B. 事业单位　C. 国企　D. 私企

E. 外企　F. 部队　G. 自主创业　H. 其他______

18. 您在选择职业时更看重（可多选）______

A. 工资待遇　B. 工作地点和工作环境

C. 人际关系　D. 职业发展前景

E. 社会地位　F. 个人兴趣

G. 个人价值的实现　H. 专业对口

I. 其他______

19. 您理想的就业地区是______

A. 东部沿海发达地区　B. 中部大城市

C. 中小城市　D. 城镇

E. 贫困地区　F. 偏远地区

G. 国外　H. 无所谓

20. 您理想中的月薪是______

A. 2 000 元以下　B. 2 000 ~ 3 000 元

C. 3 000 ~ 4 000 元　D. 4 000 ~ 5 000 元

E. 5 000 元以上

21. 如果月薪达不到您的要求，您是否愿意降低标准______

A. 愿意　B. 不愿意

22. 您认为在选择职业时您的优势是（可多选）______

A. 专业水平过硬　B. 知识面广

C. 人品出众　D. 实践经验丰富

E. 个人能力强　F. 其他______

23. 您认为就业单位最看重的能力是（可多选）______

A. 人际交往能力　B. 竞争和挑战意识

C. 创新意识　D. 合作意识与奉献精神

E. 社会实践和工作经验　F. 其他______

24. 您认为您的哪些方面有待提高（可多选）______

A. 文化修养　B. 外语水平

C. 计算机水平　D. 专业水平

E. 社会实践能力　F. 人际交往能力

G. 其他______

25. 您会如何处理个人利益与国家需要之间的关系______

A. 有利于国家利益

B. 兼顾国家需要与个人利益

C. 有利于个人发展

26. 您是否愿意到祖国最需要的偏远地区或贫困地区去______

A. 愿意　　B. 不愿意

C. 有偿基础上愿意　　D. 不清楚

27. 对于“爱岗敬业、诚实守信、办事公道、奉献社会”的职业道德要求，您的看法是______

A. 非常赞同　　B. 赞同

C. 中立　　D. 不赞同

E. 非常不赞同

28. 对于四川地震期间发生的“范跑跑”事件，您的看法是______

A. 谴责，违背了教师的职业道德

B. 中立，可以理解但不赞同

C. 赞同，个人的生命安全远比职业道德更重要

D. 其他______

29. 您对“先就业，后择业”这一观点的看法是______

A. 赞同，认为毕业时的选择不一定是自己的终身选择

B. 不赞同，认为只有找到自己满意的工作才会就业

C. 不清楚

30. 您对“北大学生卖猪肉”这一事件的看法是______

A. 反对，认为这是一种职业错位和人才浪费

B. 中立，认为每个人都有自己的选择，但自己不会

C. 赞同，认为“三百六十行，行行出状元”，自己也有可能从事

31. 您认为“大学生扫大街是否为职业错位”______

A. 是职业错位　　B. 不是职业错位

再次感谢您的合作！

参考文献

一、学术著作

1. 马克思、恩格斯：《马克思恩格斯全集》（第1卷），北京：人民出版社1972年版。

2. 马克思、恩格斯：《马克思恩格斯全集》（第23卷），北京：人民出版社1979年版。

3. 马克思、恩格斯：《马克思恩格斯全集》（第42卷），北京：人民出版社1979年版。

4. 马克思、恩格斯：《马克思恩格斯全集》（第46卷下），北京：人民出版社1979年版。

5. 中共中央马克思恩格斯列宁斯大林著作编译局：《马克思恩格斯选集》（第1卷），北京：人民出版社1995年版。

6. 中共中央马克思恩格斯列宁斯大林著作编译局：《马克思恩格斯选集》（第4卷），北京：人民出版社1995年版。

7. 中共中央马克思恩格斯列宁斯大林著作编译局：《列宁选集》（第1卷），北京：人民出版社1960年版。

8. 圣西门：《圣西门选集》（第2卷），北京：商务印书馆1982年版。

9. 毛泽东：《毛泽东著作选读》（下册），北京：人民出版社1986年版。

10. 毛泽东：《毛泽东论教育》（第三版），北京：人民教育出版社2008年版。

11. 毛泽东：《毛泽东同志论教育工作》，北京：人民出版社1992年版。

12. 邓小平：《邓小平文选》（第2卷），北京：人民出版社1994年版。

13. 邓小平：《邓小平文选》（第3卷），北京：人民出版社1993年版。

14. 江泽民：《在庆祝中国共产党成立八十周年大会上的讲话》，北京：人民出版社 2002 年版。

15. 江泽民：《江泽民文选》（第 2 卷），北京：人民出版社 2006 年版。

16. 江泽民：《江泽民文选》（第 3 卷），北京：人民出版社 2006 年版。

17. 江泽民：《论党的建设》，北京：中共中央文献出版社 2001 年版。

18. 胡锦涛：《坚定不移沿着中国特色社会主义道路前进　为全面建成小康社会而奋斗——在中国共产党第十八次全国代表大会上的报告》，北京：人民出版社 2012 年版。

19. 中国社会科学院语言研究所词典编辑室：《现代汉语词典》，北京：商务印书馆 2002 年版。

20. 胡乔木等：《中国大百科全书 · 社会学》，北京：中国大百科全书出版社 2004 年版。

21. 谢国祥、杨茂昌、荣长海：《思想政治工作大辞典》，天津：天津人民出版社 1992 年版。

22. 罗竹风：《汉语大辞典》（第 6 卷），上海：汉语大词典出版社 1990 年版。

23. 张耀灿等：《思想政治教育学前沿》，北京：人民出版社 2006 年版。

24. 周文霞：《职业生涯管理》，上海：复旦大学出版社 2005 年版。

25. 刘建新、费毓芳：《大学生生涯辅导》，上海：上海交通大学出版社 2005 年版。

26. 张耀灿、郑永廷、吴潜涛、骆郁廷等：《现代思想政治教育学》，北京：人民出版社 2006 年版。

27. 邱伟光、张耀灿：《思想政治教育学原理》，北京：高等教育出版社 1999 年版。

28. 郑永廷、江传月等：《主导德育论——大学生思想政治教育一元主导与多样发展研究》，北京：人民出版社 2008 年版。

29. 郑永廷、张彦：《德育发展研究——面向 21 世纪中国高校德育探索》，北京：人民出版社 2006 年版。

30. 王平：《思想政治教育基本理论研究》，吉林：吉林人民出版社 2007 年版。

31. 石书臣：《现代思想政治教育主导性研究》，上海：学林出版社 2004 年版。

32. 罗国杰、夏伟东等：《思想道德修养与法律基础》，北京：高等教育出版社 2008 年版。

33. 刘卓红、钟明华等：《开放德育论——大学生思想政治教育继承与批判创新研究》，北京：人民出版社 2008 年版。

34. 中共中央文献研究室：《十二大以来重要文献选编（下）》，北京：人民出版社 1988 年版。

35. 袁本新、王丽荣等：《人本德育论——大学生思想政治教育的人本关怀与人才资源开发研究》，北京：人民出版社 2007 年版。

36. 戴胜利：《大学思想政治教育的比较研究》，上海：上海教育出版社 2006 年版。

37. 高德胜：《知性德育及其超越——现代德育困境研究》，北京：教育科学出版社 2003 年版。

38. 万光侠：《思想政治教育的人学基础》，北京：人民出版社 2006 年版。

39. 勒玉乐：《潜在课程论》，南昌：江西教育出版社 1994 年版。

40. 彭剑锋：《人力资源管理理论》，上海：复旦大学出版社 2003 年版。

41. 沈之菲：《生涯心理辅导》，上海：上海教育出版社 2000 年版。

42. 程良越、王建农：《职业生涯辅导》，香港：点道国际 DICC2007 年版。

43. 吴芝怡：《生涯辅导与咨询——理论与实务》，嘉义：涛石文化事业有限公司 2001 年版。

44. 陈德明、祁金利：《大学生生涯规划与管理》，北京：高等教育出版社 2008 年版。

45. 里尔登等著，教育部高校学生司编译，侯志瑾、伍新春等译：《职业生涯发展与规划》，北京：高等教育出版社 2005 年版。

46. 张革华、彭娟：《高校辅导员工作探索与创新》，北京：中国社会科学出版社 2009 年版。

47. 杰弗里·H. 格林豪斯等，侯志瑾、伍新春等译：《职业生涯管理（第 3 版）》，北京：清华大学出版社 2003 年版。

48. 埃德加·施恩著，北森测评网译：《职业锚——发现你的真正价值》，北京：中国财政经济出版社 2004 年版。

49. 提摩西·巴特勒、詹姆士·沃德鲁著，赵建非译：《哈佛职业生涯设计》，北京：中国商业出版社 2004 年版。

50. Barry M., Wilgosh L., Career Education for the Trainable Mentally Retarded: Issues and Concern, *International Journal for the Advancement of Counseling*, 1984.

51. 赖松龄：《中国化马克思主义理论概论》，北京：高等教育出版社 2009 年版。

52. 陈志军、浦解明、左益：《社会主义核心价值体系融入大学生思想政治教育全过程研究》，北京：光明日报出版社 2009 年版。

53. 韩震：《社会主义核心价值体系研究》，北京：人民出版社 2007 年版。

54. 吴新文：《社会主义核心价值观》，重庆：重庆出版社 2009 年版。

55. 《社会主义核心价值体系学习读本》编写组：《社会主义核心价值体系学习读本》，北京：中共中央党校出版社 2010 年版。

56. 邹宏秋：《社会主义核心价值体系教育论纲》，杭州：浙江大学出版社 2008 年版。

57. 陈亚杰：《建设社会主义核心价值体系》，北京：人民出版社 2007 年版。

58. 田海舰、邹卫：《社会主义核心价值观论纲》，北京：人民出版社 2010 年版。

59. 全国高等学校学生信息咨询与就业指导中心、北京大学教育学院：《全国高校毕业生就业状况（2009—2010）》，北京：北京大学出版社 2011 年版。

60. 麦可思研究院：《2011 年中国大学生就业报告》，北京：社会科学文献出版社 2011 年版。

61. 袁贵仁、韩庆祥：《论人的全面发展》，南宁：广西人民出版社 2003 年版。

62. 韩庆祥、亢安毅：《马克思开辟的道路——人的全面发展研究》，北京：人民出版社 2005 年版。

63. 杨华：《人的和谐发展——温州模式的诠释》，北京：人民出版社 2006 年版。

64. 马万明、张胜前：《大学生就业指南》，北京：国防工业出版社 2010 年版。

65. 刘勇：《大学生生涯管理与辅导》，北京：科学出版社 2008 年版。

66. 陈敏：《大学生职业发展教育师资队伍专业化研究》，上海：立信会计出版社 2006 年版。

67. 周明星、咸桂彩：《现代职业生涯设计》，北京：清华大学出版社 2007 年版。

68. 马明华、涂争鸣：《高校人文素质教育论》，广州：华南理工大学出版社2010年版。

69. 亚伯拉罕·马斯洛著，许金声译：《动机与人格》，北京：华夏出版社1987年版。

70. 共青团北京市委员会、北京青年研究会：《志愿者形象及其社会影响》，北京：人民出版社2009年版。

71. 谭郭鹏：《未来的道路怎么走》，北京：中国长安出版社2005年版。

72. 斯蒂芬·P. 罗宾斯、蒂莫西·A. 贾奇著，孙健敏、李原译：《组织行为学》，北京：中国人民大学出版社2005年版。

73. 袁贵仁：《价值学引论》，北京：北京师范大学出版社1991年版。

74. 德雷克·博克著，侯定凯、梁爽、陈琼琼译：《回归大学之道：对美国大学本科教育的反思与展望》，上海：华东师范大学出版社2008年版。

75. 马克思、恩格斯、列宁、斯大林：《论人性异化人道主义》，北京：清华大学出版社1983年版。

二、期刊论文

1. 龙立荣、张晔：《职业辅导思想的历史嬗变》，《华中师范大学学报》2001年第6期。

2. 蒋乃平、杜爱玲：《职业理想教育与职业生涯设计》，《教育与职业》2003年第1期。

3. 史蓉蓉：《社会主义核心价值体系与大学生核心价值观培育》，《思想教育研究》2010年第10期。

4. 黄力之：《文化研究视阈中的中国社会核心价值观问题》，《江苏行政学院学报》2011年第2期。

5. 陈成文、孙树文：《从建设社会主义核心价值体系看思想政治工作的内容创新》，《湖北社会科学》2010年第7期。

6. 姜正国、周玉文：《社会主义核心价值体系形成的内在机制探寻》，《中国青年政治学院学报》2010年第6期。

7. 黄蓉生、白显良：《提炼社会主义核心价值观若干问题思考》，《思想理论研究》2011年第3期。

8. 李大健：《将社会主义核心价值体系融入大学校园文化建设》，《高校理论战线》2011年第2期。

9. 蒋笃运：《将社会主义核心价值体系融入国民教育全过程》，《中国德育》2011年第3期。

10. 教育部、人力资源和社会保障部：《国家促进普通高校毕业生就业政策百问》，《中国教育报》2009 年 4 月 29 日。

11. 张伟：《国外加强社会核心价值观建设的做法及启示》，《当代世界与社会主义》2011 年第 2 期。

12. 陈勇、梅红、王欢：《大学生民族精神培育的回顾与探索》，《清华大学学报（哲学社会科学版）》2011 年第 3 期。

13. 温静、王树荫：《民族精神教育定位分析》，《高校理论战线》2011 年第 1 期。

14. 习近平：《高校是用社会主义核心价值体系武装青年的重要阵地》，《中国青年报》2012 年 1 月 5 日。

15. 张革华、彭娟：《深圳特区大学生道德价值观的现状分析与启示》，《思想教育研究》2011 年第 3 期。

16. 胡万会、王胜男：《大学生就业法律意识的调查研究》，《消费导刊》2011 年第 1 期。

17. 郑永廷：《坚持科学发展观促进人的全面发展》，《思想理论教育导刊》2004 年第 6 期。

18. 袁贵仁：《人的全面发展学说新境界》，《教学与研究》2001 年第 10 期。

19. 袁贵仁：《深入贯彻十六大精神开创高校毕业生就业工作新局面——在 2003 年全国普通高校毕业生就业工作会议上的讲话》，《中国大学生就业》2003 年第 3 期。

20. 江泽民：《在庆祝清华大学建校九十周年大会上的讲话》，《光明日报》2001 年 4 月 29 日。

21. 江泽民：《在全国教育工作会议上的讲话（1994 年 6 月 14 日）》，《人民日报》1994 年 6 月 20 日。

22. 李萍、钟明华：《教育的迷茫在哪里——教育理念的反省》，《上海高教研究》1998 年第 5 期。

23. 韩庆祥：《努力促进人的全面发展》，《毛泽东邓小平理论研究》2002 年第 5 期。

24. 姚贵平：《中等职业学校学生职业生涯设计教育现状调查分析》，《职教论坛》2004 年第 31 期。

25. 谢锡浩：《关于大学生职业生涯规划正规化的思考》，《科技咨询导报》2007 年第 27 期。

26. 姚裕群：《大学生就业指导问题调查与研究》，《中国大学生就业》

2005 年第 13 期。

27. 卓然：《在这里，倾听内心的声音!》，《大学生》2011 年第 4 期。

28. 张轩：《论思想政治教育目标的层次性》，《思想政治教育研究》2009 年第 2 期。

29. 陈奕平：《农业人口外迁与美国的城市化》，《美国研究》1990 年第 3 期。

30. 姜微微：《以发展模式构建大学生心理健康教育体系》，《黑龙江教育（高教研究与评估）》2008 年第 6 期。

31. 郎禹颀：《浅谈高职学生人文精神的培养》，《辽宁行政学院学报》2007 年第 9 期。

32. 邓希泉、曹凯：《“大学生志愿服务西部计划”调研报告》，《中国青年研究》2004 年第 9 期。

33. 潘伟：《当代大学生个人价值取向对择业观的影响》，《教育探索》2009 年第 4 期。

34. 张豪锋：《当代大学生价值取向及其引导》，《河南师范大学学报（哲学社会科学版）》1995 年第 2 期。

35. 张兴峰：《教育功利化现象审视：工具理性的视角》，《教育发展研究》2008 年第 21 期。

36. 杨长春：《大学生价值取向功利化倾向的理论分析》，《江汉大学学报（社会科学版）》2006 年第 2 期。

37. 谭敏达：《当代大学生价值取向功利化的文化历史探究》，《山东省青年管理干部学院学报》2010 年第 3 期。

38. 纪德尚：《反思当代大学生价值取向的功利化倾向》，《河南教育（高校版）》2009 年第 10 期。

39. 蔡文兰：《职业教育功利化现象审视》，《宁波大学学报（教育科学版）》2010 年第 2 期。

40. 陈兰、刁目广：《当代大学生价值观及价值取向的成因与对策研究》，《理论与改革》2010 年第 6 期。

41. 朱秋：《引导当代大学生树立正确价值取向的措施》，《教育与职业》2011 年第 2 期。

42. 张继延：《大学生职业价值观教育路径》，《思想教育研究》2010 年第 9 期。

43. 陈华文：《给美国高等教育敲警钟》，《深圳特区报》2012 年 12 月 28 日。

44. 刘明：《从追逐功利列回归自然——科学价值观反思》，《浙江社会科学》1997 年第 2 期。

45. 俞吾全、曾凡清：《为功利主义伦理观辩护》，《探索与争鸣》1995 年第 2 期。

46. 郝清杰：《功利主义的张扬与批判》，《天津社会科学》2000 年第 5 期。

三、网络资料

1. 新华网，http：//www. xinhuanet. com.
2. 人民网，http：//www. people. com. cn.
3. 凤凰网，http：//www. ifeng. com.
4. 中国教育新闻网，http：//www. jyb. cn.
5. 哈佛大学校园网，http：//www. harvard. edu.
6. 哈佛大学职业生涯服务中心网，http：//www. ocs. fas. harvard. edu.
7. 中国教育和科研计算机网，http：//www. edu. cn.
8. 新浪新闻网，http：//news. sina. com. cn.
9. 中华人民共和国教育部网，http：//www. moe. edu. cn.
10. 中国心理热线网，http：//www. zgxl. net.
11. 腾讯教育网，http：//edu. qq. com.
12. 解放日报网，http：//post. news. tom. com.
13. 山东高校毕业生就业信息网，http：//www. sdbys. cn.
14. 教育文摘周报网，http：//cnier. ac. cn.
15. 中国科学报网，http：//news. sciencenet. cn.
16. 中国日报网，http：//www. chinadaily. com. cn.
17. 深圳网，http：//www. sz5. cn.

后记

在大学生就业问题日益引发社会广泛关注的今天，从主观因素入手，立足于激发学生主体意识、培育学生自我管理与发展的能力、切实提高大学生综合竞争力的大学生职业生涯发展教育，适应了社会发展趋势与要求，对高校实现人才培养目标、促进大学生全面发展具有重大意义。然而，我们必须重视在职业生涯发展教育理论研究与实践中出现的弱化思想政治教育（德育）倾向。大学生职业生涯发展教育要结合社会发展需要，结合人的全面发展需要，融入社会主义核心价值体系，引导大学生主动规划并全面管理自己的生涯发展，引导大学生实现个人价值与社会价值的完美统一，引导大学生树立科学的职业观、择业观和就业观，实现大学生的全面发展和健康成长。

本书仅是对大学生职业生涯发展教育研究的一点初探。合理吸收借鉴西方职业生涯发展理论，融入社会主义核心价值体系，结合中国的历史文化、现实环境进行本土化创新，联系教育实践经验，构建中国特色的大学生职业生涯发展教育体系任重而道远。

本书从构思到初稿完成历经多年，是我22年来辅导员职业化践行过程的系统化思考，是多年大学生生涯发展教育和思想政治教育实践、教学和研究的小结。全书由我提出框架和大纲，期间与硕士研究生惠海旭反复讨论，反复调整修改，最后由我和惠海旭统稿、定稿，形成了现在的研究成果。书中有些内容曾经发表过。本书写作的具体分工如下：前言，张革华；第一章，张革华、彭娟、潘琪；第二章，彭娟、张革华；第三章，潘琪、张革华；第四章，陈芳、张革华；第五章，许嘉凌、张革华；第六章，张革华、惠海旭；第七章，惠海旭、张革华。

由于水平有限，本书肯定存在不少疏漏和不足，我殷切盼望同行和读者不吝赐教！

张革华

二〇一三年春节于荔园